商务馆对外汉语专业本科系列教材

总主编　赵金铭　齐沪扬　范开泰　马箭飞
审　订　世界汉语教学学会

对外汉语教学导论

周小兵　主编

商务印书馆

图书在版编目(CIP)数据

对外汉语教学导论/周小兵主编. —北京:商务印书馆,
2009(2024.11重印)
(商务馆对外汉语专业本科系列教材)
ISBN 978-7-100-05938-1

Ⅰ.①对… Ⅱ.①周… Ⅲ.①对外汉语教学—教学研究—高等学校—教材 Ⅳ.H195

中国版本图书馆CIP数据核字(2008)第121704号

权利保留,侵权必究。

DUÌWÀI HÀNYǓ JIÀOXUÉ DǍOLÙN
对外汉语教学导论
周小兵 主编

商 务 印 书 馆 出 版
(北京王府井大街36号 邮政编码100710)
商 务 印 书 馆 发 行
北京市白帆印务有限公司印刷
ISBN 978-7-100-05938-1

2009年5月第1版　　　　开本 787×960 1/16
2024年11月北京第9次印刷　印张 21
定价:65.00元

内容提要

本书是对外汉语专业本科学生的专业必修课教材,也可供其他对外汉语教学工作者、研究者参考,同时可作为大专院校应用语言学专业的课外参考书。

本教材以实用性、科学性和可读性为特点,从对外汉语学科性质、语言学习与教学法流派、语言要素及文化教学、语言技能的教学、语言测试与成绩分析、第二语言习得、教材编写与使用、汉语传播与对外汉语教学发展这八个方面入手,配合以教学中的各种实例,深入浅出、全面周详地介绍了对外汉语教学领域的相关知识。它将引领学生由此步入对外汉语专业之门。

主　编　周小兵
编　者　（按音序排列）
　　　　金红莲　　李　英　　刘若云　　刘晓梅
　　　　鲁宝元　　潘小洛　　孙春颖　　王功平
　　　　魏　红　　张胜林　　张世涛　　周小兵
　　　　朱其智

前　言

对外汉语教学专业的设立已经有二十多年的历史了。早在 1983 年经教育部批准北京语言学院在外语系内就设置了对外汉语教学专业,以培养对外汉语教师为主要目标。不久,北京外国语大学、上海外国语学院和华东师范大学也相继开设了类似的专业。

此后几年,该专业一直踽踽独行,没有名目。直至 1988 年,教育部颁布《普通高等学校本科专业目录》和《普通高等学校本科专业设置规定》,在一级学科中国语言文学类(学科代码 0501)下,设"对外汉语"(学科代码 050103)二级学科,这一专业才正式确立。

当初,设置这一专业,是为招收第一语言为汉语的中国学生,培养目标是将来能从事对外汉语教学及中外文化交流等工作。故该专业特点是,根据对外汉语教学对教师知识结构和能力的要求设计课程和确定教学内容。在 1989 年"对外汉语教学专业会议"(苏州)上,进一步明确了这个培养目标,并规定专业课程应分为三类:外语类、语言类和文学文化类。1997 年召开"深化对外汉语专业建设座谈会",会议认为,根据社会需要,培养目标可以适当拓宽,要培养一种复合型、外向型的人才,既要求具有汉语和外语的知识,又要求有中国文化的底蕴;既要求懂得外事政策和外交礼仪,又要求懂得教育规律和教学技巧。这一切只能靠本专业的独特的课程体系、有针对性的教材以及特定的教学方法才能完成。

近年来,世界风云变幻,中国和平崛起。随着汉语加快走向世界,对外汉语教学事业获得蓬勃发展。目前开设对外汉语专业的高等学校已有一百三十多所。大发展带来了丰富多彩,也伴随着不规范。对外汉语作为一个专业,既无统一的教学大纲,也无标准的课程设置,更无规范的教材。在业内对对外汉语教学的学科内涵,也还存在着不同的认识。目前,设立本专业的院校只能本着各自的理解,依据本单位的教学资源与教学条件设置课程,自编或选用一些现成的教材。

有鉴于此,在国家汉办的指导下,商务印书馆以其远见卓识,决定组织全国各高校对外汉语教学资深人士,跨校协商,通力合作,在初步制订专业课程大纲的基础上,编写一套对外汉语专业系列教材,以适应目前本专业对教材的迫切需求。

本教材以赵金铭、齐沪扬、范开泰、马箭飞为总主编,教材的编者经多次协商讨论,决定本着下列原则从事编写:

一、总结以往的经验,积成多年来对外汉语教学成果,以课程在教学计划中的地位、性质、任务和作用为依据,规定课程的基本内容,划定教学范围,确立教学要求。

二、密切关注语言学,特别是汉语语言学研究的最新进展,全面吸取汉语作为第二语言/外语教学研究的最新成果,着重体现语言规律、语言教学规律和语言学习规律。

三、教材的教学内容力求贯彻"基础宽厚,重点突出"的原则,注重基本理论、基本知识和基本技能,既要加强基础理论的教学,更要加强实践能力的培养。对课程的实践性教学环节应有明确、具体的要求,并有较强的可操作性。

四、教材要全面显示汉语作为第二语言/外语教学的性质、特点和规律,为加快汉语走向世界,为汉语国际推广,培养外向型、复合型的人才。

五、谨守本科系列教材的属性,注意教材容量与可能的课时量相协调,体现师范性,每一章、节之后,附有思考题或练习题。特别要注意知识的阶段性衔接,为本—硕连读奠定基础,留有空间。

基于上述考虑,我们对对外汉语专业的教学内容作了权衡与取舍。本着培养目标所要求的内涵,教材内容大致围绕着四个方面予以展开,即:基础知识、专业知识、教学技能和教师素质。我们把拟编的对外汉语专业本科系列教

材组成五大板块,共22册。每个板块所辖课程及教材主编如下:

一、语言学、应用语言学和汉语

    1. 现代汉语　　　　　　　　　齐沪扬(上海师范大学)

    2. 古代汉语　　　　　　　　　张　博(北京语言大学)

    3. 语言学概论　　　　　　　　崔希亮(北京语言大学)

    4. 应用语言学导论　　　　　　陈昌来(上海师范大学)

    5. 汉英语言对比概论　　　　　潘文国(华东师范大学)

二、中国文学文化及跨文化交际

    6. 中国现当代文学　　　　　　陈思和(复旦大学)

    7. 中国古代文学　　　　　　　王澧华(上海师范大学)

    8. 中国文化通论　　　　　　　陈光磊(复旦大学)

    9. 世界文化通论　　　　　　　马树德(北京语言大学)

    10. 跨文化交际概论　　　　　　吴为善(上海师范大学)

三、汉语教学理论、第二语言习得理论与实践

    11. 对外汉语教学导论　　　　　周小兵(中山大学)

    12. 第二语言习得研究　　　　　王建勤(北京语言大学)

    13. 对外汉语本体教学概论　　　张旺熹(北京语言大学)

    14. 对外汉语教学课程论　　　　孙德金(北京语言大学)

    15. 双语与双语教育概论　　　　关辛秋(中央民族大学)

    16. 华文教学概论　　　　　　　郭　熙(暨南大学)

    17. 世界汉语教育史　　　　　　张西平(北京外国语大学)

四、对外汉语教材、教学法与测试评估

    18. 对外汉语教学法　　　　　　吴勇毅(华东师范大学)

    19. 对外汉语教材通论　　　　　李　泉(中国人民大学)

    20. 语言测试概论　　　　　　　张　凯(北京语言大学)

    21. 对外汉语教学模式概论　　　马箭飞(国家汉办)

五、现代教育技术在对外汉语教学中的应用

    22. 对外汉语教育技术概论　　　郑艳群(北京语言大学)

本系列教材主要是为对外汉语专业本科生编写,也可供其他对外汉语教学工作者、研究者参考,同时也可以作为大专院校语言文学类专业的课外参考书。

目前,汉语国际推广正如火如荼,汉语作为第二语言/外语教学也面临着巨大的机遇与空前的挑战。我们愿顺应时代洪流,为汉语国际推广尽绵薄之力。大规模、跨地区、跨学校地组织人力进行系列教材的编写,尚属首次,限于水平,疏忽和不妥之处在所难免,敬祈专家、读者不吝指正。

赵金铭　齐沪扬

2007 年 6 月 5 日

目 录

第一章 学科性质……………………………………………………… 1
 第一节 "对外汉语教学"的含义…………………………………… 1
 第二节 学科定位与名称…………………………………………… 8
 第三节 基础学科和相关学科……………………………………… 12
 思考与练习………………………………………………………… 30

第二章 语言学习与教学法流派……………………………………… 31
 第一节 语言学习的基本概念……………………………………… 31
 第二节 第二语言教学法主要流派………………………………… 41
 思考与练习………………………………………………………… 55

第三章 语言要素及文化教学………………………………………… 56
 第一节 语音教学…………………………………………………… 56
 第二节 词汇教学…………………………………………………… 66
 第三节 语法教学…………………………………………………… 76
 第四节 汉字教学…………………………………………………… 93
 第五节 文化教学…………………………………………………… 104
 思考与练习………………………………………………………… 113

第四章 语言技能的教学……………………………………………… 114

第一节　汉语综合课 ………………………………………… 114
   第二节　汉语口语课 ………………………………………… 134
   第三节　汉语听力课 ………………………………………… 146
   第四节　汉语阅读课 ………………………………………… 159
   第五节　汉语写作课 ………………………………………… 179
   思考与练习 …………………………………………………… 194

第五章　语言测试与成绩分析 …………………………………… 195
   第一节　测试的性质和特点 ………………………………… 195
   第二节　测试的目的和类别 ………………………………… 198
   第三节　测试的功能和原则 ………………………………… 202
   第四节　测试质量分析 ……………………………………… 205
   第五节　测试成绩分析 ……………………………………… 213
   思考与练习 …………………………………………………… 219

第六章　第二语言习得 …………………………………………… 220
   第一节　对比分析 …………………………………………… 220
   第二节　偏误分析 …………………………………………… 231
   第三节　中介语及其发展过程 ……………………………… 237
   第四节　输入与互动 ………………………………………… 245
   第五节　学习者个体差异 …………………………………… 251
   第六节　学习者的策略 ……………………………………… 256
   思考与练习 …………………………………………………… 262

第七章　教材编写与使用 ………………………………………… 264
   第一节　教材分类 …………………………………………… 264
   第二节　教材编写 …………………………………………… 270
   第三节　教材评估 …………………………………………… 277

第四节　教材使用 ································· 281
　　思考与练习 ··································· 286

第八章　汉语传播与对外汉语教学发展 ·················· 287
　　第一节　建国以前汉语传播简史 ······················· 287
　　第二节　建国后的对外汉语教学 ······················· 295
　　第三节　国内外汉语教学的类别 ······················· 312
　　思考与练习 ··································· 317

主要参考文献 ···································· 318

后记 ··· 322

第一章 学科性质

第一节 "对外汉语教学"的含义

"对外汉语教学"作为一个学科名称,至少涉及三方面的内容:1.教学;2.学科;3.事业。

一、教学

"对外汉语教学"的本质是"教学",它是教师将汉语知识、汉语交际技能传授给外国学生的过程。

1. 教学性质

教学一般指在学校进行的正规教学活动。对外汉语教学,特指在学校对母语非汉语的学生进行的、以传授汉语交际技能为主的正规教学活动。

对外汉语教学跟一般的语言习得不同。一般的语言习得,主要是指学习者在目的语环境里接触所学习的语言,并自然掌握该语言;没有专门的教师、教材、课堂、测试,看见什么学什么,听到什么学什么。而对外汉语教学不管在不在目的语环境里,主要都是在课堂上进行,有一套正规的教学程序和方法。

对外汉语教学是第二语言教学,它与针对汉语母语者的语文教学不同,它注重汉语交际能力的掌握,包括听、说、读、写等具体的言语交际能力和技巧。它培养出来的学生,并不一定完全掌握汉语的系统知识,但必须能在特定的交际场合使用汉语完成交际任务。

对外汉语教学的对象,既有成人,也有少年儿童。从目前来华学习汉语的情况看,成年人学习者比少年儿童多得多。因此,本书主要讨论对成年人的汉语作为外语或第二语言的教学,必要时也涉及对少年儿童的汉语教学。

2. 教学目标

对外汉语教学的目标,可以用一句话概括:培养出能用汉语进行交际的人才。

由于具体的教学目的和教学对象不同,"人才"的含义可能不同。如一般的短期速成教学,主要是培养具有一定的听说能力、能应付一般日常生活需要的人。而长期的专业(如本科)教学,则要求培养具有听说读写多种交际能力、在一定程度上系统掌握汉语知识的人才。

随着我国经济的高速发展和综合国力的提高,学习汉语的人数迅速增加,汉语的应用范围也不断扩宽。目前,对职业汉语的需求日益强烈,相应的,要求学习商务汉语、经贸汉语、旅游汉语、文秘汉语、法律汉语、医科汉语的人越来越多。对职业汉语教学的设计和实施,将是对外汉语教学中的一个重要任务。

3. 教学过程

一般认为,教学过程涉及四个部分:总体设计、教材编写、教学实施、语言测试。对外汉语教学就是要根据本学科的特点和一般规律,做好这四个方面的工作。一般教师只需要做好教学实施与语言测试,但对总体设计和教材编写也要有所了解,有时可能也会参与。

(1) **总体设计**

总体设计是指全面分析对外汉语教学的各种主客观条件,综合考虑各种可能的教学措施,并在此基础上选择最佳的教学方案,对教学对象、教学目标、教学内容、教学途径、教学原则以及教师的分工和对教师的要求等做出明确的规定,使各个教学环节成为一个互相衔接的、统一的整体,使全体教学人员根据不同的分工在教学上协调行动。

(2) **教材编写**

在总体设计的基础上,要遵循实用性、交际性、知识性、趣味性、科学性和针对性原则,编写出教师好教、学生爱学、能有效完成教学任务的教材。(详见

第七章)

(3) 教学实施

教学实施是指根据大纲中的要求和教材中的具体内容全面完成教学任务。教学实施的目标是使学生能够正确运用目的语进行交际,为了达到这个目标,就必须全面展示和传授计划内的教学内容,使学生全面理解所学的内容,并能够正确地模仿、记忆和运用。

教学实施的内容,可以从两个角度看:第一,从语言要素及文化看,可分为语音教学、词汇教学、语法教学、文字教学、文化教学。文化教学常常是融在前几类教学中间的。第二,从言语交际技能看,可分为口语教学、听力教学、阅读教学、写作教学、翻译教学。当然,也有不分技能的综合课教学。(详见第三、四章)

(4) 语言测试

语言测试必须跟总的教学目标相一致,无论是水平测试还是成绩测试,都应该以测量测试对象的语言能力和语言交际能力为出发点。(详见第五章)

4. 教学类别

对外汉语教学是以母语非汉语的外国人包括海外华裔为教学对象的,主要分为国内汉语教学和国外汉语教学两类。

国内汉语教学有目的语环境,有学者认为是第二语言教学。主要分为以下四个类别:汉语预备教学,汉语进修教学,汉语言本科教学,以及对外汉语本科专业教学和对外汉语教学方向的研究生教学(最后这个大类主要是为了培养对外汉语教师)。(详见第八章)

国外汉语教学缺少目的语环境,有学者认为是外语教学。目前,国外汉语学习者的人数远远超过国内汉语学习者。主要可以分为以下三个类型:少儿教学、大学教学、其他成人教学。(详见第八章)

5. 跟教学相关的六个基本问题

语言教学虽然涉及许多复杂问题,但大都跟以下六个基本问题相关:

(1) 谁(who)。学习者和教育者是谁,包括他们的母语、教育程度、智力、个性、社会地位等相关情况。

(2) 什么(what)。学什么,教什么,母语习得和外语或第二语言学习有什么区别,语言知识和语言能力是什么。

(3) 怎样(how)。怎样学,怎样教,怎样成为成功的学习者。

(4) 何时(when)。学习者的年龄,关键期是什么时候,何时学习外语或第二语言最合适。

(5) 哪里(where)。在什么环境里学习,目的语环境还是非目的语环境,课堂还是社会。

(6) 为什么(why)。学习者的动机是什么。如,是工具型动机(即为了考试、求职或辅助其他学科学习),还是融入型动机(即为了融入目的语社会)。

比如说,母语为英语的学习者,跟母语为日语、韩语的学习者,教材建设、教学实施就有所区别。对儿童学习者的教学,跟对成年学习者的教学,也应该不同。

二、学科

作为一个学科,对外汉语教学不仅包括教学本身,而且包括跟教学密切相关的理论研究。研究的内容不仅包括教学中出现的各种现象,还应该包括对外汉语教学中的一般性原则、方法和规律。

1. 三个基本问题

"教什么"、"怎么教"和"如何学"是对外汉语教学学科研究的三个基本问题。这是学科体系的基本内容;其他问题都与这三个基本问题相关,都是对这三个基本问题的补充。

(1) 教什么

这包括两个问题:一是选择哪些语言点教给学习者;二是需要教给学生的语言点,它的使用规则是什么。

先看第一点。本族人说的汉语,肯定不可能都教给海外的母语非汉语者。如果说本族人的汉语是一个100%的大圆圈,需要教给外国人的只是这个大圆圈里的一个小圆圈,最多只占大圆圈的30%。随便翻开《现代汉语词典》第5版,"连"字有几十个词条,哪些可以教,哪些不必教?"连裆裤""连亘""连拱坝""连环保""连枷""连脚裤"根本没必要教;"连根拔""连锅端""连襟""连理"

"连理枝"不一定要教,尤其是对初中级学生;"连鬓胡子""连累""连贯""连环"对初级学生不必教。

再看第二点,语言点的使用规则。如果确定了"连连"要教,教师就应该明白它的用法是什么,它跟"一连"有什么异同。这些都属于"教什么"的问题。(详见第三章)

(2) 怎么教

"怎么教"是指用什么方法和手段进行教学。比如教辅音,有两种顺序:一种是先教 z、c、s,后教 zh、ch、sh;另一种是先教 zh、ch、sh,后教 z、c、s。前一种方法是由易到难,效果比较好。后一种是由难到易,效果不那么好。讲语法,也有两类方法:一是先讲规则,再举例子;二是先举大量的例子,让学生形成初步的语感,再总结规则。这两种方法哪种有利于学生,也是"怎么教"的问题。(详见第三、四章)

(3) 如何学

"如何学"是指学习者学习汉语的顺序、过程、规律。比如说,"他吃了20个饺子了"这句话,紧挨着动词的是"了$_1$",句子末尾的是"了$_2$"。学习者是先会用"了$_1$",还是先会用"了$_2$"？研究发现,学习者几乎都是先会用"了$_2$",经过两到四周后才会用"了$_1$",尽管 20 世纪 90 年代以前的大部分教材是先教"了$_1$",后教"了$_2$"的。"怎么学"实际上就是习得研究。只有研究好"怎么学",才能更好地解决"教什么"、"怎么教"的问题。如:以前我们的教材往往是先教"了$_1$",后教"了$_2$"。通过习得研究,我们知道,最有效的教学顺序是先教"了$_2$",后教"了$_1$"。(详见第六章)

三个基本问题的关系如图 1—1 和图 1—2。

图 1—1　　　　　　　　图 1—2

之所以有两个图是由于:有学者认为"怎么教"最重要,决定另外两个问题;有学者认为"教什么"是核心问题,决定另外两个问题。无论如何,这三个问题都是互相联系、互相影响的。

2. 四个层面

赵金铭认为,对外汉语教学处于语言学、心理学、教育学、计算语言学和现代教育技术的交叉地带,含有四个层面的内容:

第一层面——本体论:从事汉语本体研究,其理论基础为语言学。(教什么)

第二层面——认识论:从事汉语习得与认知研究,其理论基础是心理学。(如何学)

第三层面——方法论:从事教学理论与方法研究,其理论基础是教育学。(怎样教)

第四层面——工具论:从事现代科技手段如何应用于教学与学习的研究,其基础为计算语言学和现代教育技术。(用什么技术手段)

对外汉语教学基本研究的框架见图1—3:

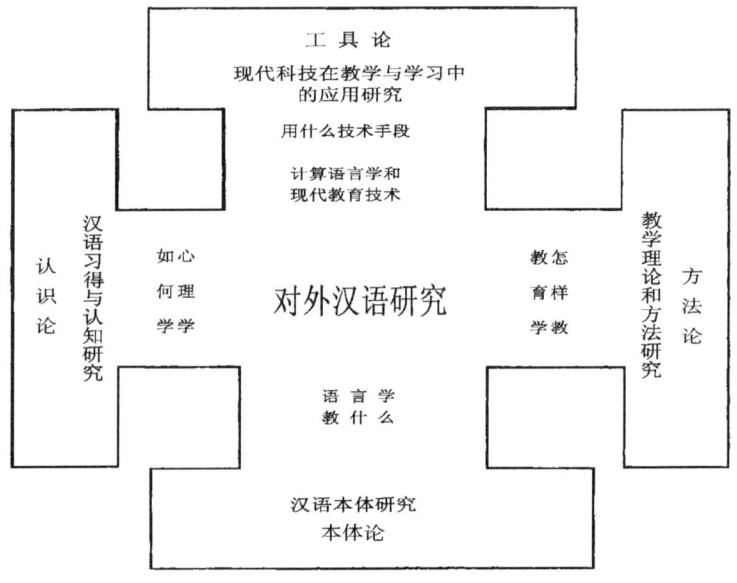

图1—3

第一层面是研究作为第二语言/外语的汉语。这与研究作为第一语言的汉语,在目的、内容、方法手段上自然有很大差别。研究作为第二语言/外语的汉语,目的在于让学习者掌握汉语的语音语调,了解汉语词语的用法和搭配,掌握汉语造句的规则以及篇章结构和语用表达方法。对外国人应该教什么、教多少,这涉及汉外对比,也涉及学习规律。需要通过汉外对比和学习研究、教学研究,找出"彼无我有"的现象,找出汉语的特点,找到学习者在学习过程中的难点,找出最需要教的部分。目前最需要进行的是对外汉语教学语音、词汇、语法和汉字大纲研究,以及对外汉语教学参考语法研究。

第二层面是研究"如何学"的问题。这是从第二语言学习者的角度来进行研究,涉及汉外对比分析、留学生学习汉语偏误分析和中介语系统研究。它包括三个方面的内容:一是对学习者语言的研究,从共时和历时的角度对学习者的语言进行描写;二是研究学生的习得过程、习得顺序和习得策略,包括语音、词汇、语法和篇章的习得;三是从学习者的外部因素(比如社会因素)、学习者的内部因素(比如心理因素)和学习者的个体差异(比如学习动机、认知特点)三个侧面进行研究。"教什么"和"怎样教",应该以"如何学"为前提和依据。

第三个层面是研究"怎样教"的问题,这涉及教学法、课程设计、教材编写、教学大纲设计、教学组织与实施、语言测试与评估等。这些一直都是对外汉语研究的重要内容,重点在于如何跟其他三个层面的研究结合起来,如何以教学实验为手段,总结出行之有效的教学方法和措施。

第四个层面是计算语言学和现代教育技术的问题。一是研究手段,如母语语料库和中介语语料库(含一般语料库和语音库)的建设和更新,语音仪、眼动仪等研究设施的使用。二是教学和学习手段,如多媒体教材的编制,网络教学系统的开发与使用,可用于汉语学习的网络图书馆的建立,等等。

可以看出,前三个层面跟对外汉语教学学科的三个基本问题是重叠的。

"对外汉语教学"作为一个学科,跟教学既有区别,又有密切关联。通过系统研究,我们才能认清对母语非汉语的学习者应该教什么;了解他们按什么顺序习得语言项目,用什么策略学习语言知识、掌握交际技能;明白用什么教学方法、教学顺序、教学手段才能取得最好的教学效果。上述研究有了阶段性成果,才可能促使教学有阶段性的发展。

第二节　学科定位与名称

一、学科定位

学科定位是指某一学科在众多学科中的相对位置,也就是该门学科的门类归属问题。对外汉语教学是一门新兴的应用型交叉学科,是应用语言学下的一个分支学科。

所谓"应用语言学",就是指将语言学理论、方法和成果应用于阐释其他经验领域遇到的语言问题。应用语言学有广义和狭义之分。广义应用语言学包括各种跟语言相关的实际应用研究,如翻译、辞书编纂、语言规划、语言障碍矫治、语言信息处理、人机对话等。

狭义应用语言学指语言教学。中国境内的语言教学有两大分支:汉语教学和外语教学。前者又可以分为汉语作为母语的教学和汉语非母语的教学。对中国少数民族的汉语教学和对外国人的汉语教学都是第二语言教学,后者属于"对外汉语教学"。

在狭义应用语言学(即语言教学)领域里,所应用的知识主要有三个方面:

(1) 语言学知识,如理论语言学与描写语言学。语言学知识包括人类语言的普遍规律,还包括具体语言(如汉语、英语、韩语、越南语)的语音、词汇、语法、语义、语用、篇章等方面的分类描写。

语言教学,不但要知道人类语言的普遍规律,还要熟悉目标语规则。要教母语非汉语者普通话语音,就要系统掌握普通话的声母、韵母、声调等知识。此外,了解学习者的母语知识也很有必要。比如说,母语为英语者学习汉语时,常常出现以下错误:"*我写汉字每天","*我见面了我的老师"。这是受母语"I write Chinese characters every day"和"I met my teacher"的影响。母语为韩语者学习汉语,可能出现以下错误:"*他两个时间打了篮球",原因是受到韩语词汇和语法的影响。韩语没有补语,表示动作延续时间的词语"小时"

一般放在动词前当状语。韩语词汇시간来自汉语,但跟现代汉语有所区别,既有"小时"的意思,也有"时间"的意思,学习者不知道汉语"小时"和"时间"在使用上的区别,因此出现错误。

对外汉语教学,不但要求将汉语规则解释清楚,而且要求将学习者母语的规则解释清楚,还要求将汉语和学习者母语的异同描写清楚。这样,才能了解学习者什么时候可能出现什么错误,才能很好地解释错误原因,有的放矢地进行有效的教学。

(2) 跟语言学密切相关的学科,以及跟语言学结合或者跟这些相关学科结合而产生的边缘学科。语言学相关学科有心理学、生理学、人类学、社会学等。边缘学科如心理学跟语言学交叉产生的心理语言学,社会学和心理学交叉而产生的社会心理学等。

神经生理学和脑科学研究成果显示,人的大脑左半球掌管抽象思维,包括逻辑、数学、计算、分析能力等;右半球掌管形象思维,包括情感、图画、综合能力等。一般拼音文字的认读和书写,主要由大脑左半球掌管;而认知和书写汉字,需要左脑和右脑的共同运作,有关信息需要在左脑、右脑之间的胼胝体多次往返。这就从生理上解释了为什么汉字难学的原因。最新的考察结果显示,在人的左耳旁说情感方面的甜蜜话语,更容易让对方沉迷并记住。这是因为,左耳是由主管情感的右脑控制的。

可见,语言教学研究需要心理学、生理学、人类学、社会学方面的知识,才能深入进行;语言教师懂得这些学科的基本知识,才能取得更好的教学效果。

(3) 教育学,包括教育学理论、统计学、测量学、电化教学等。

教育是以知识为主还是以能力为主,如何协调这两方面的关系,是教育学一直关注的问题。按照教育学理论,外语或第二语言教学应该以交际技能为主,语言知识为辅。明确这一点,研究和教学才能取得预期效果。此外,统计学和测量学是教学研究不可缺少的,而电化教学和网络多媒体教育技术,则是现代语言教学的必要工具。

作为应用语言学的分支学科,对外汉语教学吸收这三方面的理论和方法,同时又对它们给以补充和促进。它跟相关的传统学科,如语言学、心理学、教育学、生理学、社会学等有不可分割的关系。同时，对外汉语教学的成型和发展，也离不开作为横断科学、工具学科的数学。还有，对外汉语教学跟一些新兴学科，如计算机科学、通讯工程科学、跨文化交际学等，也有密切关联。所以，对外汉语教学这一新兴的应用型学科，也是一门交叉学科。

二、学科名称

对外汉语教学是一门新兴的学科，因此，学科的名称，出现过很多个。学术界对这些名称进行过深入探讨。下边分别讨论。

对外汉语教学 英文为 Teaching Chinese to Foreigners。根据《中国大百科全书·语言文字》的定义："对外汉语教学是指对外国人的汉语教学。"1983 年 6 月参加筹备"中国教育学会对外汉语教学研究会"的学者专家们正式提出这个名称。此后，这一名称使用得最为广泛和持久，在国内外产生了很大的影响，一直沿用到现在。这个名称的局限性是：着眼中国国内的教学对象，在国外比较难用。如在美国，美国籍教师教美国人学汉语，很难说是对外国人的教学。出现局限的原因是：20 世纪 80 年代，我们考虑的汉语学习对象主要是到中国学习、由中国人教授的外国人。

对外汉语 英文为 Chinese as Second Language。一些学者认为，外国人说的汉语有自己的系统，跟母语者说的汉语不同；该学科应该研究这种独特的汉语。英语作为第二语言教学也常常称 English as Second Language，美国一些大学有 Department of English as Second Language，并没有"教学"的字眼。北京语言大学有"对外汉语研究中心"，是我国该专业唯一的社会科学研究基地，也有一些大学的专业学院用这个名称命名。但有学者认为这个名称显示不出"教学"的特点。

汉语教学 英文为 Chinese Teaching。如前所述，"对外"难以为国外的汉语教学所用，因此一些国家有自己的名称。如美国称之为"中文教学"，日本称之为"中国语教学"，韩国称之为"中国语教育"。因此有一些学者建议用"汉语教学"这个名称。它可以跟国内对汉语母语者的"语文教学"区别开。"语文教学"主要指国内小学、中学对本族人的汉语书面语（包括汉字）认知和输出能力以及相关汉语知识的教学,这些学生已经可以用汉语口头交际了。而"汉语教学"主要是听说读写的能力教学,学习者原来没有汉语听说能力。"汉语教学"这个名称跟国际组织"世界汉语教学学会"及其会刊《世界汉语教学》相符,跟连续8届的"国际汉语教学讨论会"名称相符。不足之处,还是容易跟国内的汉语母语教学混淆,所以常常需要在前边加上"世界"给以限制。目前在一些国际场合使用这一名称的比较多。

华语(华文)教学 这个名称的产生有两个原因。第一,它指对海外华裔子弟的汉语教学。学习者虽然在国外学习汉语,没有中国国内的汉语环境,但是他们的家人或周边环境还是有一些人使用汉语的,尽管可能不是普通话。因此,他们的学习环境,既不是典型的目的语(汉语)环境,也不是典型的非目的语环境。由于血缘的关系,这些学习者跟中华民族有着千丝万缕的关系。第二,中国内地有若干华文学院,隶属于国务院侨办或侨办系统的大学,专门负责对留学生(主要是华人华裔)的汉语教学。华裔人士学习的,既有汉语,又有大量中华文化传统和科学知识;而对非华裔的汉语教学,则没有这么多中华文化,更不包括科学知识。这个名称的局限性是,难以将非华裔的汉语教学包含进去。

汉语作为第二语言的教学 英文为 Teaching Chinese as a Second Language。这一名称在科学研究学术论著中经常使用。不少学者认为,它可以包括除了第一语言以外的所有汉语教学。这个名称的不足之处,一是将对国内少数民族的汉语教学包含进来;二是一些学者认为,它不能将在国外非目的语环境的汉语教学包含进去;三是太长,音律上不那么平衡,使用起来不太方便。

对非母语者的汉语教学 英文为 Teaching Chinese to Speakers of Other Languages。它可以涵盖"汉语作为第二语言的教学"和"汉语作为外语的教学"。国务院学位办通过的硕士专业学位就使用这个英文名称。不足之处是可能会将中国国内少数民族的汉语教学包含进来。

对外汉语教育学 英文为 Pedagogy of Chinese to Speakers of Other Languages。有学者认为,"教育"比"教学"的内涵要丰富得多。"对外汉语教育学"强调"教育"的丰富内涵,即培养具有综合素质、全面发展的人才。国内有专业学院使用这个名称命名。这个名称的不足是,第一,综合素质的培养,很难单独由语言教学承担,对境外非母语者的汉语教学更难承担这个任务。第二,将这个学科从中文或语言学领域划到教育学领域,这两个领域都难以接受。

汉语国际教育　随着对外汉语事业工作重心从"请进来"到"走出去"的转移,该学科的国家领导机构从"国家对外汉语教学领导小组"改为"国家汉语国际推广领导小组",学科的名称也作了相应的调整,"汉语国际教育"这一名称就应运而生。汉语国际教育硕士专业学位现在已经正式得到国务院学位委员会办公室批准,并成立了教学指导委员会,全国已有24所大学试点开设该专业学位,招生工作2007年上半年已展开,并于2008年3月入学培养。该专业学位英文为"Master of Teaching Chinese to Speakers of Other Languages",简称MTCSOL。(详见第八章)

目前人们使用比较多的是"对外汉语教学"。我们在本书论书过程中主要使用这一名称,必要时会根据语境使用其他名称。需要注意的是,我们现在使用"对外汉语教学"这一名称,其实际含义已经不是最早的"对外国人的汉语教学"了,而是"对海外(或来自海外)的母语非汉语者的汉语教学"。

第三节　基础学科和相关学科

对外汉语教学的基础学科有语言学、教育学、心理学;相关学科也很多,如神经心理学、跨文化交际学、社会学等。对外汉语教学需要吸收这些学科的理论方法和研究成果,指导本学科建设和具体的教学实践。

一、语言学

语言学理论是对外汉语教学理论中最直接、最核心的基础。从现代外语教学史上来看,它对外语教学起到了不可低估的、直接或间接的指导作用。反过来,外语教学又为语言学理论研究提供了新的思考空间。二者性质不同,互相促进,不能互相替代。

1. 语言学是对外汉语教学的核心基础

无论是揭示语言普遍规律的普通语言学,还是揭示某种特定语言规律的语种语言学(比如汉语语言学);无论是语言学理论及其分支学科,还是具体的语言研究成果,在解释语言现象和规律、总结语言特点方面,都给对外汉语教学理论和实践以重要的指导和影响。没有语言学理论基础,对外汉语教学就难以发展。

(1) 普通语言学对人类语言某些特征及规律的概括

普通语言学有一些基本要点,对汉语作为第二语言的教学有重要的指导作用。

语言是人类最重要的交际工具。这个观点告诉我们,对外汉语教学的目的,应该是培养学习者的交际能力,而不是单单灌输语言知识。

语言是人类文化系统中最特殊的一种文化现象。这对我们的启示是:对外汉语教学要注重文化因素的介入,以便让学习者更好地理解汉语、运用汉语。例如,假如外国留学生不了解中国人"尊老"与"忌老"的差别,就难以理解为什么同样一个人,有人称他为"老王",有人称他为"小王"。

语言是人类的思维工具,人类的思维方式和思维规律会在语言中反映出来。因此,对外汉语教学中要适当引入汉民族思维特点的介绍。比如出现多个处所成分时,汉语的表达习惯是从大到小,而其他一些语言,如英语、印尼语,表达习惯是从小到大,例如:

中国广州三家电器公司

three electrical appliances companies in Guangzhou of China

tiga perusahaan peralatan listrik di Guangzhou(广州)Tiongkok(中国)

(2) 语言学各分支学科的启发和指导

这些分支学科如:结构语言学,功能语言学,社会语言学,心理语言学,篇章语言学,语义学,语法学,语用学,等等。对外汉语教学从这些学科中吸收有用的理论,以建立自己的理论体系并指导实践。

对比语言学是语言学的一个分支学科,其任务是对两种或两种以上语言进行共时的对比研究,描述它们之间的异同,并总结其中的规律。比较学习者第一语言和目的语的异同,可以帮助教师有的放矢地进行教学,帮助学生更有效地掌握目的语规则。

如汉语和英语介词及介词短语的对比:

在桌子上 on the table　　　在桌子下 under the table

在政治上 in politics　　　在……基础上 on the basis (of) ...

英语不同的介词,对应汉语同一个介词;英语是介词+名词短语,汉语是介词+名词+方位词。明白这些特点,教师就可以更有效地为学生讲解。

再如语序的对比:名词和它的修饰语,不同的语言可能有不同的顺序。例如以下汉语、英语句式:

他昨天坐火车去上海了。

He went to Shanghai by train yesterday.

汉语的时间状语在动词前面,英语在句末;汉语用动宾词组表示工具的成分,也位于动词前面,英语用介词短语来表示工具的成分,位于动词后边。虽然状语位置不同,但两种语言形成镜像关系:

汉语:时间状语——工具成分——动词

英语:动词——工具成分——时间状语

将这些不同点讲述清楚,有利于学生克服母语干扰,掌握汉语的语法规则,正确使用汉语。

(3) 对外汉语教学必须吸收汉语语言学的研究成果

只有合理吸收汉语本体研究的成果,才能有效地进行对外汉语教学。举一个出现偏误的例句:

*有一天他看到镜子里的自己多难看。

一般的教师都知道将"多"改为"很",但有些教师不知道如何解释其中的语法规则。有人会认为,形容词作补语一般用复杂成分,且一般在前面加"很",这里用的是"多",不合适。

事实上这种解释有问题,"多难看"并不是作补语,而是充当"自己"的谓

语,"镜子里的自己多难看"是充当"看到"的宾语。形容词前面也完全可以加"多"。将偏误中的小句单独拿出来就可以说:

镜子里的自己多难看!

跟上述偏误相关的语法规则应该是陈述句和感叹句对句中某些成分的限制。陈述句中,形容词谓语前一般用"很、非常、挺"等程度副词,感叹句中,形容词谓语前可以用"多(么)、真"等词语。请对比:

他写的汉字很/非常漂亮。

他写的汉字真/多漂亮!

上述出现偏误的例句显然是一个陈述句,当然不能使用只出现在感叹句中的"多"。学生掌握了这条规则,就可以减少此类偏误,更好地使用汉语。

但是,由于本体语言研究理论化程度高、抽象程度高,对外汉语教学对语言学理论的吸收不可能完全照搬照用,往往要经过加工改造。对外汉语教学的实践要求语言理论与现象解释具备形式化、外显化的特点,方便教师教学,易于学生理解、接受,可操作性强。它不一定要非常系统化,但在某个阶段的解释力一定要强。因此,对外汉语教学界一定要处理好语言学理论与教学实践的衔接问题。

2.对外汉语教学对语言学的促进作用

语言学及其分支学科的发展给对外汉语教学以极大的指导作用,推动其向前发展。反过来,对外汉语教学也为语言学及其分支学科理论(尤其是汉语本体研究理论)的发展提供了实践的阵地,成为语言学理论的试金石,并拓展语言学研究领域,推动其不断发展、完善。

(1)对外汉语教学实践可以检验、完善汉语本体研究

例如以下三个出现偏误的例句:

*我现在吃勺园7号楼食堂。(我现在在勺园7号楼食堂吃。)

*今天我们吃餐厅吧。(今天我们去餐厅吃吧。)

*今天我一直看书图书馆。(今天我一直在图书馆看书。)

出现这些错误的原因之一,是我们先前把"吃食堂""吃馆子"里的宾语分析为处所宾语。事实上,这种分析不合适,现在已有人将这里的"食堂""馆子"

分析为"方式宾语"。而且,语法书也没有能跟母语非汉语的学习者说清楚什么样的动词能带这一类宾语,这一类宾语具有什么样的特点,等等。学生从"你吃食堂,我吃馆子"一类推,就容易出现上述偏误。

再如,不少词典说,"反而"表示转折。因此,一些学生会出现以下偏误:

   *我去了车站接她,她反而没有到。

后来研究发现,"反而"的使用有一定的语义背景,可分为:A.某情况发生;B.按常理,A 会导致另一情况发生;C.另一情况没有发生;D.出现了跟另一情况相反的情况。"反而"就出现在 D 里。其中前三项有的可以不出现。如:"进入五月,反而更冷了。"A 是"进入五月";B 是按常理,五月比四月暖和;C 是并没有暖和;D 是反而更冷了。不少学生按照词典、教科书或老师的解释,认为"反而"只表示一般的转折,因此出现偏误。

(2) 对外汉语教学可以拓宽汉语本体研究领域

对外汉语教学中,学生提出的种种问题促使我们反观汉语本体研究,将其进一步细化、深化。比如,在母语者看来没有必要对比的一些词语,在对非母语者的教学中就可能需要对比。"来源于"和"来自",一些学习者以为二者意思一样,用法也一样,会造出"我来源于印尼。"的错句。必须通过适量的练习和讲解,让学生明白这两个词搭配的主语是有区别的。

再如,学习者可能会说"非常谢谢你"。为什么一定要改用"感谢"才合乎汉语习惯呢？原因在于,"谢谢"是一个行为动词,不能用"很"类程度副词修饰;而"感谢"是心理动词,可受程度副词修饰。

可见,对母语者来说不用研究的语言现象,对非母语者来说就需要研究。像"来源于、来自","谢谢、感谢"这些词语,需要从小处着眼,一组词一组词地比较分析,从而发现更多的语言规律,促进教学。

二、心理学

心理学研究心理现象的动态过程,包括认识、情感和意志过程;研究人在社会生活中形成的相对稳定的各种心理现象,包括个性倾向和特征;研究意识活动(如记忆)与无意识活动等。其分支学科心理语言学(psycholinguistics)

认为语言的使用过程是语言信息在大脑中的处理过程,而语言处理实际上是语言规则和心理机制共同作用的结果。对外汉语教师不仅要研究教什么、如何教,还要研究学习者学习语言知识和掌握语言技能的特点、过程和规律。这些研究都需要心理学的支持。

1. 学习心理研究

(1) 行为主义心理学的联结论

以桑代克(Edward Thorndike)为代表的联结论产生于20世纪上半叶,认为学习的实质就在于形成刺激与反应之间的联结,这种联结是直接的,不需要中介作用。桑代克把这种联结看做是行为的基本单元,并认为人类所有的思想、行为和活动,都能分解为刺激和反应的联结。学习就是形成刺激与反应之间联结的过程。而联结是通过尝试错误建立的,它是一种渐进的、盲目的、尝试错误的过程。在此过程中随着错误反应的逐渐减少和正确反应的逐渐增加,而最终在刺激与反应之间形成牢固的联结。后人也称这种理论为尝试错误论,简称"试误论"。

学习的规律有三条主律:准备律,练习律,效果律。准备律,指联结的加强或削弱取决于学习者的心理准备和心理调节状态。练习律,指刺激与反应之间的联结会由于重复或练习而加强;反之,不重复不练习,联结力量会减弱。效果律,指刺激和反应之间的联结可因导致满意的结果而加强,也可因导致烦恼的结果而减弱。

桑代克的联结论及随后其他行为主义理论中,强化都是决定学习的首要因素,但忽视学习的内部过程。因此,这种理论较适合于解释动物的学习和人类的低层次学习。

外语学习中的听说教学法就是以此理论为依据,认为语言学习是通过不断的刺激和强化形成的,是一种机械过程。这种方法强调用模仿、重复的方式学习;对句型结构进行反复操练;对正确答案立即予以强化;先听说后读写等等。

(2) 认知论

随着学习心理研究的不断深入,心理学家们逐步认识到联结论存在着忽视学习内在心理过程的严重缺陷,试图寻求另一种理论范式。认知理论产生于20世纪下半叶,其基本观点是:学习的实质在于形成认知结构;在刺激与反应之间存在着中介心理过程;充分肯定学习者的自觉能动性;强调认知、意义理解、独立思考等意识活动在学习中的重要地位和作用;重视人在学习活动中的准备状态(即一个人学习的效果,不仅取决于外部刺激和个体的主观努力,还取决于一个人已有知识水平、认知结构、非认知因素);重视内在动机与学习活动本身带来的内在强化作用;重视学习的创造性。

外语教学法中的认知法就是基于这个理论产生的。认知法反对听说法过分依赖机械性的重复操练,提倡有意义的练习;重视对语言规则的理解和创造性的运用;主张通过有意识、有组织的练习获得正确使用语言的能力,全面地掌握语言,听说读写齐头并进;提倡演绎法的教学原则,主张发挥学生的智力,启发学生发现规则;主张不影响交际的一般性错误不宜过多纠正;适当使用学生的母语,尤其在初级阶段等等。

2. 几个基本概念

(1) 注意

只有那些被注意到的输入(input)才能被吸收和有效地处理。如何才能使输入的材料引起学习者的注意呢?有两个因素非常重要。

第一,出现频率(frequency)。在其他条件相等的情况下,某一语言形式出现频率越高,就越有可能被注意到,并被结合到中介语系统中去。

第二,感知显著性(perceptual salience)。它涉及一个语言形式在输入中的突出性。在其他条件相等的情况下,某一语言形式在输入语流中越显著,它就越有机会被注意到。

在外语教学中,新语言点及技能的训练要适当增加出现频率;尽量使知识与技能的传授通过有趣的方式进行,以强化注意。

(2) 记忆与遗忘

短时记忆(short-term memory)可以短暂地存储信息,而且可被编码进入长时记忆(long-term memory)。研究表明,短时记忆的容量很小,一般认为是"7±2"个项目。这个项目可以是数字、无意义音节或汉字、外文字母等。我国心理学者测定的短时记忆容量为：无联系的汉字，平均一次能记住6个；十进位数字,7个。但是如果对记忆材料进行"组块"(chunking)(即形成一条有联系的信息，其中一部分可以帮助记忆另一部分），就可以增加每个项目的信息量，增大记忆的容量。例如51710，孤立记忆较困难；如果联系成"劳动节＋党的生日＋句号"，就不容易忘记。

如何让短时记忆转入长时记忆呢？一是靠句法知识，因为它在理解语言材料的过程中起着重要作用。二是靠反复提取。外语学习中，大量单词会使短时记忆不堪重负，遗忘速度加快，使一些单词还来不及组成记忆单位进行释义就被遗忘了。降低遗忘率的方法，就是要及时把这些单词组织成句或进行释义后反复使用，使之进入长时记忆。

记忆可以分为两种类型：语义记忆(semantic memory)和情景记忆(episodic memory)。前者存储意义信息，后者存储事件信息。语义记忆是对意思的记忆（如记忆一个单词的意思等），不论这些知识是否习得。这类记忆基本上与学习内容的背景无关。情节记忆是与事件发生的时间和地点相联系的，是对与一定时间、地点及具体情境相联系的事件的识记、保持和再现；主要用来贮存人生中印象比较深刻的事情。我们每个教师都可以回想起第一次走进教室上课的情景，这种情景深深地印刻在脑海里，甚至连一些细节及当时的心情都历历在目。对外汉语教学中，如果有意识地把语言知识加工成合适的情景、情节，将词语的语源或理据编成小故事，让学生以情景再现的形式表演所学知识，有助于形成长时记忆。

遗忘量随时间递增；增加的速度是先快后慢，在识记后的短时间内遗忘特别迅速，然后逐渐缓慢。（见图1—4）

如何减少遗忘量，是外语学习的重要任务。科学地重复和回忆，有助于形成长时记忆，减少遗忘量。根据以上遗忘过程的基本趋势，可以在刚学完若干个语言点的较短时间内，安排较多的复习；随着时间的延长，复习次数逐步减少。比如，在一节课内第一个20分钟快结束时安排一次重复性练习，第二个20分钟结束时再安排一个。到了下一节课再如此安排。第二天重复；一周后重复；一个月后重复。这样安排，记忆效果肯定比根本不重复要好，但也不一

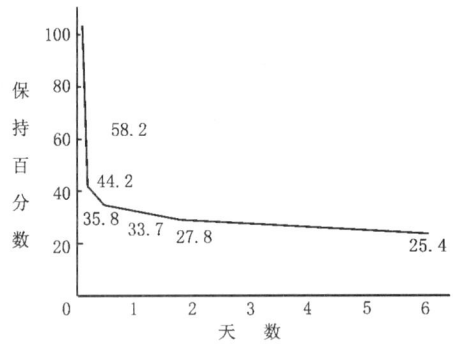

图 1—4　艾宾浩斯遗忘曲线

定比天天重复要差。因为天天重复不符合记忆规律,使用时间太多。

3. 外语学习者的心理分析

(1) 能力、动机、性格

外语学习受哪些心理因素影响呢？心理学家杰克伯维斯(L. Jakobovits)的调查表明:才能,33%;智力,20%;坚持性和动力,33%;其他,14%。

能力包括语音编码解码能力、语法敏感性、语言的归纳能力和强记能力。但这种学习的才能很复杂,因为它跟智力因素有关,不太容易区分。有学者对英国中学学法语的初一学生进行过 5 年的调查,发现跟学生法语水平关系最密切的,是学生的一般性智力水平。

加拿大学者在研究双语制地区语言学习后提出两种典型的学习动机:①融入型动机(integrative motivation)。学习者不但要学语言,而且还准备接受使用这种语言的人民的文化和生活方式。②工具型动机(instrumental motivation)。为了某些实际目的,如阅读科技文献、找工作等。大多数情况下,融入型动机对语言学习的推动较大,学习效果更好。

性格方面,一般来说,外向性格的人学习外语比内向性格的人快,外语也说得更流利,这可能跟他健谈、练习机会多有关。但外向性格的人在听力方面不如内向性格的人,这可能跟高度的自我疆界有关。在教学中,要给内向的学生更多说的机会,而多给外向的学生更多听的机会。第二语言学习者会产生"语言自我"(language ego)的概念,即对自己语言的认同。过了青春期,语言自我就具有了保守性和保卫性,保护母语,保护自己,成了自我认同的一部分。要学习一种新的语言,就要建立一个新的语言自我,或者说,要扩展自我疆界(ego boundaries)。错误对自我是个威胁,会产生抑制、自卫,这就妨碍学习。学生在课堂上因为怕犯错误,不敢使用新的语言点来回答问题,这就说明他在使用回避策略来对付老师的纠错。所以对学生的纠错要得法,不要盯住不放。

(2) 学习策略

学习策略主要指学习过程中学习者有意无意使用的方法和手段。最常用的策略是迁移和概括。

迁移指学得的经验对后来学习的影响,起促进作用的影响是正迁移,起干扰作用的影响是负迁移。成人学习第二语言,不可避免要发生迁移现象,受第一语言的干扰要比儿童大一些。但是他会力图发现两种语言间共同的规则,也会发现第一语言之外的规则。如,我们通常会把"他能吃能睡"翻译成"He eats and sleeps well."这与地道的英语句子"He is a good eater and sleeper."相去甚远。这是负迁移。再如正迁移的例子:我们把"我寄给他一封信"翻译成"I sent him a letter."这表明两种语言间句型的相同会促进学习。教学任务之一,就是要利用正迁移,减少负迁移。

概括是人类学习的重要策略,指由特殊事例推论出规律、规则或结论。过度概括(overgeneralization)也叫泛化。如,学生根据"全天"泛化出"全星期",由"我等他们等了十分钟"的句式泛化出"我到中国到了三年"的错误句子。

(3) 成功学习者的心理特点

成功学习者的心理特点包括:①有明确的学习目的和目标,有极强的学习动力,有浓厚的学习兴趣,有克服困难的毅力。②积极地用所学的语言进行交际,不怕犯错误。③在课堂上积极主动,不但注意语言的功能,同时也注意表达功能的语言形式。④把"学习"跟"习得"结合起来,既重视语言又重视言语。⑤不仅仅依赖视觉,避免逐字逐词翻译,注意泛听泛读,善于排除冗余信息,把握要点和大意。⑥能够在两种文化之间保持理想的距离,既排除母语文化所带来的保守性,又未被目的语文化所同化,对差异保持理想的容忍度,自尊心适度。

三、教育学

教育学是研究人类教育现象和问题、揭示教育规律、形成教育理论、指导教育实践的学科。教育学为对外汉语教学提供了相关的理论基础,同时也可以吸收后者的相关成果来丰富、完善自身。

1.教育学对对外汉语教学提供的理论

(1) 教育主体观

教育是一种有目的、有计划、有组织的培养人的社会实践活动,教师与学生是构成教育活动的基本要素。以往的教育以教师为中心,片面强调教师的权威性,学生是被动接受者。近几十年来,教育学出现了新的观念,即以学生为中心。在此影响下,出现了社团学习法,主张:教师只是顾问、辅助者,学生是中心,是"病人";教学是师生的共同活动。"教"不只是"传授知识",更重要的是帮助学生"学",引起学生"学"。

进入20世纪80年代以来,主体性教育问题被日益关注。主体教育思想要求教育工作者确立一种现代的教育本质观,即:教育是学生在教师为其创设的学习生活环境中,经过自身知、情、意、行等身心活动,消化吸收内外各种因素的影响作用达到自我发展的过程,同时也是一种特殊的生活过程。教育主体观认为,在教育活动中,教师是教育行为的主体,而学生则是自身生活、学习和发展的主体;现代教育过程是教师与学生双主体协同活动的过程,其核心目标是培养和发挥学生的主体性,而实现这一核心目标的关键是真正建立平等民主、相互尊重的新型师生关系。实际上,国内的对外汉语教学活动很大程度上属于这种双主体的模式,而不是单一的以学生为中心。

(2) 知识与能力的关系

知识与能力的关系是教育学探讨的重要课题,尤其是在重视素质教育的现代。两者的关系如果处理不好,就可能培养出高分低能、有知识无能力的学生,或者只有能力而无知识的学生。目前教育界较为公认的观点是:不能片面地强调知识或能力,而应当两者并重。在对外汉语教学中,汉语知识与汉语能力的关系一直没能被很好地处理,大多数情况是过分强调汉语知识的传授,忽视语言技能和交际能力的培养。我们应该将知识与能力视作同等重要,在知识学习中训练能力,用较强的能力来加速知识的学习,使二者互相促进,不断更新。但是,汉语能力究竟是如何培养出来的,应该采取什么样的训练方法,仍是对外汉语界的重要课题。

(3) 建构主义的教学观

传统教学观认为教学是传递客观知识的过程,教学的目标、内容、方法、情境都是完全可预期、可重复的。因此,教学是遵循客观规律、遵循预先设计的程序和步骤、最终实现预期教学结果的过程。这些知识来自外部,是不动、不变的。教学的各个环节都是预先设计的,教学必须按课前的安排,其间不允许有断裂、突变、分岔、偶然性和错误发生。课堂教学便是执行教案的过程。

建构主义(constructivism,也译作结构主义)的最早提出者可追溯至瑞士的皮亚杰(J.Piaget)。他坚持从内因和外因相互作用的观点来研究儿童的认知发展,认为儿童是在与周围环境相互作用的过程中,逐步建构起关于外部世界的知识,从而使自身认知结构得到发展的。该理论在反思传统教育的弊病后提出了截然不同的教学观:学习在本质上是学习者在原有的知识经验基础上主动建构新的理解、获取新的知识的过程。教学活动作为一种师生共同参与、双边互动的活动,是一个动态发展的过程。除了要考虑预先设计的教学目标之外,还要关注在教学活动过程中,由师生交流和生生交流激发出来的生成性目标。对于教材,还要根据学生的实际情况进行二次加工创造。对于教学的真实情境,要做到活泼、民主,不要刻意去限制。学生的积极发言或许会打乱教学的节奏,但许多不曾预约的精彩也会不期而至。生成性的教学情境虽然在一定程度上难以把握,但是,它不仅可以激发和促进学生的情感活动,还能激发和促进学生的认知活动和实践活动,提供丰富的学习素材,有效地改善教与学的效果。

2.对外汉语教学研究对教育学的促进作用

在关于汉语作为第二语言教学的教育作用和教育目的的研究、关于汉语作为第二语言教学的基本原则和教学方法的研究、关于汉文化教学的研究、关于汉语作为第二语言学习的学习者的心理研究、关于汉语作为第二语言教学的教学过程研究以及对教师和学生在教学过程中的角色研究等方面,对外汉语教学都取得了一定的成果。这些研究成果将在一定程度上促进教育学和教学论的研究并使其不断完善和发展。

比如目前对外汉语教学界比较流行的任务型教学法就是对建构主义教学观的完善和深化。任务型教学法是以任务的设计(即教师按学生将来使用语言的需要而设计交际活动)和完成为主线来组织安排教学,其特点是强调在做事情、在完成任务的过程中接触语言、学习语言、运用语言;强调在真实的语言交际环境中掌握语言交际能力,无论是输入的材料、任务本身、任务环境,还是完成任务的过程都具有真实性;以是否完成已有的任务为评价的标准。它对建构主义的改进之处在于,任务型教学法在整个教学过程中是以学生解决问题、完成任务为中心的,并且更加强调交际的真实性,因而更利于培养实际的语言交际能力。例如:在学习"问路"一课时,首先以提问的方式引导学生进入该话题;然后熟悉新的语言项目并进行操练,如"去……怎么走?"、"坐……还是坐……"、"地铁"等等;接着进行分组的语言输出,以真实的地图为道具,完成设定的任务,如去火车东站怎么走,去天河城广场哪条路最近;最后每组请出一位代表来发言,老师和全班同学一起来评价。

四、神经生理学

语言的学习跟人的神经生理机制密切相关。对外汉语教师应该掌握有关人脑的神经系统与生理功能、认知机制的基本知识。

1.大脑的结构与功能

大脑位于脑的顶部,由一个深深的纵裂将其分为左右两个半球。正常人大脑两半球及各部位之间之所以能密切地协同运作,是因为两半球之间有许多神经纤维相联系,其中最主要的联系桥梁是胼胝体。大脑左右两半球各有四叶:额叶、顶叶、枕叶、颞叶。见图1—5。

大脑两半球的功能有不同的分工。上个世纪60年代,斯佩里(Sperry)等

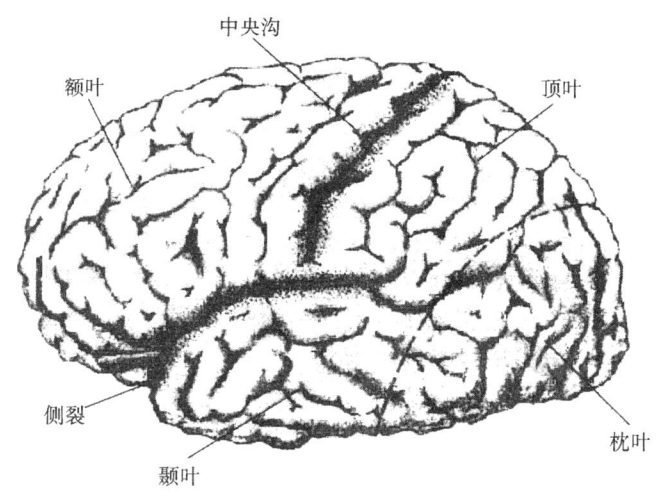

图1—5 大脑左半球简图

人研究发现,大脑两半球对人体的运动和感觉的管理是交叉的,即脑的左半球管理右侧肢体的运动和感觉,脑的右半球管理左侧肢体的运动和感觉。脑左半球侧重于抽象思维,如语言、逻辑、数学、分析、判断等,主要以线性方式处理输入的信息;脑右半球则侧重于形象思维,如空间关系、艺术、情感等,主要以视觉空间的非线性方式处理输入的信息。被用外科手术切断大脑两半球间胼胝体的裂脑人为此提供了有力证据,其大脑两半球都分别仅能看、触和活动对侧的身体,都有其自身的意识思维序列以及自身的记忆,大脑两半球用完全不同的方式进行思维活动,即左脑易于用语词思维,而右脑易于用感性表象思维。

近年来,认知神经科学研究表明:尽管语言优势在左半球,但右半球的语言功能不应忽视;在一定的环境条件下,脑功能具有一定的代偿作用;它们既有分工,又有合作。

大脑的语言中枢在哪里呢?请看图1—6。

1861年,法国神经解剖学家、外科医生保罗·布洛卡(Paul Broca)向巴黎人类学会陈述一个病人的情况:他21年来什么也不会说,只能发"tan"这个毫无意义的音节。但他能理解别人说的话,也能用面部表情和手势同别人交流

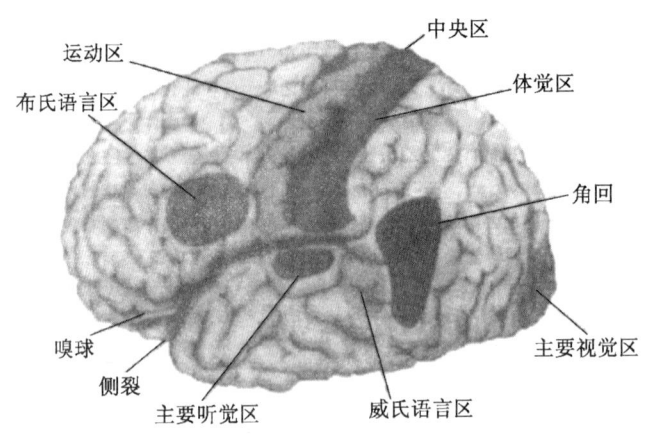

图 1—6　大脑左半球分区功能

思想。死后解剖发现该病人大脑左半球额叶后下部分损伤。1865 年,布洛卡报告说:"左半脑额叶损伤是言语丧失的原因。而伤在大脑右半球的相应位置则语言能力不受影响。"不久,人们公认大脑左半球额叶下回后部是言语表达中枢,并命名为"布洛卡区"(又叫布氏语言区)。1874 年,德国神经学家卡尔·韦尼克(Carl Wernicke)描述了另一病例。患者能主动说话,听觉也正常,但听不懂别人说的话,也听不懂自己的话。死后解剖发现病人大脑左半球颞叶上回一个部分损伤。韦尼克推论,这一区域与理解言语有关,是言语感受中枢,该区被公认为"韦尼克区"(又叫威氏语言区)。布洛卡区和韦尼克区共同构成脑语言中枢的主要部分。与这两个区并列的第三语言中枢是角回区。该区是人听语言和读写语言的桥梁,它能把语言转化为视觉信息,使人能写下听到的话语;又能把文字信息转化为语言,使人能诵读诗文。角回区被称为言语阅读中枢。这三大语言中枢分管着听、说、读、写整个语言行为。

2. 母语习得和外语学习的脑区与认知机制的不同

母语习得与外语学习的大脑神经区域是否不同呢?神经科学教授 Joy Hirsch 使用功能性磁共振成像术(fMRI)观察 12 个流利的双语使用者,其中 6 个是从小就会说双语,而另外 6 个则是在青少年时期才学第二语言。受试者在 fMRI 扫描仪前用第二语言无声独白前一天发生的事情。图像显示两类受试者不会因为学习年龄不同而在韦尼克区里呈现差异。但对布洛卡区的扫描却呈现另外一种图景:那些从小会双语的受试者使用同一区域;但那些青少年时才学第二语言的受试者,有的确实用第二语言进行无声独白,有的却情不自禁地使用了母语。而用母语思维时牵动的区域,跟用第二语言思维时牵动的区域不同。

3. 语言学习的关键期(临界期)

大脑功能侧化的过程,究竟是什么时候开始、什么时候完成的?加拿大学者做的儿童双耳听觉实验表明:双耳对声音刺激的敏感程度不同,右耳对语音的反应敏感,左耳对其他声音的反应敏感。这说明左半球是语言管辖区,因为双耳受反方向大脑半球的控制。实验还表明:右耳对语音的敏感度随着儿童年龄的增长而提高,10—12岁达到高峰,此后逐步下降。这个实验结果跟语言习得关键期的说法大体吻合。

美国学者从上世纪30年代起对某些病人实施大脑半球切除手术,并进行跟踪观测。结果表明,许多不到10岁的儿童大脑左半球切除后,暂时失去语言能力,但一年以后语言能力逐渐恢复。原因是控制语言的功能转移到了右半球相应的区域。但能够实现这种转移的时期最晚是10岁。如果成年人的左脑损伤,右脑则无法代替,其语言功能也就不能恢复,这是因为大脑右半球的相应区域已经承担了其他功能。不过,也有一些研究指出,有些成人大脑左半球切除后,语言能力并没有全部丧失。但无论如何,实施左半球切除术后,儿童恢复的语言能力比成人多得多。这说明,习得和学习语言的最佳时间是儿童时期,此时大脑灵活,可塑性大,因此比较容易习得语言。

研究表明,13岁以前,一个人每天生成约1亿个大脑细胞,脑细胞总体的生成速度比死亡速度快;13岁以后,每天约有1亿个大脑细胞死亡,脑细胞总体的生成速度比死亡速度慢。这就使得儿童具有惊人的学习能力。科学研究证实,2—6岁是儿童学习语言的敏感期,6—13岁是语言学习的巩固期。在幼儿学习第二语言的关键时期,同时、准确、自动掌握几种语言符号系统是完全可能的。

4. 适应神经、认知活动的教学措施

教学论中的许多教学原则,都是建立在学生大脑细胞被唤醒基础之上的。

比如,视听法(Audio-Visual Approach)运用环境、语境、画面、声音和语义的整体联系,通过多媒体等电教设备将学习信息同时作用于人的视觉和听觉,从而产生眼、耳和脑整体感知作用。该方法特征是:(1)通过情景和画面等直观手段,培养直接运用外语的能力;(2)先听后说,听说配合;(3)模仿和记忆词、句的听说刺激反应,即句型操练;(4)把语言当作习惯。

从大脑功能分区来看,其训练的言语属区为韦尼克区、布洛卡区、视觉联络区等。如果能够综合知识性与趣味性,视听法可使学生的大脑神经得到视听等多种刺激,再加上网络的动态交互性,学生语言神经通络的音、形、义及习惯用法等各方面就有了丰富的输入源,利于语言神经通络的形成和完善。此外还要注意,要让学习者在真实的语言场景刺激下激活人脑原有语言神经通络,完善语言神经通络系统。如果人脑神经元受不到外界刺激,神经网络及神经通络的激活与建立将成为空话。

五、跨文化交际学

跨文化交际,主要指有不同文化背景的人相互之间的交际。跨文化交际学研究不同文化背景下人们交际中出现的各种问题及对策,它关注的是交际中的文化差异,包括价值观念以及由此而形成的民族性格和社会心理、语言运用、非语言交际等多个方面所表现出来的文化差异。对外汉语教学过程及学生以后用汉语从事的交际活动,都是跨文化的交际活动。为了避免交际障碍和文化冲突,达到有效交际,与交际有关的文化知识就必然成为对外汉语教学的内容之一。

1.价值取向

中西价值取向的差别较大,前者是群体主义取向,后者是个体主义取向。中国人提倡凡事以家庭、社会、国家利益为重,个人利益在必要时可以忽略。个人隐藏在群体中,人们习惯于与集体与领导保持一致,避免"锋芒毕露",因为"枪打出头鸟"。中国人做事首先要考虑别人怎么看、怎么说,万事以和为贵,等级有序,等等。与此相对,西方人,尤其是英国人、美国人、德国人,却是个体主义取向。这种个体主义并非是我们理解的"自私"或"不考虑他人",它的基本内涵是强调个人的权利和自由,而这种权利和自由是以不得损害他人的权利和自由为前提的。在此前提下,个人的身份、作用、独立性、自主选择是至高无上的。以请客为例,如果在德国做客,中国人会对主人的劝吃"礼让"三分,最终很可能吃不饱。而主人却认为,如果我再三劝吃,就是干涉你的自由,就是不礼貌。价值取向的不同决定了民族性格和社会心理、语用等方面都表现出各种差异。教师在教学过程中要考虑这些差异。

2.语言交际

某些词语的使用,要受特定交际情境的影响,要考虑说话人、听话人的关系和地位。学习者如果不了解这些,不懂得这些因素中隐藏的文化规则,就可能出现偏误。如"胡说、放肆、拜访、访问、瞻仰、诸位、吩咐、嘱托、培养、栽培、赏识、高寿……"等词语,不了解这当中的语用因素和文化因素,就可能用错。有一个留学生不想当班长,对老师说:"老师,美的你,我不想当班长。"留学生不知道"美的你"在表示"拒绝对方请求、否定对方的要求"时,一般不用于下级、晚辈对上级、长辈。

教学中还要注意汉语中的典型交际用语,它们与西方国家的也有显著的差异。比如打招呼,汉语里的招呼语有些特别的地方,即具有一定程度的具体性,根据具体的情境而论,见到什么说什么、问什么。比如在路上碰面了,会问:"今天不上班吗?""今晚做什么好吃的?"它们的功能同英语里的"It's very nice to meet you!"(见到您真高兴!)一样。西方人如果不理解这一点,就会误以为对方真的是在询问。再如,中国人的寒暄话题可以表现人们之间关系亲密无间、不分你我,但往往被西方人视为对个人隐私的威胁。又如,不同文化的人们在"请求"行为上的差异,本质上是"直接"和"间接"程度上的差异。一般情况下,汉语的"请求"行为要比英语直接得多,英语的祈使句经常和"please"连用,或以"could you …"的形式出现,这就减小了直接的程度。又如,如何回应对方的恭维,中美两国也有差异。中国人习惯于拒绝或贬低恭维语的语义内容:或说明肯定性评价的内容不存在,或贬低其"过奖"之辞。而美国人更多的是接受、欣赏。一位访美的女学者在宴会上听到美国朋友称赞她的衣服漂亮"That's a lovely dress you have on!"时,按照汉语习惯回答:

"No, no, it's just a very ordinary dress."结果令对方误以为这个学者批评他连衣服的好坏都分不清。

3.非语言交际

非语言交际是以非语言手段来传递信息的交际。体势语是非语言手段中最重要的一种,但并非全部。从人的身体特征到身上穿戴的服饰品,从搽的香水的味道到身体内散发出的体味,从声音的高低到房间的摆设、光线、色彩,从时间观念到空间观念,这些都是非语言交际的因素。

体势语可以是动态无声的。主要指身体各部分的动作,如头、脸、颈、肩、臂、手、手指、臀、腿等等的动作。比如用手指轻轻钻捻太阳穴,在中国表示要仔细考虑考虑或思考问题,在土耳其表示"你太愚蠢了",在荷兰却是夸奖对方聪明的意思。

体态语也可以是静态无声的。主要指身体静态情况下的姿势,比如站、坐、蹲、倚靠姿势、体距、呼吸、气味、装束、发型等等。如,英美人认为陌生人或不太熟悉的人之间要保持一定的体距。再如,中国人喜欢请客人坐下,以示尊敬客人。但在很多场合,西方人对"站"有一种偏爱,他们站着开会,站着吃饭,站着聊天;有时在会客厅里,年轻的主人要么不给年长的客人让座,要么站着与客人交谈。他们认为这会使气氛更和谐、亲切。

思考与练习

1. 对外汉语研究的基本框架包括哪四个层面?
2. 怎样理解对外汉语教学是一门新兴的应用型交叉学科?
3. 从本学科众多不同的名称着眼,谈谈你对本学科的理解。
4. 如果留学生造出"我来源于印尼"、"非常谢谢老师的帮助"、"我喜欢玫瑰花红色的"之类的错误句子,你该怎么向学生解释?
5. 如何利用神经生理学、生理学、心理学知识来促进对外汉语教学?
6. 单就语言教学来说,对外汉语教学中的文化应限制在交际层面。请举例说明这种跨文化交际应当包括哪些方面。你认为还应当补充哪些方面?

第二章 语言学习与教学法流派

第一节 语言学习的基本概念

一、母语和外语

1. 母语

从一般意义来讲,母语就是指本国或本民族的语言,通常是指本国或本民族通用的语言。如果按言语社团的界限(主要是民族)来区分,还有一个可以和母语通用的术语——本族语,即本民族的语言。

"母语既是个人的,也是民族的"。一般认为母语是以亲属关系为基准的,是由学习者对个人所属民族的认同决定的。比如,在国外有很多华人的后代,可能他们的爷爷奶奶甚至更上几辈就已经移居海外,这些华裔尽管已是其他国家的公民,但始终认为自己是中华民族的子孙,从而认定自己的母语就是汉语。

2. 外语

外语指外国的语言。英语、日语、俄语等对于中国人来说都是外语;对中国的少数民族同胞而言,汉语虽非本族语,但不是外语。在中国的少数民族地区开设汉语文课是让少数民族学生学习掌握中国的通用语言。

二、第一语言和第二语言

1. 第一语言

第一语言(First Language)是一个人出生以后获得的第一种语言,一般是人在幼儿时期获得的,是一个人最早学会的语言。儿童通常在父母或周围人群构成的言语环境当中自然习得第一语言。

第一语言可以不止一种,只要是儿童语言发生初期在自然环境中最早接触和学习的语言,都可以称为第一语言。随着世界范围的民族融合,很多儿童的父母及其亲属可能来自不同国家或不同民族。一个出生并生活在法国的儿童,父亲是英国人,母亲是瑞典人,还有会说法语的姐姐或哥哥,那么,这个儿童就有可能同时学会法语、英语和瑞典语。这几种语言都可以说是他(她)的第一语言。

2. 第二语言

第二语言(Second Language)有广义和狭义之分。狭义的第二语言专指在目的语环境中学习和使用的第一语言以外的语言。广义的第二语言则泛指除第一语言外的语言,也就是一个人掌握了第一语言之后所学的另一种或多种其他语言,涵盖了在目的语环境和非目的语环境里的教学和学习。本书中所提及的"第二语言",如无特殊说明,都是指广义的第二语言。

有的人在第一语言之外,不只学习一种语言。虽然语种(如英语、阿拉伯语、日语、法语)不同,遇到的问题可能有一些区别,但这类语言学习都有共同的途径和规律。因此在应用语言学领域,一般把除了第一语言以外的语言统称为第二语言,不再进行更加细致的区分。用"第二语言"来统一定名,有利于研究这些共同的途径和规律。

三、母语、外语与第一语言、第二语言的关系

多数情况下,父母及周围人所使用的语言是本国、本民族的语言,即所谓"母语",儿童最先学会的也是通常是他的母语。但并不能据此认为"母语"与"第一语言"是同一概念。

比如一些中国夫妇把出生不久的孩子送到旅居欧美的亲人身边。这些孩子不是欧美国家的公民,但是他们长期生活在那里,一开始学习的就是欧美国家语言,汉语反倒不会说了。这些儿童的第一语言就不是他们的母语。

可见,"母语"的界定涉及民族认同,"母语"和"外语"是一组以亲属关系、

民族和国家认同为标准的对应概念;而"第一语言"和"第二语言"是完全按照语言学习的先后顺序来界定的。从语言学习和教学的角度看,"第一语言"和"第二语言"这一对概念更具有科学性和包容性,使用起来更准确,也更方便。

四、目的语

目的语(Target Language)也叫"目标语",指学习者有意识地学习并力求掌握的语言。目的语涵盖的范围非常广泛,无论第一语言、第二语言,或是母语、外语,只要成为一个人学习并争取掌握的语言,都可以称为目的语。

从最宽泛的角度定义汉语作为第二语言的学习,就是指第一语言不是汉语的学习者把汉语作为目的语来学习和掌握。这些学习者不仅仅局限于我们通常所指的外国人,还应该包括国内的少数民族。因此,汉语作为第二语言教学也可以分为对外国人的汉语教学和对国内少数民族汉语文教学等分支。

五、习得和学习

早从20世纪60年代开始,西方一些学者就提出应该对语言学习(learning)与习得(acquisition)加以区分。70年代中期,美国语言教学理论家克拉申(S. Krashen)系统地提出了学习与习得在第二语言能力形成过程中所起的作用。将学习与习得作为两种不同的语言学习途径加以区分,打开了探索语言习得过程的新思路,无论在理论上或实践上都很有意义。特别是对改进课堂教学、建立学习与习得相结合的新的教学法体系有很大启示作用,对语言教学起到了巨大的推动作用。

1. 习得

习得(aquisition)指在自然状态下从周围环境中学习获得某种能力。习得是下意识的、非正式的学习活动,是不需要进专门的学校或请专门的老师教也能学会的。人的许多能力如站立和行走等,都是自然习得的。

语言的理解、发生和掌握也是可以习得的。一些西方学者认为,"习得"是指在自然的语言环境中,通过旨在沟通意义的言语交际活动,不知不觉(潜意识)地获得一种语言,是自然交际的结果。克拉申提出:语言习得者通常并没意识到他们是在学习语言,而只是意识到他们在用特定语言进行交际。典型的例子是儿童习得第一语言。

儿童在一岁以前,只是通过简单的声音或是肢体语言来表达自己的需求。随着活动范围的扩大,儿童对周围环境的认识也逐渐深入,简单的"咿咿呀呀"已经不能满足交际的需要,因此在一岁左右开始到四五岁的几年里,出于表达和认识新事物等需要,儿童在跟父母、亲戚或其他人的接触中学习并掌握了语言。儿童周围的这些人绝大多数没有接受过系统的语言教育的训练,也不可能把一种语言的所有规则都教给儿童。可是,儿童却看似无师自通,自然而然地学会并运用这种语言的规律。因此,一般把儿童学习第一语言的行为称为第一语言习得,也有人称为第一语言获得或学得。

当然,第二语言也可能是自然习得的。比如在韩国有一些华裔后代,出生之后先在家庭里习得汉语,长大后在韩国的社会环境里还习得了韩国语。不过,成人习得第二语言的难度要比儿童或少年大得多。即使习得,也大多是不完全的习得,只能表达有限的内容。这主要是受到年龄、学习目的等内外因素的限制。

儿童为什么能在短短几年内创造性地习得一种语言?为了作出合理解释,语言学家以一定的心理学理论为基础,提出许多关于第一语言习得的理论。这些理论大致分三类:

(1) 后天环境论

后天环境论的理论基础是美国心理学家华生(J.B.Watson)提出的行为主义,强调语言是"刺激—反应"的产物。较有影响的有"白板说"、"强化论"、"传递论"。

白板说 "白板说"是早期行为主义理论。英国哲学家洛克(John Locke)为反对法国哲学家笛卡尔的"天赋观念说",提出了"白板说"。认为人们在对某物进行认识之前,大脑有如一块白板,一片空白。语言同其他一切观念和知识一样,都源于人类后天对事物的感觉经验,是人类在后天环境中,不断听到别人的语言并在头脑这块白板上留下痕迹,才慢慢学会了语言。

强化论 美国心理学家斯金纳(Burrhus Frederic Skinner)认为,当儿童对成人语言模仿正确时,就会受到鼓励,从而使正确的语言行为得到强化;如果儿童对成人语言的模仿不正确,就不会受到鼓励,因而得不到强化。儿童就是在不断强化中学会语言的。但是,许多研究发现,父母对于儿童的意义表达非常重视,并不太注重形式上的正误;有时父母的强化对于儿童的语言学习并不一定发挥作用。强化论没有考虑大脑内部活动,重外部形式,轻内部意义,很难解释一些较为复杂的习得现象。

传递论 美国心理学家奥斯古德(Charles E. Osgood)认为,反应有两类:一是外部刺激下产生的外部反应,如房子失火引起的反应;二是内在刺激产生的内部反应,如听见"失火"这个词引起的危险感。后一种称为"传递性刺激",可以用来解释语言如何表现发生在另一时空或是未来将要发生的事。但仍然有许多现象,是传递论所无法解释的,如许多人能够学会"火星""宇宙"这样根本未接触过其所指的某个词。

(2) 先天决定论

先天决定论的心理学基础是心灵主义。刺激反应论只注意语言习得的外在因素,却忽视了学习者的内在动因,无法解释为什么儿童可以听懂或说出他从未听到过的句子,如听到"真好吃"便能说出"假好吃"。以乔姆斯基(Noam Chomsky)为代表的一批学者,继承了法国哲学家笛卡尔的"天赋观念说",认为人的语言能力是与生俱来的。

先天能力说 也有人称之为"内在论"。乔姆斯基极力反对行为主义的模仿说,特别是斯金纳的强化说。他认为,语言中句子的无限性决定了儿童不可能对一种语言的所有句子都进行模仿,对儿童语言发展唯一可能的解释是:儿童生来就具有一个语言习得机制(Language Acquisition Device,简称LAD),这个机制具有一套抽象的、全人类共有的语法系统和类似于语言学家一样的语言分析能力。儿童的语言学习并不是一个完全被动的过程,而是主动的充满创造的过程。儿童接触一定数量的成人语言后,LAD就会被激活,儿童会利用LAD对这些语言现象进行分析,并从中概括出各种具体语言的语法规则;这些语法规则作为一些具体的语言参数,赋值到与生俱来的、抽象的、人类普遍的语法系统上,就像是给方程中的未知数代入具体数值。这样,儿童就学会了各种具体语言。这就从根本上否定了儿童通过模仿习得语言这种经典性理论。

自然成熟说 伦内伯格（Lenneberg）从另一角度强调了语言习得能力的先天性。他从多个方面比较了儿童生理发育和语言发展的同步关系，认为儿童的语言发展同生理的发育一样，是一个自然成熟的过程。儿童生下来时虽不会行走，但已具有了行走的可能性，后天的生理发育一旦成熟，儿童就会自然而然地行走。语言能力也是与生俱来的，并且在后天的逐渐发育中成熟。人们一般都承认，语言发展和许多生物性发育一样，存在一个发展的关键期或临界期，当过了发展的关键期或临界期之后，即使具有发展的条件，也不能再发展起来。所以，"狼孩"即使回到人类社会，也因错过了学习语言的关键期而无法学会语言了。

(3) 先天与后天相互作用论

先天与后天相互作用论是以瑞士认知心理学家皮亚杰（Jean Paul Piaget）的"认知说（cognitive theory）"为基础的。皮亚杰认为：人有两种组织功能。一是"功能不变式"，是决定如何与环境相互作用并向环境学习的遗传的心理功能；二是"认知图式"，是"功能不变式"跟环境相互作用的产物，是人向环境学习而产生的，随着人的心理发展而系统增长。语言学习能力只是认知能力的一种，儿童并没有先天的独立于认知能力之外的语言学习能力，语言的发展是受认知能力的发展制约的，是儿童的天生能力和客观经验、主体因素与客观环境因素相互作用的结果，是通过同化和顺应不断地从一个阶段发展到另一个新阶段的过程。儿童的认知活动和语言活动是互相促进的。一对聋哑夫妇的孩子，所能接触的有声语言环境只有电视，虽然他具有完备的发音器官，却没能学会语言，就是因为缺少向环境学习和与环境互动的机会。认知论考虑了主观和客观因素及其互动，有其可取性，因此在皮亚杰理论的影响下，人们开始用认知的发展过程来解释儿童的语言发展过程。

2. 学习

习得语言的系统处于大脑左半球语言区，是自发语言运用的根本。"学习（learning）"则是有意识的过程。就学习者个体而言，语言学习是有意识地学习第二语言的知识,了解特定的规则,能明确意识到所学的规则并能够谈论这些规则。比如,在学了英语一般疑问句(是非疑问句)后,我们可以明确说出其结构形式是"Be/Do+陈述句?",回答时首先要用"Yes/No"。根据这条规则,只要具备一定的词汇量,我们就能生成无限多的一般疑问句。

语言学习一般在专门场所由专门教师实施专门教学,其教育形式正规而系统,有详细的教学计划、教学大纲和适当的教材,有进行教学的场所和教师,有检验学习成果的测试等等。其目标是使学习者通过讲解、训练、实践等活动获得某种语言的语音、词汇、语法、语用和文字知识,以及听力理解、阅读理解、口语表达、书面表达等语言技能和言语交际技能。

因此,"语言学习"可以定义为:学习者有意识地接受某种语言的正规教学,以获得所学语言的语言知识、语言技能和言语交际技能,从而能够掌握并运用这种语言的活动。

六、第一语言习得和第二语言学习

虽然都是在一定的环境中获得一种语言,都是建立概念、形成思想和思维能力的过程,是从模仿到创造的过程,都要经过理解、模仿、巩固、记忆、应用等认知过程,都会使用类推、回避等策略,但是第一语言习得和第二语言学习之间还存在许多差异。主要表现在八个方面。

1. 主体

第一语言习得的主体是儿童,主要是学龄以前的幼儿。而第二语言学习通常是在第一语言已经习得的基础上进行的活动。过去,学习第二语言的主要是具有某些特定目标的成年人,而现在越来越多的儿童加入到第二语言学习行列,像中国儿童在小学低年级就开始学习英语。这样,第二语言学习的主体就既有成年人也有儿童。

2. 理解和接受能力

儿童习得第一语言时,正处于生理和心理的发育时期,大脑、神经系统、肌肉以及和语言相关的发音器官正在发育,抽象思维能力较差,可能在学习过程中会有一些困难,出现理解和使用上的偏误,并且难于形成长时记忆。但是由于儿童可塑性强,所以习得的发音比较地道,而且由于大脑每天产生大量的新细胞,加上儿童此时对周围事物充满了新鲜和好奇,而自我意识又较弱,自尊心不易受到伤害,使得儿童表现出来的接受力、模仿力很强,易于形成短时记忆;有很高的积极性、主动性,敢于开口,不怕出错。学习第二语言的儿童能够发挥这些长处,喜欢模仿、练习,不管发音准确与否,充满了创造力。但受心智发育的限制,往往无法正确归纳和推理,出错率较高。

成年人大脑发育已经完成,具有一定的逻辑思维,可以进行归纳、推理,善于从众多语言现象中总结规律,并且能够比照第一语言进行学习,所以在学习第二语言时比较容易抓住规律,掌握所学语言的规则系统。但是,成人已经过了语言学习的关键期,脑细胞死亡的速度要快于产生的速度,发音器官和相应肌肉系统也已基本定型,造成了成年人发音不准确,模仿力和记忆力都在走下坡路,所以语言学习能力下降。加上成人自尊心较容易受到伤害,不愿意主动开口说话,害怕出错,而且能够投入学习的时间有限,因此成人学习第二语言往往到了一定时期就出现僵化现象,语言水平停滞不前。

3. 目的和动机

幼儿学习第一语言是出于本能,"内在的"、"本能的"、"自发的"动机与人类最原始的生存、最基本的需要联系在一起。他们必须正确表达自己获得物质和认识世界的需求,其学习的动因就是交际的需要。但这些动机和目标是天然的,儿童自身并不能意识到。

而学习第二语言,往往是出于不同的目的,一般都是主观上认定的目标。第二语言学习大体上有以下几种目的:

职业目的 很多外国人学习汉语可能是为了跟中国人进行贸易、文化方面的交往,或是为了担任汉语教师、汉语翻译或从事汉语研究工作等。目前,职业是汉语作为第二语学习最主要的动力。

受教育目的 即为了升学(包括用目的语学习某种专业)或提高文化素养、提高思维能力,或准备条件以求得将来职业上更大的发展等而学习目的语。

学术目的 即为了用目的语阅读科技文献或从事某一领域的研究工作等

而学习目的语。

其他目的 也叫做临时目的,如学习者为了到目的语国家短期旅行、临时旅居,或为了社交应酬,或出于好奇心等而学习目的语。

一个第二语言学习者的学习目的不一定限于一种,也不一定是固定不变的。由于学习者使用第一语言也能在社会中生活,学习第二语言是出于特定的需要,而不是必需的生存技能,因此动机相对没有儿童那么强,积极性也比较弱。尤其是当他们能够利用所学语言顺利地进行交际时,学习动力大大减弱,第二语言学习就可能出现停滞。

4. 环境

人们学习第一语言通常是在目的语环境下进行的,可以分为两个时期,即自然习得时期和学校教育时期。

人们最基本的语言能力是在自然习得时期获得的。在自然习得时期学习语言,有天然的学习环境,其特点是:语言单纯,没有或很少有其他语言干扰,儿童几乎是完全处在目的语环境中的;周围环境中出现的语言是高度生活化的,不会脱离儿童所生活的空间或所能接触的事物;学习时间长,儿童在语言习得期除了睡觉、吃饭和无声游戏以外,大部分的时间都沉浸在现实的目的语交际环境中和参加交际活动的过程中,可以听到各种各样的谈话,随时随地都能学到新知识。儿童习得第一语言时的亲属和教师,都是使用该语言的人。虽然他们中的大部分人都没有系统的语言教育知识和经验,但是他们时时刻刻都在使用的语言已经为儿童学习提供了最可靠的模板——清楚简单,语速慢,重复多,有感情,伴随表情和动作,大多重内容,不会抓住错误不放。当儿童取得成绩和进步时,如第一次说出"妈妈"、"狗狗",大都会得到物质或语言的鼓励。即使进入学校接受第一语言教育,也仍然是在自然环境中,是为了继续提高语言能力(包括听、说、读、写的能力)和语言交际能力,同时学习跟语言理解和语言使用密切相关的文化知识,相应地提高思维能力。

人们学习第二语言,可以在自然环境中学习,也可以在学校里学习。很多第二语言学习者初期都会选择在课堂里学习,这样每天接触第二语言的时间有限,即使第二语言课堂能够创造出目的语环境,但不在课堂上的时间里就没有这种环境,学习者很容易放松自己。而且,第二语言多由教师输入,感情、表情和身势语不那么丰富。学习过程重形式,教师往往抓住一个偏误不断纠正。进步一般不容易得到及时鼓励。不少人学习第二语言时,特别是在他们本国学习时,教师并不是以目的语为第一语言的人。这些教师先从别人那里学得这种语言,再把自己学到的知识教给学习者,这中间必会有疏漏或偏误。

5. 方式

儿童习得第一语言,往往是从感觉出发,也就是从他们所能见到的实物、真实动作或事件出发,将这些实物、动作、事件和声音联系起来,建立有关的概念,从而由感性认识上升为理性认识。比如,儿童看到"妈妈"这个形象,并听到成年人不断地指着妈妈告诉他"这是妈妈",经过多次反复而把两者联系起来,就获得了"妈妈"这个词所联结的形象。经过模仿和记忆,逐渐学会发出"māma"的声音,这样就学会了"妈妈"这个词。再经过不断应用,就达到了巩固和熟练的程度。经过同类经验的不断累积,儿童就可以习得词语和句子了。习得第一语言是把第一语言的语音和概念以及概念之间的关系联系在一起进行学习的。二者同时学习,难度比较大;但在真实情景中学习,又相对容易一些。

而成人学习第二语言,常常要借助第一语言来联结概念与声音,有些学习者索性用第一语言的语音来记第二语言的音。就算使用直接法教学,学习者脑子中也会先出现第一语言中词句的声音和意义,再和目的语的声音联系起来。因为有了第一语言及思维能力,可以节省建立概念并形成判断和思维的时间。但通过第一语言学习第二语言,可能会对学习产生影响:有正面的积极作用,叫做"母语正迁移";也有负面的干扰,叫做"母语负迁移"。

6. 过程

幼儿习得第一语言是一个漫长的过程。听、说、读、写这几项言语技能是逐项习得的,且获得这几项言语技能的顺序是固定的。每两项言语技能的习得,中间还要间隔一定的时间。儿童习得第一语言有 5 个阶段:(1)前语言阶段(1 岁以前);(2)独词句阶段(1~1.5 岁);(3)双词句阶段(1.5~2 岁);(4)电报句阶段(2~3 岁);(5)复杂句和语篇阶段(3~5 岁)。幼儿总是先听,再说。

由于儿童各方面的发育都还不完善,不能自主地发展语言能力,因此重视第一语言言语技能和言语交际技能的训练对于学龄儿童来说是十分必要的。

成年人学习第二语言时,已经具备了一定的语言知识,心智较为完善,不像幼儿学习第一语言的过程那样漫长。在多数情况下,特别是在经过教师精心安排的初级阶段,一般不需要或不完全需要从建立概念开始。他们不必遵照从单词到词组再到句子的顺序学习,可以首先直接从简单句子入手,可以在开始阶段习得代表抽象概念的词,也可以在一段时间内同时学习和习得听说等若干种言语技能。

从整体看,儿童习得母语是从不自觉到自觉。成人学习第二语言,是从自觉到不自觉。

7. 文化

习得第一语言的儿童是生活在和该语言息息相关的文化之中的。他们在用第一语言交际时,很少会出现因文化造成的误解、误用的情形,而且经过学校的第一语言教育,儿童会对语言中所蕴涵的文化内容有更加深入的了解。

而学习第二语言不同,第二语言教学往往需要单独开设文化课或在讲授语言知识时特别指出其中的文化差异,渗透文化知识。

第二节 第二语言教学法主要流派

第二语言教学的历史十分悠久,所以有关教学法的历史也可以追溯到遥远的古代。早在公元前2000多年,幼发拉底河流域的苏美尔人征服了阿卡德人,就对被征服者实施第二语言教育。公元前500多年,罗马人开始学习希腊语。而在我国,从汉代开始就有外国学生来华学习汉语。在古代,人们对第二语言教学法还没有系统的研究,但在教学中却不自觉地使用某种教学方法。如苏美尔人对阿卡德人实施的第二语言教学,就是借助双语词典,采用原始的翻译法进行教学;古罗马人从小就接受双语教育,教学中使用的方法一般也是翻译法。

从古代到现代,随着第二语言教学的发展,出现了很多教学法的流派,特别是近百年来,教学理论的研究推动了第二语言教学法的探索与突破,新的教学法不断产生。而且各种教学法都有其哲学和心理学基础。

一、语法—翻译法(Grammar-Translation Method)

在第二语言教学中,运用翻译作为基本教学手段,把语法规则作为主要教学内容的教学方法,称之为语法—翻译法。

1. 起源与发展

语法—翻译法是最古老的第二语言教学法,它是从以前的翻译法、语法法和词汇—翻译法发展而来的,而它作为一个教学法体系,则是在18世纪末19世纪初形成的。这一方法起初用于中世纪及以前的希腊文和拉丁文等古典语言的教学,后来移植到现代外语教学界,并盛行了约一个世纪。

语法—翻译法的影响是深远的,直到20世纪初,它在第二语言教学中还占主导地位。后来,这一地位逐渐被直接法和听说法所取代。原因是它不重视听力、口语的教学,不注重活的语言在现实生活中的交际功能,因而脱离了现代语言教学的实际。但值得注意的是,后来出现的阅读法、自觉对比法和认知法等都明显受到语法—翻译法的影响,而且直到现在,语法—翻译法仍在一定的范围里使用,特别是高年级阅读课和翻译课的教学,仍然可以借鉴语法—翻译法的一些长处。

2. 特征、原则与实施步骤

语法—翻译法最基本的特征是:以系统讲授语法规则为基本教学内容;以母语与外语的互译为教学手段。

它的教学原则有:

(1)教学中所用的语言材料是所谓"规范"语言,即古典的书面语。

(2)课堂教学使用学生的母语。

(3)教学方式以母语与外语的互相翻译为主,并通过大量的书面翻译练习和写作练习来巩固和检验语法知识。

(4)强调语法教学,其内容是词与词之间的组合规则,主要讲词的形态和曲折变化,并对复杂的语法现象作详尽的解释。

(5) 教学注重书面语,不注重口语。

语法—翻译法的教学过程是:先教字母、词语的发音和书写。然后系统地进行语法教学,用先讲规则后举例的方法,边讲边译,并用母语与外语互译的方法巩固语法知识。最后阅读课文。

课文教学的一般步骤是:先用学生的母语介绍课文内容,逐字逐句翻译,再朗读课文,并用互译法巩固、加强。

3. 理论基础

一般认为,传统的机械语言学理论是语法—翻译法的语言学基础。这种理论认为,人类所有的语言都起源于同一种语言,语言和思维是同一的。由于人类有共同的思维规律,因而各种语言的语法和词汇所表达的概念及意义就是相通的,各种语言的词汇差别只是发音和书写形式不同而已。

语法—翻译法的心理学依据是官能心理学。官能心理学认为人的心灵有各种不同的官能,各种官能可以分别进行训练。难度较高的知识,如拉丁语的语法,可以用来训练和提高人的智力。由此,语法—翻译法把第二语言教学看成是一种特殊的智力操练,把教学看成是"发展心理"的一种途径。

语法—翻译法赖以建立的哲学基础是唯理主义。唯理主义哲学认为认识就是唤醒心灵中已有的理念。由此,语法—翻译法强调不同语言的共性,强调在第二语言教学中充分利用学生已有的母语能力和经验。

二、直接法(Direct Method)

直接法产生于19世纪后半叶,它是作为语法—翻译法的对立面出现的。当时,由于资本主义工商业的发展,社会迫切需要大量具有外语口语交际能力的人才,而原来外语教学中一直沿用的语法—翻译法已经无法适应这一需求,于是西欧一些语言学家和语言教师在外语教学界发动了一场教学改革运动,在这样的背景下,直接法应运而生。

所谓直接法,就是直接用目的语教学,不用学生的母语,不借助翻译的方法,也不注重形式语法,其教学目标不是规范的书面语,而是实用的口语。

1. 教学原则与实施

直接法又称自然法、心理法、口语法等,其代表人物有贝力兹(M.D.Berlitz)、帕尔默(H.E.Palmer)等。基本教学原则是:

(1) 直接联系的原则。建立语言与客观事物的直接联系,也就是说,在第二语言教学中,把词语和它所指的事物或意义直接联系起来,尽可能不用母语翻译,让学生养成直接用目的语思维的习惯。

(2) 口语优先的原则。直接法借鉴幼儿学习语言先从说话开始的经验,强调语音和口语是语言活动的基础,因此,第二语言教学应该从口语而不是从书面语入门,应该在有了一定的听说基础后再学读写。

(3) 模仿操练为主的原则。不讲解语法规则,让学生通过模仿的手段反复练习所学的语句,直至达到熟练的程度,能够脱口而出。

(4) 句本位的原则。以句子为教学的基本单位,而不是像传统的单词加语法规则的做法;让学生记住一些常用句型,以后就可以通过类比或替换的方式造出新句子,以满足交际的需要。

(5) 学习当代通用语言的原则。不像语法—翻译法那样学习古典书面语,而是学习当代普遍使用的口语。

此外,直接法也强调趣味性,主张采用循序渐进、由具体到抽象等教学方法。

直接法首先是适用于口语教学的,为此,贝力兹对具体的教学过程作了以下说明:不翻译而演示;不用语言解释而做动作;不演说而问问题;不放任学生的错误而加以纠正;不说单词而说句子;教师少说而学生多说;不用教科书而用教学计划;不要离题,而要按计划进行;不要说得太慢,而要使用正常语速;不应说得太快,而应说得自然;不要急躁,而要放松。

2. 理论基础

直接法的语言学基础是当时发展起来的语音学以及连贯语法理论(coherent grammar),这就决定了它特别重视语音教学,重视句子而不是孤立词语的教学。直接法还明显受到幼儿学语现象的启示,也就是说仿照幼儿学习母语的自然过程来设计第二语言的教学过程。并且它认为学习外语跟习得母语一样,都是靠人的自然能力。

直接法的心理学基础是联结主义心理学(associationist psychology),注重语言跟客观事物的直接联结,语言跟周围环境中的人的直接联结。

3. 评价

直接法是一种影响很大的第二语言教学法,它的兴起在语言教学历史上具有里程碑式的意义,对第二语言教学由古典时代进入现代起了关键作用。直接法把第二语言教学的目标从脱离生活实际的书本语言引向当代口语,把对单词、语法规则的死记硬背改变为听说读写能力的培养,特别是利用各种直观手段进行教学,促进学生不依赖母语翻译而直接用目的语进行思维和交际,对第二语言教学领域影响巨大,对后来的听说法、功能法的产生也起了很大的作用。它的不足之处是忽视了成人学习第二语言的一些特殊之处。

三、阅读法(Reading Method)

阅读法产生于20世纪初,是魏斯特(Michael West)在进行英语教学试验时创造的一种专项教学法。

1. 目标与实施

阅读法提出,第二语言教学的第一个目标,是培养学生的直接阅读能力,即阅读时不必把目的语翻译成母语,直接阅读一定数量的语料,理解原文。这样做有利于培养语感,可以带动随后的口语教学,从而提高整个第二语言教学的效率。

阅读法的基本特点就是以阅读作为第二语言学习的先导,通过阅读建立语感,从而更快地学会外语。

为了实施阅读法,魏斯特编写了一套《新方法读本》(*New Method Readers*)。这是一套供初学者使用的阅读教材,最低限度的词汇量是3500个,编写原则如下:

(1) 让学生从开始学习时就产生兴趣,看到自己的学习成果。

(2) 通过课文学习生词。

(3) 词汇越少,其使用范围就应该越大。

(4) 课文内容应适合学生的年龄。

魏斯特的课本非常注意趣味性，每一课都以生动的故事为中心，而且很注意生词的出现频率，平均50个学过的词语中才出现一个生词，每个生词在新课文里至少要出现两次，此后出现率逐步减少。

魏斯特还把阅读分为精读与泛读两种类型，前者要求每分钟阅读400个词，后者每分钟最多可阅读1200个词。在阅读课本之外，每册还配有相应的补充阅读材料（副课文），且分量大大超过主课文。补充材料没有生词，目的是训练学生的快速阅读能力。

2. 评价

作为一种颇有影响的第二语言教学法，阅读法没有以某种语言学或心理学作为自己的理论基础，它以实用为出发点，又以实用为最终目标。阅读法的功绩在于：首次提出了以阅读为目标的单项语言技能教学的理念，区分精读与泛读，把快速阅读引进课堂，创造了阅读训练的多种方法；在课文编写时注意词汇量的控制，由此产生的分级读物后来在世界各国广为流传。

20世纪40年代以后，阅读法曾在各种外语教学中广泛使用，并在实践中得以补充和修正，用于多种课型的教学之中。但阅读法也自有它的局限性，它过分强调阅读技能训练，抓住一点，不及其余，未免失之偏颇。

四、听说法（Audiolingual Method）

听说法产生于20世纪40年代的美国。听说法也是因反对传统的语法—翻译法而产生的。

第二次世界大战前，美国外语教学仍然沿袭着语法—翻译法的老路。二战爆发后，美国军队急需大批具有听说能力的外语人才。传统的语法—翻译法已不能满足教学需要，于是当局组织了一批专家学者，制定并实施了一个陆军特别训练计划（ASTP），军队和大学在这一计划指导下开办了各种外语培训中心，在短期内成功地培养出了大批懂外语口语的士兵。他们所采用的方法就是：第一，集中强化教学；第二，大量练习听说。这就是最初的听说法。后来，听说法又不断发展，至20世纪60年代达到全盛，成为当时占支配地位的第二语言教学法。

1. 特点、原则与教学过程

听说法受到直接法的启迪,它最根本的特征有三点:一是听说优先;二是句型操练;三是对比分析。

听说法教学的基本原则:

(1) 听说优先。新课内容以会话形式展开,以培养口语能力为首要目标。入门阶段专练听说,不接触文字;入门以后先从听说导入,然后教读写。

(2) 重视语音教学。

(3) 用模仿、复述、记忆等方式学习,以养成语言习惯,达到自然运用的目的。

(4) 语言结构按序排列,教完一项再教另一项。

(5) 以句型为重点,对句型结构进行反复操练。

(6) 严格控制词汇量;词语通过上下文来学习。

(7) 教师尽量不使用学生母语,少用或不用翻译手段。

(8) 严格纠正错误,培养和强化正确的语言习惯。

(9) 充分利用视听设备和语言实验室。

听说法的课堂教学过程一般是:

(1) 模仿。包括生词和句子,每人至少两次,有错误立刻纠正。

(2) 重复。每个学生要重复两遍学过的句子,教师不给示范。

(3) 翻译。教师用目的语说出一个句子,学生翻译成母语,逐句进行。

(4) 轮流操练。头一个学生说第一句,下一个学生说第二句,依次说下去;然后第二个学生说第一句,下一个学生说第二句,依此类推,直到每个学生把所有句子都操练一遍为止。

(5) 重复并翻译。教师随意说一个学过的句子,指定某个学生先重复,后翻译;每人都要进行一次。

(6) 对话。教师先跟第一个学生对话,接着第一个学生变换角色跟第二个学生对话。

2. 理论基础

听说法的语言学基础是美国的结构主义语言学,认为语言是通过学习获得的高度结构化的类型,但一般人不能意识到话语结构,所以在语言教学中,应该让学生不知不觉地运用所学语言的结构,养成一种语言习惯。

听说法的心理学基础是行为主义心理学的刺激反应论,认为人们学习语言的过程,实际上就是通过刺激反应进而养成语言习惯的过程。

3. 评价

20世纪40年代,听说法为美国培养了大批外语口语人才,取得了轰动世界语言学界的成果。它的理论基础十分雄厚,形成了一套较完整的教学法体系,也编写了一些较成熟的教材,对世界范围内的第二语言教学都具有深远的影响。它对后来的一些新教学法如视听法的产生,也起到过很大的作用。

但是,听说法是特定时代的产物,它过分强调听说(主要是说),忽视读写,使"语"和"文"出现了分家;偏重于语言的结构形式,相对忽视语言的内容和意义;过多依赖句型练习,机械单调,影响学习积极性。

在听说法之后,又出现了视听法等教学法,它们是受听说法启发而产生的,跟听说法大同小异。

五、认知法(Cognitive Approach)

认知法又称认知符号法,或认知代码法。20世纪60年代产生于美国,其代表人物是卡鲁尔(Carroll)。

认知法一开始就是作为听说法的对立面出现的,它反对听说法的"结构模式论"和过分依赖机械式的重复操练,主张在第二语言教学中发挥学生的智力,注重对语言规则的理解和创造性的运用;它的教学目标是全面地掌握语言,而不仅仅是侧重听说技能的培养。

1. 特点、原则与教学过程

认知法的基本特征是:在理解语料、规则的基础上创造性地活用语言;以学习者为教学的中心。

认知法的教学原则包括:

(1)培养学生的语言能力是教学的主要目标。而所谓语言能力,是内化了的语言知识系统,这种能力必须通过系统的、有意识的讲解和练习来获得。

（2）以学生为教学活动的中心。课堂教学主要是学生的言语实践活动，教师应注重激发学生的学习动机和兴趣。

（3）课堂教学可以适当地使用学生的母语，必要时还可通过母语与目的语的对比，以加强理解。

（4）启发学生发现语言规则，并理解和掌握规则；让学生在理解语言规则的基础上进行操练，反对机械地死记硬背。

（5）主张听说读写齐头并进，全面发展。在教学中，语音与文字互相结合，口语与书面共同促进，调动各种感官同时参与，以求收到最佳的教学效果。

（6）容忍学生的语言错误，只对一些影响交际的错误进行纠正，反对见错就纠，以免打击学生信心。

认知法的教学过程分为三个阶段：

第一，语言理解阶段，约占总课时的1/4。内容是从学生已有的知识出发，讲解新的语言知识和概念。如要讲英语动词的过去时，则先复习它的现在时，然后引导学生去发现过去时的规则，再由教师简明扼要地对过去时的语法规则进行讲解。讲解约占这一阶段教学时间的1/5。在教学过程中，教师可以比较多地使用学生的母语讲解。

第二，语言能力培养阶段，约占总课时的1/2。内容是检验学生对所学语言知识的理解和训练学生正确使用语言的能力。方式是先做理解性练习，如识别性练习、动作反应练习、选择图片练习、定义练习、多项选择练习、判断是非练习等，再做结构性练习，如组句练习、替换练习、扩展练习、造句练习、翻译练习、情景描述、看图说话等。这一阶段以学生操练为主，较少使用学生的母语。

第三，综合运用阶段，约占总课时的1/4。内容是组织学生用所学过的语料进行听说读写，目的是培养学生运用第二语言的能力，特别是真实的交际能力，侧重在脱离课文的专门的交际性练习。方式有交谈、讨论、即兴对话、专题叙述、角色表演、作文等。该阶段以操练为主，讲授时间不超过5%。

2. 理论基础

认知法借鉴了乔姆斯基的转换生成语法理论。这种语言学理论的基本观点是：

(1) 语言是由无限的句子构成的,而无限的句子则是由有限的规则生成的。语言学家的任务是发现规则,语言教学的任务是教给学生生成语言的规则系统。

(2) 各种语言都有共性。语言教学应该注重目的语和母语的共性,启发学生把已有的母语知识用于第二语言学习。

(3) 个人的语言包括语言能力和语言表现,前者是内在化了的生成语言的规则系统,后者是运用这个系统来生成新句子。在语言学习中,先有能力,才可能表现。

(4) 人本身就有学习语言的特殊机制,生成语法的基本规则是人的智力的一部分,这种智力是语言习得的先决条件,是与生俱来的。在语言学习中,应调动学生的内在智力因素,避免不动脑筋的机械模仿。

(5) 活的语言是用来思维的,所以,它是跟意义和思想联系在一起的,这意味着,学习另一种语言,就要用另一种语言思维。

认知法的心理学基础是认知心理学,该学派的代表人物是奥苏拜尔(D. Ausebel)。认知心理学认为:心灵是思维、学习过程的积极动因;学习基本上是由学习者个人而不是由环境决定的;学习必须是有意义的。

奥苏拜尔把学习分为两类:机械性的学习与有意义的学习。他认为,影响学习的重要因素有三个:(1)学习者的认知结构,即现有知识的数量、理解程度和组织结构。(2)新旧知识的关联度,即已有知识和新学知识之间的联系状况。(3)学习者的联结意识,即学习时是否有意识地把新学知识跟已有的认知结构加以联结。学习者应该把二者有机地联系起来,使之构成有意义的整体;而不能像计算机那样把所有知识零碎地储存起来。

3. 评价

认知法对第二语言教学的最大贡献在于,它把当代心理学研究的最新成果——认知心理学理论运用到语言教学领域中来,首次提出了从认知的角度,也即从学习者的角度研究语言教学的理论,使之朝着更加科学的方向迈出了重要的一步。

但是认知法产生数十年来,一直没能形成一套完整的教学体系,也没有编写出一本成熟的教材。这大概是因为认知心理学的理论和转换生成语法理论本身还在不断发展变化,所以认知法在理论和实践两方面都有待进一步完善。但是,它的一些观点却被许多语言教育家和教师所采用,用于教材编写或具体的教学活动中。

六、功能法(Functional Approach)

功能法又称功能意念法,或交际法,20 世纪 70 年代起源于西欧,创始人是英国语言学家威尔金斯(D. A. Wilkins),兴盛于美国,是近年来流行较广的一种第二语言教学法。

1. 特点与教学原则

功能法吸收了直接法、听说法的某些成分,它不像以往的教学法那样只注重语言结构,而是强调语言功能和交际作用。功能法的基本特征就是以语言的功能项目为纲,有针对性地培养学生的交际能力。

功能法的教学原则:

(1) 以语言功能项目为纲,根据教学需要选取真实而实用的语言材料,语法只作为实现功能的手段。

(2) 教学过程交际化。认为第二语言教学的中心任务是培养学生用目的语进行交际的能力,所以教学过程中尽量创造接近真实的语言环境,以交际为中心开展多种多样的教学活动。

(3) 单项技能训练与综合性训练相结合。这也是为了满足交际的需要,因为在实际交际中,各项语言技能不是孤立的,而是相互结合的。

(4) 强调内容表达,不过分苛求形式,只要不影响交际,一般性的语言形式错误是可以容忍的。

(5) 循环式地安排语言材料,循序渐进地组织教学。教材内容一般按题材范围或话题为序排列,每一题材范围要有几次循环,每循环一次就增加一些难度。

2. 教学过程与方法

功能法的教学过程如下:

（1）展示。通过图片、实物、对话等展示语言材料，展示过程中教师可作适当讲解。

（2）语言要点练习。从语言材料中找出重要句型和语法点进行各种形式的练习。

（3）语境练习。把相关的语言要点放在一定的语境中练习，学会使用它们。

（4）教师提供交际情境，让学生用所学过的语言材料进行模拟性的交际，如交谈、扮演角色、即席讲话等。

功能法的教学实施很有特点。如：老师的教学以表演为基础；课堂教学以学生为中心；学生的学以任务为基础，让他们用学习的新语言项目完成交际任务。教师要根据语言背景设计场景，指挥学生活动。学生学习和使用新语言项目的时间约各占50%。而最重要的，是将真实的交际引入课堂。

要将真实交际引入课堂，关键是要合理地制造信息差，使交际双方占有的信息不一样。如在听说练习时，可以让一组学生出去，另一组学生在教室里听一段录音。然后让出去的学生进来，分别询问录音内容。限制问题数量。看谁能用最少的问题将内容问清楚。在词汇教学时，可以引导学生说出自己对新词的体会和感受。如讲解完"善良"，可以让学生说出自己认为什么样的人算善良，为什么。

除了这些方法外，常见的还有卡片法。即分别给交际双方不同的卡片，上面写着不同的内容，让学生根据不同的指引进行交际。

3. 教材编写与功能大纲

功能法的教材编写很有讲究。首先要考虑功能与形式的复杂关系。其次要贯彻"急需先学"和"由易到难"的原则。还要设计交际性练习，较好的练习应该有完成交际任务这一项。按功能法编写的英语教材有 *Function of American English*（by Leo Jones and C. Von Baeyer）和 *Life and Language—The Urban College Experience*（by Carole Riedler-Berger etc.）。汉语方面如美国夏威夷大学中国研究中心任友梅等编写的纯功能法教材。

对外汉语教学吸取了功能法的内容。如国家汉办2002年编写的《高等学校外国留学生汉语教学大纲(长期进修)》,就有详细的《功能项目表》,列出了"打招呼、问候、寒暄、介绍、感谢"等 110 项交际功能。

七、任务式教学法(Task-Based Approach)

任务式教学法最早产生于 20 世纪 80 年代的英国,代表人物有伯拉胡(N. S. Prabhu)、纽南(David Nunan)。所谓任务就是指有目标的语言交际活动,它实际上是交际法的新发展,教学活动以学生为中心,教师设计具体的、带有明确目标的活动,让学生用目的语通过协商、讨论,达到学习目的。

任务式教学法的出现,得益于学习和习得这两个语言概念的区分。学习是指通过教学有意识地学得语言;而习得则是指通过交际无意识地接触语言系统而掌握语言。

1. 任务的五个组成部分

纽南 1989 年提出了"任务"的五个具体组成部分:

(1) 教学目标。任务式教学的目的主要是培养学生的语言交际能力,而不仅仅是语法正确的说和写的能力。

(2) 输入。输入是指设计任务的资料,包括语言信息(如课本、报刊、小说、学生的作品)和其他信息,如影视作品、一段对话、歌曲等。

(3) 活动。活动是指任务,而不是指练习。任务是指学生在学习的过程中领悟、使用目标语的行为以及相关的课堂交际活动,它关注的是语言意义,而不是语言形式,它完全有别于语法练习。

(4) 师生角色。学生是交际者,其主要任务是沟通(传送与接收)信息,具有学习的自主性,并经常进行两人或小组活动。教师扮演辅助者、任务的组织者和完成任务的监督者,有时也加入到活动中成为学生的"伙伴"。

(5) 环境。环境指课堂教学的组织形式,包括:任务完成的方式(个人操作、两人/小组合作);任务时间的分配;课堂教学或课外活动等。任务式教学通常采取小班制,进行两人或小组的互动。

2. 任务式教学法的特点

(1) 将真实的语言材料引入学习环境中。试图把课内的语言学习同课外的社会语言活动结合起来。

（2）意义优先。教学的重点是语言的内容含义，而不是语言的形式结构，因此课堂语言活动更接近于自然的习得。

（3）以完成任务为评估标准。学生应把学习的重点放在如何完成任务上，对教学进行评估的标准是任务是否成功完成。

（4）重结果而不重形式。即重视学生如何沟通信息，而不强调学生使用何种语言形式，要求通过用目的语言交流来学会交际。

3. 任务式教学法的课堂教学原则

任务型教学法认为：要培养学生在真实生活中运用语言的能力，就应该让学生在教学活动中参与和完成真实的生活任务，让学生用目的语完成各种真实的生活、学习、工作等任务（即做各种事情）。

（1）语言、情景真实原则。以学生的生活经验和兴趣为出发点，任务的内容和方式应尽量真实，要使学生在一种自然、真实或模拟真实的情景中体会和学习语言。

（2）形式与功能相结合原则。设计任务时要注重语言形式和语言功能相结合，使学生在学习语言形式的基础上，通过一系列任务的训练来理解语言的功能，并能运用在交际活动中。

（3）任务的阶梯型原则。设计的任务应由简到繁，由易到难，前后相连，层层深入。

（4）以做促学的原则。学生自始至终通过完成具体的任务来学习语言，并通过完成特定的任务来积累相应的学习经验，享受成功的喜悦。

4. 任务式课堂教学的基本步骤

（1）分析教学内容，在把握教学内容的知识性目的的同时，应该明确它的运用性目的。

（2）从教材提供的任务建议中选择适合的任务，并设计出具体的运用性任务。

（3）确定结果，重视评价。设计的每一项任务必须有一个结果。评价任务完成得好坏关键看结果。

思考与练习

1.区分第一语言和第二语言的标准是什么?第一语言习得和第二语言学习的差异有哪些表现?

2.为什么在应用语言学领域用"第一语言、第二语言"比"母语、外语"更好?

3.第二语言教学法流派主要有哪些?

4.试析语法—翻译法的优缺点。

5.谈谈你对听说法的评价。

6.使用三种不同的教学法,写出教授下列生词的教案:

  天气　冷　热　风　雨　下(雨)　雪　刮　季节　春天

  夏天　秋天　冬天　暖和　最　游泳　凉快　郊游　滑冰

7.根据以下课文,使用功能法、任务法来设计练习:

  大卫:请问,有空房间吗?

  服务员:有,是豪华房间。就是很大很好的,400元一套。

  大卫:有便宜一点的吗?大约100到200元的。

  服务员:现在没有,都住满了。

  大卫:请您想想办法,帮个忙吧!

  服务员:你们几位?

  大卫:两个女的,一个男的。最好一个双人房,一个单人房。

  服务员:你们等一会儿看看,可能有客人正在退房。嗯,有了,双人房160元,单人房100元。

  大卫:好。什么时候可以住进去?

  服务员:半个小时以后。

第三章　语言要素及文化教学

语音、词汇、语法、文字是语言的四要素,本章讨论汉语作为第二语言教学中语言要素的教学及文化教学。

第一节　语音教学

一、汉语语音的特点

在现代汉语中,声母和韵母按一定的方式组合起来构成音节。声母是汉语音节中开头部分的辅音,普通话中有21个辅音声母,它们是:双唇音 b、p、m,唇齿音 f,舌尖中音 d、t、n、l,舌根音 g、k、h,舌面音 j、q、x,舌尖后音 zh、ch、sh、r,舌尖前音 z、c、s。普通话中也有少量音节没有声母,即零声母。

韵母是汉语音节中在声母后面的部分,普通话里有38个韵母,主要由元音构成,少数韵母里包含 n 和 ng 两个鼻辅音。可分为三大类:单韵母(舌面元音 a、o、e、i、u、ü,舌尖前元音-i [ɿ],舌尖后元音-i [ʅ],儿韵母 er,共9个);复元音韵母(前响复韵母 ai、ei、ao、ou,中响复韵母 iao、iou、uai、uei,后响复韵母 ia、ie、ua、uo、üe,共13个);带鼻音韵母(以 n 为韵尾的前鼻音韵母 an、ian、uan、üan、en、in、uen、ün,以 ng 为韵尾的后鼻音韵母 ang、iang、uang、eng、ing、ueng、ong、iong,共16个)。

普通话有四个声调:第一声阴平,调值55;第二声阳平,调值是35;第三声上声,调值214;第四声去声,调值51。

普通话音节有下列特点：

（1）与世界上许多语言不同，汉语的音节有高低升降的变化，这就是声调。汉语的声调具有区别意义的作用，声母、韵母相同，但声调不同，意思也就不同，如：妈 mā、麻 má、马 mǎ、骂 mà。

（2）汉语声母和韵母之间有一定的相互选择的组配关系，因而音节数量有限，这使得汉语同音词特别多。据统计，《现代汉语词典》共收音节 410 多个，其中还包括口语和方言词中所用的音节，如：chua、fiao、tei、dia、lo 等。这 410 多个音节(有人称为"声韵组合")，加上四声的区别，总共也只有 1300 个左右。这些声音便构成了汉语普通话全部语素的语音外壳，反映在文字上，一般一个音节写出来就是一个汉字。

（3）汉语音节结构比较简单，最复杂的音节也只有 4 个成分，如：窗 chuāng。

（4）元音在汉语音节中占优势，一个元音可以自成音节，如：饿 è。

（5）汉语的音节可以没有辅音，在一个音节中没有两个辅音相连的情况。

（6）汉语音节中可以没有声母、韵头和韵尾，却一定要有韵腹。

（7）作韵头的只有高元音 i、u、ü，只有 n 和 ng 两个辅音可以作韵尾成分。

二、语音教学的原则

对外语学习者来说，在语音、词汇、语法几个语言要素中，形成习惯后最难改正的就是语音，要克服母语语音影响掌握一种新的语音系统是非常困难的。随着年龄的增长，语言固化程度会加深，尤其是语音。不少人可以说流利的外语，但发音却很难达到母语者的水平。虽然学术界对第二语言学习是否真的存在一个所谓的"关键期"(critical period，有人译为"临界期")还存在争论，但成年人在语音上受母语影响较大却是客观存在的事实。成年后的外语学习者或多或少都会有些语音问题，能将外语说得像母语那样准确的很少。但这并不是我们放松语音教学的理由。实验证实，"关键期"之后学外语，发音达到本地人的水平也是可能的。实验者分析原因时指出，强烈的学习动机是导致成功的原因之一。在极强的学习动力驱使之下，学习者会主动不断地接触说母语的本地人,获得大量的语言输入。

外语教学专家普遍认为语音教学在初级阶段一定要认真,不能有丝毫的马虎。语音教学有七大原则,分别为:(1)科学性原则;(2)实践性原则;(3)对比性原则;(4)直观性原则;(5)趣味性原则;(6)持续性原则;(7)情感激励原则。

1. 科学性原则

教师要在准确系统掌握汉语语音知识的基础上根据学生特点制定出科学的语音教学方案。教师要对学生母语的语音知识有所了解,尤其要掌握学生母语跟汉语的语音对比知识,了解学生学习汉语语音的难点,重点关注这些难点。

从汉语教学的实践看,训练学生准确掌握声母、韵母和声调是教学重点。单纯模仿某一个发音,进行机械的操练固然重要,但更有效的是从一个音位扩展到一个音节,从一个音节扩展到音节组合。训练的材料应该是有选择的,所选的字、词、句应着眼于语音训练的需要,为语音教学服务,同时也应考虑到实用性和趣味性。

需要注意的是,一般在教学中无须过多讲解语音知识,需要明晰的只是发音部位和方法。也不要在语音学习中混杂汉字、语法内容,学生需要的是掌握汉语拼音拼写方法,能辨音、发音。

2. 实践性原则

语音教学是语言教学的重要内容之一。自然规范的语音、语调将为有效的口语交际打下良好的基础。语音教学应注意语义与语境、语调与语流相结合,不要一味追求单音的准确性。

在起始阶段,语音教学主要应通过模仿来进行,教师应提供大量听音、模仿和实践的机会,帮助学生养成良好的发音习惯。因为只有有了"量"的积累,才能有"质"的飞跃。俗话说水到渠成,同样的道理,听音、模仿和实践达到一定的量,"语感"就产生了。量的积累在基础阶段最为重要。

尽量让学生接触标准的发音,这点在初级阶段尤其重要。至于为培养学生实际交际能力而接触不同的口音,那是在听力练习的层面进行的,我们不赞成学生说带有方音的普通话。

3. 对比性原则

对比在第二语言教学中有极其重要的作用,在语音教学中更是这样。强烈、鲜明的对比往往能给学生留下深刻的印象,有利于帮助学生掌握、理解和记忆,能取得事半功倍的效果。教师要注意把汉语语音与学生母语或其他语言的语音进行对比,如汉语和学生母语都有的发音,教学可以利用正迁移帮助学习,无须花太多时间操练。如 a、s、b,几乎所有语言中都有类似发音,完全可以通过对比,让学生很容易地学会。

至于那些汉语有,学生母语没有的语音项目,教师就要充分注意,让学生多听、多辨、多练,使学生在教学和训练中养成听音、发音的习惯模式,能够比较自然地生成这些语音。

还要注意汉语与学生母语相似但略有不同的语音项目。这些项目即使学生发不准,也不会形成交际困难,因此它们跟汉语的区别常常被忽略,很容易形成固化的偏误。如汉语的韵母 u,跟日语ウ的发音比较接近;汉语的四个声调,有的跟越南语声调接近但不同。对这些语音项目,需要在教学初始就让学习者掌握正确的发音,不要把母语直接搬过来。

4. 直观性原则

心理学实验证实,人所获得的外界信息约 80%—90% 是通过眼睛输入的,通过耳听获得的信息约占 11%。由此可见,外语教学,特别是入门阶段教学宜采用直观性、情景化教学,让学生眼、耳、口、手多种感官都投入外语学习。在教学过程中,教师可以充分运用实物、演示、图片、幻灯片等手段及形象化的语言、表情等直观手段,引导学生充分感知汉语发音特点。

5. 趣味性原则

语音教学要符合学生的知识水平、认知水平,尽可能通过提供趣味性较强的内容和活动,激发学生的学习兴趣和学习动机。教学中要联系学生的实际生活,提供具有时代气息的语言材料,设置尽量真实的语言运用情景,组织具有交际意义的语言实践活动。充分考虑不同国籍、年龄、背景、性别、文化学生的兴趣、愿望和心理需求。

6. 持续性原则

语音训练是一个长期的过程,它贯穿在学习者的整个学习过程中,甚至终身。重复是人记忆的最重要途径,重复可使人准确、深刻理解事物本质、内在规律。语音技能的获得同样来自大量而持久的重复,必须在量的原则的基础上,反复重复,直至运用自如。

7. 情感激励原则

外语发音好坏强烈影响学习者的自我评价和自我形象。发音好能提高自我形象,增强自信心,从而产生成就感。因此,发音学习要考虑深层的情感因素。成功的语音训练要能提高学习者的自信心,要有助于克服学习者在发音上的心理障碍。在这方面,"疯狂英语"的成功给了我们一些启示。

三、语音教学方法与技巧

1. 教学顺序

现在多数对外汉语教材是按《汉语拼音方案》的排列顺序进行教学的,其排列顺序并没有考虑学习难度,不符合由易到难的教学原则。遵循由易到难的原则,我们在教学实践中就应该合理安排学习顺序,如果按《汉语拼音方案》的次序,先出现 zh、ch、sh,然后才是 z、c、s,这显然不符合由易到难的教学原则。

我们认为,应该先教 s、z、c,再教 sh、zh、ch,这样既考虑到发音部位的由易到难,又考虑到发音方法的由易到难。先教擦音,后教塞擦音;先教不送气音,后教送气音。这样教,不但对英语国家的学生,而且对大多数外国学生都会有更好的效果。

这样的教学顺序实际上也是遵循了对比性原则。根据我们的观察,许多语言的辅音都有舌尖前音,没有舌尖后音;许多语言都有擦音,但不一定有塞擦音。因此,先教 s、z、c,再教 sh、zh、ch,对大多数国家的学生来说比较合适。

还有汉语的四声,这是汉语语音学习的难点。从生理上讲,第一声的高平调,声带松紧没有变化,最容易控制。第二声的中升调,声带由松到紧;第四声的高降调,声带由紧到松;都有一定难度。第四声比第二声容易,可能是由紧到松的过程比由松到紧容易。而第三声的降升调,声带先由紧到松,再由松到紧,最难控制。根据我们对留学生的教学实践,第一声最容易,第四声、第二声次之,第三声最难。根据学习难度,遵循由易到难的原则,我们应该依照第一声、第四声/第二声、第三声的次序分别教这四个声调。

2. 分阶段教学

语音教学要"点—线—面"结合,从音位到音节,再从音节到音节组合。开始阶段是集中语音教学阶段,主要是以音节作为基本单位进行训练,本阶段要将声母、韵母等一个一个地教给学生,如送气声母和不送气声母的区别。以音节为单位进行教学操练,学生容易听辨,容易发音,容易记忆,声调的教学更是如此。

在集中语音教学结束后,就要注意以交际的句子为基本单位进行语音教学。要让学生在语流中掌握汉语语音。各类音变现象,如连读变调,"一"、"不"的变调,"啊"的不同发音,都要在语流中学习掌握。避免出现那种单独一个音节发得很准,但整个句子发音却非常别扭的情况。

我们说的分阶段,并不是绝对的,事实上,在教学的各个阶段都要注意"音位—音节—音节组合"的相互关联,只是侧重点有所不同而已。

3. 有针对性地训练

分析不同母语背景学生的语音特点,针对学生的语音特点进行有针对性的训练。

如:日本学生常常混淆送气与不送气音,阿拉伯学生对送气与不送气音也不敏感;韩国学生容易把 ü 发成[wi];日本、韩国、印度、尼泊尔学生容易把唇齿轻擦音 f 发成双唇音;带 ü 的复韵母和鼻韵母,如 üe、üan、ün,对大多数学生来说都有困难;汉语舌尖浊边音 l 很多英美学生发得不准,舌尖抵上齿龈部位靠后、靠里,而日本、韩国学生容易把它发成闪音;不少留学生发 zh、ch、sh、r、z、c、s 和 j、q、x 时都有或多或少的问题。

声调问题是母语非汉语的学习者在语音上普遍存在的问题。由于声调有区别意义的作用,声调不准会带来交际困难,如把"忧郁、由于、犹豫、有余","教师、教室、礁石、教士"混为一谈。

在了解了学生语音学习上的困难之后,就要有针对性地进行训练。

4.语音教学方法

(1) 模仿法

集体模仿,即全班学生或部分学生一起重复教师的发音或录音。优点是所有人都开口,既能提高开口率,又没有紧张感。缺点是教师听不清每个学生的发音,难以发现问题,更不方便针对个别学生的问题进行教学。因此,集体模仿几遍之后,就应该转入个别模仿。

个别模仿,即学生单个地模仿教师的发音或录音。优点是方便教师了解每个学生的发音情况,并据此进行有的放矢的指导和纠正。此外,还可以让其他同学练习听力。在个别模仿时要想办法让学生消除紧张情绪。

教学中还可以将个别模仿跟集体模仿结合起来。个别模仿得非常好的,可以立刻让其他学生再进行模仿。这样既可以鼓励模仿得好的学生,又可以使其他学生不开小差,提高开口率。

(2) 夸张演示法

教师适当用夸张的方法展示发音部位和发音方法以加强学生的印象,它可以扩大音素与音素之间、声调与声调之间的区别,促进学生理解、模仿正确的发音。

如发 a 时可以把嘴张大一些,说明其开口度最大。发 i 时将嘴角用力向两边扯;发 ü 时将嘴唇用力向前突出,用夸张法让学生掌握二者的区别。

发前鼻韵母 an 时可以将嘴角用力向两边扯,将舌头伸长到上下齿之间,甚至可以用牙齿轻轻咬住舌尖;发后鼻韵母 ang 时则将嘴张大一些,让学生看到舌尖向下收拢、舌头中段拱起的情状。

(3) 直观法

如用纸片表现气流的强弱,区分送气音和不送气音的差异。用发音器官图讲解发音部位,说明声母、韵母、四声的发音原理。用双手模拟发音器官,如讲解舌尖音时,可以把左手掌向左平展微屈,五指并拢手心向下,代表硬腭和牙齿;右手手心向上,代表舌头。发舌尖前音 s、z、c 时,右手指伸直,接近或者顶住左手指尖;发舌尖后音(卷舌音)sh、zh、ch、r 时,右手指微屈,接近或顶住左手第二关节。擦音和塞擦音也有区别:发擦音 s、sh 时,右手指接近左手指尖或第二关节;发塞擦音 z、c、zh、ch 时,右手指先顶住左手指尖或第二关节,再分开。

(4) 对比法

将汉语和学生母语的语音系统进行对比,和已经学过的发音对比,提高学习效率。

如在教日本学生学习 u 时,可以把它跟日语的ウ进行对比。在教英语学生学习 b、d、g 等清辅音时,可以将它们跟英语发音部位相同的浊辅音对比,使学生明白汉语这些音在发音部位上跟英语相似,发音时声带不颤动。

泰语有 5 个声调,汉语的阴平、阳平、去声在泰语里都有相同相似的调型,对泰国学生一点也不难。稍微有点难的是上声。但泰语的第二声跟汉语半上声相似,只要利用泰语的第二声,再将声调稍微升高一点,就是汉语的上声了。

ü[y]是前高圆唇元音,许多语言中没有,比较难发。而前高不圆唇元音 i 在绝大多数语言中都有,很容易发。可以先让学生发 i,然后用手指示自己的嘴,延长 i 的发音,让学生模仿自己,将嘴唇逐步变圆,就很容易发出 ü[y]了。

先学会 s 的发音后,让学生在擦音前加上一个用舌尖成阻和破阻的动作就可以发出塞擦音 z;在 z 的基础上用力吐气,就可以发出塞擦吐气音 c 了。在 s 的基础上将舌尖稍微卷起,可以发出 sh;在 sh 的基础上成阻破阻,就不难发出 zh;在 zh 的基础上吐气,就形成 ch。先发 sh,然后声带颤动,就可以发出 r。

(5) 分辨法

主要是让学生仔细辨别相近的音素或声调。按语音要素分,有声母、韵母、声调等。按技能、方法分,有辨听、辨认、辨读等。

A.分辨声母

如,学生指辨声母:

老师念	学生指辨
pō	b p
téng	d t

chēzhàn   ch q; zh j
bèishī   b   p; sh s

学生填声母：

老师念   学生写

míngnián   __íng __ián

zìjǐ   __ì __ǐ

zázhì   __á __ì

zhēnchéng   __ēn __éng

学生判断声母正误：

老师念   学生判断

gāi   kāi   (   )

zhōng   chōng (   )

shuāng   shuāng (   )

huán   huán   (   )

学生标出听到的音节：

老师念   学生做标记

rán   rán   lán

lù   nù   lù

shāo   zhāo   shāo

zhāi   zhāi   chāi

学生看拼音后读音：

bízi —— pízi   bóbo —— pópo

dìqiú —— tìqiú   sānzhū —— shānzhū

B. 分辨韵母

如，学生指辨韵母：

老师念   学生指辨

xīng   in   ing

chǒu   ou   ao

学生填韵母：

  老师念   学生写

  jìnjīng   j_____ j_____

  zhēnchéng   zh_____ ch_____

学生判断韵母正误：

  老师念   学生判断

  rán   rán（　）

  rén   rán（　）

学生标出听到的音节：

  老师念   学生做标记

  lù   lù lù

  tóng   téng tóng

学生看拼音后读音：

  bāi —— bēi rénmín —— rénmíng xīnxiān —— xīnxiāng

C. 分辨声调

 如，学生辨别声调：

   老师念   学生辨别

   dēng   左手伸1个手指

   shén   左手伸2个手指

   jiǔbēi   左手伸3个手指，右手伸1个手指

   jiàoshì   左手、右手都伸4个手指

 学生填声调：

   老师念   学生写

   qīngmíng   qingming

   yóujì   youji

 学生看拼音后读音：

   kě —— kè   méi —— měi

   xìjù —— xǐjù   jiàoshī —— jiàoshì

D.分辨音节

如,学生指辨音节:

老师念	学生指辨	
shēng	shēn	shēng
zǎoshang	zhǎoshang	zǎoshang
他没有字典。	zìdiǎn	cídiǎn

学生判断音节正误:

老师念	学生判断
wàijiāo	wàixiào（　）
jièshào	yèxiào　（　）

第二节　词汇教学

一、汉语词汇的特点

汉语词汇的特点可以归纳为以下七点:

1. 数量不多的语素,构成大量合成词

如,由"年"构成的合成词就有"童年、少年、青年、中年、老年;年轻、年青、年迈、年级、年纪、年度、年代"等。由"士"构成的就有"战士、学士、硕士、博士;士兵、士气"等。由"宝石"构成的就有"红宝石、蓝宝石、绿宝石"等。跟印欧语系的语言相比,汉语存在大量的同语素词。如何利用语素进行词汇教学,是我们必须考虑的问题。

2. 构词以复合法为主,偏正式最为常见

现代汉语90％以上的词是合成词,而合成词中绝大多数为复合式合成词。复合式合成词可分为五类:偏正式,如"书架、电灯、手套、热爱";支配式,如"司机、革命、招生、满意、伤心";联合式,如"土地、朋友、兄弟、国家";陈述式,如"地震、口吃、心细、性急、年轻";补充式,如"充满、证明、改正、降低、提高"。

在上述五种类型中,偏正式最活跃、最能产。有人统计过汉语新词,偏正式合成词如"手机、电脑"等约占所统计新词的75%。

3. 双音词比单音词多,但单音词在口语交际中比重很大

1978年版的《现代汉语词典》收录的56000多个词语中,双音节复合词有32346个,约占57.8%。如果加上"秋千、沙发"之类的双音单纯词和"桌子、盒子、甜头、阿姨、老师"之类的派生词,双音节词所占比例会更大。

现代汉语单音节词数量虽然没有双音词多,但历史悠久的单音节词根使用频率高,分布范围广。在口语交际中,单音词所占的比例很大,如"人、他、水、打、买、好、高"等。

4. 语素造词理据性突出,词语表义比较明确

现代汉语合成词的理据比较鲜明,意义比较明确,很多可以从语素义推出词义。如"退休、病休、病退、影星、小小说、私车、步行街、斑马线"等。

现代汉语的简缩造词理据性也比较强,如"高等学校——高校,空中小姐——空姐,失去控制——失控,节约能源——节能"等。

5. 同音词数量很多

语音教学部分谈到,汉语音节数量有限,大约只有1300多个可以辨别的音节。有限的音节和无限的意义表达使汉语中存在大量的同音词。如:"拐(转变方向)——拐(拐骗),怪(奇怪)——怪(责怪),仪表(人的仪表)——仪表(某些仪器),视力——势力,著名——注明"。同音词太多,造成了语音辨别词语的困难,也给词汇教学带来一定的难度。

6. 同义词数量多,音节数量不等

为适应语体、节奏、韵律等的需要,现代汉语存在大量的表达同一事物现象的包含有共同语素的同义词,而这些同义词的音节数量不等,表现出形式上的伸缩性。如"衣——衣服、衣裳;美——美丽、美好;眼球——眼珠——眼珠子;脑袋——脑袋瓜——脑袋瓜子"等。

7. 存在一定数量的叠音词和带有叠音形式的词,叠音形式多样化

例如:"楚楚、孜孜、袅袅;叔叔、匆匆、刚刚;热乎乎、娇滴滴;冷冰冰、静悄悄;蒙蒙亮、毛毛雨;花花绿绿、鬼鬼祟祟"等。

在对外汉语教学中,我们应该根据汉语词汇的特点进行教学。

二、词汇教学原则

词汇教学是对外汉语教学的一个重要组成部分,是提高汉语理解和表达能力的基础和关键。词汇教学应当根据学生水平、特点和教学目标,选择与之相应的词汇数量、内容、重点,分步骤进行,以促进教学的科学性和规范性,提高教学效果。

1. 层级原则

根据学生的实际水平,按词语难度和使用频度分层次进行教学,不要超越学生实际水平教授超过学生理解能力的难词、非常用词。比如说,在初级教学中尽量不要使用中高级词语,不要教授"货币、通货"这些难度较高而使用频度不高的词语,教"钱"就行了。

同时也要注意,教学和习得词语的顺序不仅要依据词语的难度,也要考察留学生的习得顺序,大多数情况下是交际中的习得顺序。如"货币、通货、钱、钞票"4个词,通常情形下,学生习得的顺序应该是"钱——钞票——货币——通货"。

词汇讲解也按层级原则进行,要用学生学过的词语解释生词和用法,不要用没学过的词语,避免用越级词,尤其是超纲词来解释生词。讲解不要复杂化。如讲解中级词"尊敬"时就不要用高级的"爱戴"等讲解,而应该用学过的、难度更低的"喜欢、爱"来解释,否则会越解释越糊涂。

根据什么来决定词汇教学的层级呢?国家汉办先后出台了两个大纲。第一个是国家汉办汉语水平考试部1992年出版的《汉语水平词汇与汉字等级大纲》,收词8822个:甲级词1033个,乙级词2018个,丙级词2202个,丁级词3569个。其中,甲、乙级词为初级词,丙级词为中级词,丁级词为高级词。第二个是国家汉办2002年出版的《高等学校外国留学生汉语教学大纲》(长期进修、短期强化),收词8042个:初级词2399个,中级词2850个,高级词2793个。

这两个大纲在收词数量和范围上有些差异,但都明确了词汇数量和范围,是词汇教学的重要依据。

2. 分析原则

所谓分析就是对组成词语的语素进行适当分析。汉语的词由字组成,常用字的数目不多,组成的词语数量却非常巨大。以往词语教学中过分强调"词本位"的倾向削弱了汉字在词汇教学中的地位,忽视了借助汉字的表义能力学习词汇这一最有效的词语学习方法。比如在认识了汉字"车"以后,就能清楚地确定"卡车、吉普车、救护车、消防车、铲车、火车、马车"最大可能是一些交通运输工具而不是什么别的东西。如果学生理解、掌握了构词法,他们对汉语词语的领悟和学习能力就大大提高了。他们会通过语素分析了解"病休、书架、打倒、影星、师生、失控、高校"等词的意思;他们会因为认识一个字而了解整个词,由认识一个字/词而认识一批类似的词,就再不会因"菠菜、荠菜、苋菜、芥菜"这些词里有一个不认识的字而对整个词毫无了解了。

词汇教学要突出汉语构词法知识的传授,要对词语进行适当的分析,让学生在习得汉语词语过程中感悟汉语词语独特的"缀字成词"的构成方式,从而培养学生的自学能力和语言生成能力。要在教学中突出汉字独立表义、构词能力强大的特点,充分利用汉字形成的语义场,高效地学习词语;要分析留学生习得汉语词语的顺序和习得规律,科学地安排字词的出现顺序,使之符合学习、理解、记忆、联想的规律。

3. 实践原则

要在实践中练习、理解、掌握词语。要精讲多练,精讲精练。讲解要精练,清楚明了,讲得太复杂学生接受不了,重要的是讲清主要意义和用法。教师要设计一些练习,练习要注意典型的环境和条件,边讲边练,讲练结合,在操练中理解词义,学会使用。这在动词、副词的学习中更为重要。至于名词,本身的意义不必大肆讲解,要做的就是操练搭配,如与量词的搭配,与动词的搭配等。如"计算机",千万不要用"能进行数学运算的机器"去解释。用学生已经知道的"电脑",或直接用英文 computer 就行了。重在操练,要多实践,不能讲得多练得少,更不能只讲不练。

实践贯穿整个学习过程,教师要有意识地对各个教学环节中出现的词语进行整理、总结和复习,不断加强,不断巩固。

三、词汇教学方法与技巧

1. 展示生词

一般的做法是:第一步,按照课本的生词表带读,实际上是综合展示,同时进行正音的工作。学生跟读、朗读,进行模仿性的操练,具体方式可以集体跟读、个别跟读、分组跟读等。第二步,板书展示。板书展示又有独词展示和分组展示两种。独词展示,即板书一个词、讲一个词、练一个词。分组展示,即板书一组词、讲一组词、练一组词。

下边是常用的展示生词的方法:

(1) 按词类排列的展示

这种排列根据不同词性来归类,从词的语法功能出发,便于根据不同词性的特点进行词语搭配和应用,如:动词(v.)后加宾语,名词(n.)前加修饰语、加数量词,形容词(a.)前加副词,副词(adv.)后加动词或形容词等等。这样排列有利于学生建立和巩固对汉语词类的认识。

如《现代汉语教程·读写课本》[①]第 56 课《问年龄》有 23 个生词,其中名词 13 个(人称词 5 个,指称一般事物的 7 个,时间词 1 个),形容词 6 个,量词 2 个,副词 1 个,词组 1 个。逐个或分组板书如下(各词左上角的数字为该词在课本生词表中的排序):

  n. ① [5]女儿、[17]少年→[18]青年→[21]中年(人) [23]对象

    ② [1]街 [2]上衣 [10]棉衣 [9]毛笔 [12]外语 [13]系 [15]年龄

    ③ [14]刚才

  a. [2]宽↔窄 [7]年轻↔老 [6]简单 [16]一般 [20]随便 [22]合适

  mea. [3]米 [4]层

  adv. [19]互相

  phrase. [11]上学

授课时需要说明的一些问题:

[①] 李德津、李更新《现代汉语教程·读写课本》,北京语言文化大学出版社,2002 年。

n.①量词都是"个";相同语素"年"。

n.②不同的量词,n.15 除外。

a.2 和 a.7 这两组反义词;全都可以前加"很"后加"一点儿"或"多了"作数量补语。

mea.可以先跟数词结合,用在形容词的后面作数量补语,如"宽三米、高两层"等。这点也正是此课的语法点之一。

按词类排列,整齐醒目,易于记忆,也利于讲授、复习各类词的有关特点。

(2) 按相关意义排列的展示

这种排列根据词与词之间意义的相关性进行归类,着眼点在于把孤立的词组成有内在联系的语言材料,以帮助学生学习、记忆。

如《现代汉语教程·读写课本》第 63 课《最新式的服装》,可以打乱生词次序,分组板书如下:

连衣裙、羽绒衣、西装、服装、时装——衣服类名词,可顺便复习"衬衫、裤子"等。

式、样子、大方、产品、橱窗、顾客(售货员)——形容衣服式样,在课文内容商店购衣情景中出现。

红、黄、灰、蓝、紫、鲜艳、退色——颜色词与相关形容词、词组。

指、抬(头)、晒、飞(鸟)——单音节动词,前两个在商店购买服装时可用。

这里是就整课书的生词进行排列,有时也可以一部分词分组排列,一部分词独词排列。

(3) 按词汇等级排列的展示

根据《对外汉语教学初级阶段词汇大纲》[①],对一级词、二级复用式词、二级领会式词及超纲词进行排列,优点是有利于教学中抓住重点,重点讲授、重点复习、重点检查。

如《现代汉语教程·读写课本》第 66 课《结婚的礼物》,全课 24 个生词,可

---

① 摘自杨寄洲主编《对外汉语教学初级阶段教学大纲》,北京语言大学出版社,1999 年第一版。

以这样排列：

  一级词   意见、水平、深、例如、等$^{pron.}$、这样、浅

  二级复用式 专业、邀请、风俗、纪念品、根据、有用、对$^{mcn.}$、作为

  二级领会式 壶、暖水瓶、完全

  超纲词   花瓶、婚礼、用品、床单、结婚、请柬

  按照从上到下的顺序讲，把重点放在上面两行。一级词全部细讲、二级复用式中取"邀请、纪念品、根据、有用、作为"作重点。下两行的"完全"与"结婚"因交际中也常用，所以也作为重点词汇讲授。另外，超纲词"用品"在二级复用式词"纪念品"的学习中以相同语素扩展词汇的方法加以学习；超纲词"婚礼"在"结婚"的教学中以同一语义场扩展词汇的方法加以学习。

  二级领会式及超纲词一般不听写。

  板书展示时教师对整个黑板版面的布局应心中有数，也就是说哪个词写在哪个地方不是随意的，而应该根据教学内容、教学需要作一个整体的安排。

2.解释词义及讲解用法

  解释词义在课堂教学中通常用以下几种方法：

  (1) 以旧释新法

  用已经学过的汉语词语来解释生词，这是词汇教学最重要的方法。释义应当用学过的词语来解释新的生词。如"保障"，是高级阶段词汇，可以用"保证、保护"这些初级阶段词汇去解释。再如：

  需求：需要 依照：按照 色彩：颜色 习俗：风俗和习惯

  举世闻名：很有名，全世界都知道。

  聚精会神：注意力非常集中、非常专心。

  铁饭碗：比喻稳定可靠的工作。

  下海：比喻放弃原来的工作去做生意。

  这样的解释可以激活学生储存在记忆中的旧词语，达到温故知新的效果，形成初中高级连贯的词汇学习。

  (2) 语素法

  语素法就是根据生词中学过的语素来讲解词义或引导学生推测词义。如

"注重"是中级词,由"注"和"重"两个语素构成,"注"是"注意","重"是"重视",这两个词都是初级词,因此,"注重"就是"注意和重视"。又如"急需、面试、雪白、深夜、赞扬、科技、体检、环保、身高、文教、研制、亚运会"等等。

联合结构、偏正结构的词,特别是简称,适合用语素法教学。

教师在教生词时介绍构词法,可以帮助学生掌握生词、扩大词汇量。如解释联合式合成词"道路"时,要说明"道"和"路"的意思一样,也都是名词。要让学生了解联合式合成词是由两个词性相同,意义相同、相反或相对的语素构成的。这样一来,学生看到"美丽、坚强、懦弱、人民、房屋、黑暗、图画、帮助、停止、生长、制造、偷窃、奇怪、伟大、广阔、勇猛、紧急"这些词语时,就能根据词语中一个已知语素猜到整个词的大概意思了,认识词汇的数量可以跨越式,甚至爆炸式地发展。教师要注重介绍汉语构词法,尤其是偏正式和联合式复合词,因为这二者已经占了所有汉语复合词的70%以上。

在词汇教学中,还可以适当列举一些同语素词,以扩大词汇量。如学"加强",可以列举"加快、加重、加深、加大";学"废话",可列举"废纸、废水、废气、废品、废物"等。

(3) 语境法

语境法就是引导学生根据上下文的语境来理解词义。有时上下文是互相解释、补充说明的,根据上下文的词语、意义和词语搭配的关系就能弄清生词的大致意思。如:

  他对别人挺热情,但对我却很<u>冷淡</u>。

此句中"冷淡"是中级词,可以通过前一句子的对立关系来理解其意义。根据表转折的连词"但"和副词"却",可以推出前后句子的意思是对立的,前句的"热情"和后句的"冷淡"意思也是对立的,由此,可以得知"冷淡"就是"不热情"。

  小李的家庭很<u>和睦</u>,一家人互相关心,互相照顾,从来没吵过架。

此句中"和睦"是中级词,可以通过后面句子的意思来理解其意义。根据的后面句子,可以推出"和睦"应该是"关系好"的意思。

  我刚才吃了两块<u>萨其马</u>,现在一点也不饿。

此句中"萨其马"是超纲词,可以根据搭配关系来理解其意义。"萨其马"前面有数量词组"两块",又位于动词"吃"的后面,可以肯定是一种吃的东西。

(4) 举例法

举例法就是直接给学生几个例句,让学生通过例句来体会和理解词义。这个方法适合于那些意义比较抽象、不太好用词语解释的词语,特别是虚词。如连词"从而",在句中连接分句,表示结果或目的的关系,意义较抽象,不好解释,可以举几个例子来帮助学生理解其意义:

老师改进了教学方法,从而提高了教学质量。(表示结果)

中国坚持改革开放,从而取得了巨大的成就。(表示结果)

我们应当了解留学生学习中的困难,从而帮助他们提高汉语水平。(表示目的)

学校准备开展一系列文体活动,从而丰富学生的生活。(表示目的)

(5) 翻译法

就是直接把生词翻译成外语。适当使用外语在词汇教学中是可以的,有时外语解释是最简明最有效的方法。"电脑、计算机、中央处理器"这些词,用汉语艰难地描述就不如直接用外语解释简单明了。外语的使用要有度,不能滥用。因为并不是所有学生都懂你使用的外语(比如英语),而且外语的大量使用会挤占汉语学习的时间。

(6) 对比法

通过与外语的对比显现汉语词语与外语中的对应词语在色彩、语用、文化内涵等方面的不同。如英文"go",在不同的汉语语境里就要翻译成不同的词,我们可以在对比中发现它们的不同:

下个星期我要回韩国。(韩国人说)

下个星期我要去韩国。(非韩国人说)

我要走了。(强调的重点是离开这里)

(7) 讲解用法

对留学生的汉语教学,只解释词义是远远不够的,还要讲解其具体用法,才能使学生对词汇有全面的了解,学会正确地运用。否则,在实际使用时,就会出现这样那样的错误,如组合搭配错误、位置错误、使用条件错误等等。

词的用法包括词的语法功能、词的组合搭配、词在句中的位置、词的使用条件等等。讲解用法主要用举例法,通过例句来说明其用法。

如"富有",既可以做动词又可以做形容词。做动词时,须带宾语,表示大量地具有(某种好东西);做形容词时,可做谓语、定语,表示拥有很多钱财、很富裕。

谚语富有教育意义。(动词)

他出生在一个富有的家庭。(形容词)

一个人应当富有同情心。(动词)

我虽然经济上不富裕,但在精神上是很富有的。(形容词)

如"幸福、快乐、高兴",英文的释义都是 happy,意思容易理解,但这 3 个词用法却不太一样。教师可以设计几种使用环境,让学生理解它们的区别和用法的不同,总结出使用范围。

在朋友的婚礼上:祝你幸福!(人生、家庭、婚姻等重大事情,长期的)

祝贺生日、节日:生日快乐!圣诞快乐!(生日、节日)

日常生活中的喜悦:见到你很高兴。(如见到老朋友,孩子得到糖果等,短时间的)

讲解搭配也是词语学习的重要内容。动宾搭配如"敲门、擦黑板、打字、发短信、点菜"。量名搭配如"一条路、一座桥、一张票、一滴水"。搭配是词语教学非常重要的内容。

四、词汇的练习

词汇的练习就是在学生初步理解了词义和用法的基础上,让学生反复操练、反复实践,达到熟练掌握。练习是掌握和巩固词汇的重要手段,没有科学的、足量的练习,就不能达到熟练运用的目的。因此,练习的设计是非常重要的。

语言习得的过程一般分为感知、理解、模仿、记忆、应用这样几个阶段。与此相对应,词汇的练习也分为感知性练习、理解性练习、模仿性练习、记忆性练习和应用性练习。

1. 感知性练习

感知性练习就是对词的感知。要学习生词,首先要从词的读音和形体上反复感知,这是学习词汇的基础。感知性练习包括听音、读音和认字。方法主要有:听老师读、听录音、朗读、领读、认读等。

2. 理解性练习

理解性练习主要考查学生对词义的理解是否正确。主要的方法有说出近义词、反义词,听义说词、听词说义,给多义词选择合适的义项,选择合适的词语填空等。

3. 模仿性练习

模仿性练习主要是模仿词的读音、书写和用法,主要的方法有跟读、临写、模仿造句等。

4. 记忆性练习

记忆性练习主要帮助学生记住词的发音、意义及用法。主要的方法有听写词语、听音填词、听词说义、听义说词等。

5. 应用性练习

应用性练习就是通过词的实际运用来帮助学生掌握词的用法。主要的方法有搭配词语、辨别和纠正句子中用错的词语、用指定的词回答问题、给词语选择合适的位置、用指定的词语改写句子、用指定的词语完成句子、造句等。

第三节 语法教学

一、汉语语法的特点

从教学的角度来看,语法通常指一种语言中词形变化和组词造句的规则。语法包括词法(构造、变化、分类)和句法(结构、成分、类型)两部分。

要教好汉语语法,了解汉语语法的特点很重要。汉语语法的特点是在与别的语言对比之中体现出来的,可以概括为以下几点:

1.词序和语序重要

(1) 汉语某些语义成分的位置比较灵活

先看例句:

　　他吃了鸡了。　　他鸡吃了。　　鸡他吃了。

三个句子语序不同,意思却差不多。这样的语序,很多语言不全有;有的虽然有,但要用一些标志。

汉语这种现象只是表面的。从根源上看,跟汉语句子结构的特点有关。不少学者认为,汉语句子结构的特点是话题突显,即句子结构是"话题—说明",而非"主语—谓语"。只要是话题(陈述对象),无论是施事、受事、非施事非受事(时间词、处所词、介词结构等)都可以放在句首。话题跟说明之间没有严密的语法关系,关联也比较松,不像印欧语系中主语、谓语的关系那么密切。如:

　　今天星期四。　　桌子上放着一本书。　　在这个地方可以休息。

(2) 语序变化隐含逻辑关系的变化

前边说语序比较灵活,并不等于说语序可以随意变化。恰恰相反,在许多场合下,语序不同,往往显示了语义语用的不同。这正是汉语词序/语序重要的第二个表现。请对比:

　　张三到图书馆拿书。　　张三拿书到图书馆。

前句"到图书馆"比"拿书"早发生;后句的"拿书"比"到图书馆"早发生。这种现象跟汉语语法的时间逻辑依据相关。戴浩一于1985年提出"时间顺序原则",他指出:"两个句法单位的相对次序决定于它们所表示的概念领域里的状态的时间顺序。"即,某一事物、状态、动作先发生,相应的语言单位在句子里也先出现。

语法的时间逻辑有时还会影响句子的可接受性。如:

　　他把黑板上的字擦了。　　*他把黑板上的字写了。

前句的"字"在"擦"之前存在,句子成立;后句的"字"在"写"之前不存在,句子不成立。

此外,语序不同,还影响着名词短语的泛指和特指。如:

客人来了。　　来客人了。

前句的"客人",说话人、听话人都知道是指某个或某些特指的人;后句的"客人",听话人并不知道是什么人。名词短语的特指、泛指通过语序来区分,许多语言没有这一特点。

2. 修饰成分的位置比较固定

汉语的修饰成分一般都在被修饰成分前边,无论是定语还是状语。如:

漂亮衣服　　三件衣服　　刚买的衣服

常常学习　　跟同学一起学习　　上个月常常跟同学一起学习

相比之下,许多语言跟汉语不同。如越南语,名词的修饰语大部分在名词后边;英语,名词的修饰语有的在前,有的在后。

3. 有一些特殊词类和特殊的词

每种语言都有自己的特殊词类和特殊词,汉语的语气词、量词、方位词等对外国人来说就是比较特殊的词。

(1) 个体量词

汉语有几百个个体量词,跟数万个名词搭配。《现代汉语常用量词词典》[①]列了780个。对大多数的量词,学生要一个一个地学习、掌握,难度很大。汉语个体量词数量多,且跟个体名词的结合关系相对比较稳定,这是印欧语系的语言里所没有的。因此,对母语没有这些量词的学生来说,它们就成了汉语学习的难点。如:

本、台、辆、张、粒、棵、颗、株、根、支、把、幅、盏

(2) 语气词

汉语语气词很重要,也很难学。原因很多,如语气词"呢"的使用:问话人可能只问一半,疑问点常常要根据语境因素来确定,等等。如:

A.我买了,你呢?

B.小王呢?

C.你什么时候买呢?

---

① 殷焕先、何平主编《现代汉语常用量词词典》,山东大学出版社,1991年。

D.我正找着呢。

E.我那媳妇儿,厉害着呢。

虽然5个句子都有"呢",但它们的作用不同。生成、理解这些句子,要靠句中其他语言单位和整个语境。A句要依靠语言情境,即前一句话来理解。B句要依靠交际情境来理解。C句的"呢"其实不承担疑问功能,只是使句子的疑问不那么突兀,起缓冲疑问语气的作用。D句的"呢"跟"正、着"一起表示动作的进行。E句的"呢"跟"着"一起表示程度高,并根据语境的不同带有不同的语气。

比较特殊的语气词还有不少,如句末的"了、来着、啊、吧、吗"等。

(3) 方位词

跟英语对比可以发现,相同的方位概念,英语用介词短语表示;汉语除了用介词,还要用方位词。如:

在桌子上 on the table　　　在桌子下 under the table

在政治上 in politcs　　　在……基础上 on the basis (of) …

介词短语英语只是"介词(+冠词)+名词";汉语却是"介词+名词+方位词"。不用方位词,有些句子就不能成立。如:

*他住在楼。／他住在楼上。

*他躺在沙发。／他躺在沙发上。

(4) 介词

现代汉语的介词大约有60多个,比英语中的介词少得多。但相对于外语,这些介词却有着特殊性。

一是特殊介词。数量不多,最典型的是"把",还有"被"、"在"等。介词"把",在许多语言中没有相应的词。它主要是引出动作的受事,但还有其他功能,如引出施事(把个凤丫头给病了),使役对象(把她哭成了泪人儿)等。还有,什么时候使用,什么时候不用,似乎也没有完全研究清楚。因此,外国学生学习"把"时,觉得非常困难。

二是一些近义介词。如表示方向、对象类的介词,就有"朝、向、往、给"等,它们在意义和使用上既有相同之处,又有不同之处。

4. 狭义形态少

这一条主要是跟印欧语系对比得出的。这里只谈三点典型的特色：

第一，名词没有性、数、格。汉语部分指人或指动物的名词后可加"们"，但即使这种情况也不等同于印欧语的数。汉语的"们"只能加在部分指人或指动物的名词后边，结合面比英语中表示复数的-s窄得多；汉语没有"三个教师们"的说法，即名词后的"们"和名词前的数量词不能同现，而英语的数词和后缀-s可以同现(three teachers)。

第二，汉语代词没有性和格的区别以及人称代词与物主代词的区别。

第三，汉语动词没有形态变化。

5. 特殊的动词结构

(1) 动补结构

汉语中"动词＋补语"的结构对许多外国人来说，很像是一个词。而且，补语有多种类型。如：

我看见王老师了。　小偷打破了窗户。　孩子吃完了碗里的饭。

动补结构"遇见、打破、吃完"在别的语言里表达与汉语不同。以英语为例，就只用一个动词，而没有汉语那样的补语部分。因此他们说汉语时常常把这些句子说错：

*我看王老师了。　*小偷破了窗户。　*孩子完了碗里的饭。

可以说，跟汉语补语结构形式相同的语言是很少的。因此汉语动补结构，既是汉语语法的特点，又是外国人学习的难点。

(2) 动宾离合词

动宾离合词指下面一些语言单位：

见面、鞠躬、洗澡、结婚、跳舞、理发、跑步、帮忙、打仗

前一个是动词语素，后一个是名词语素。它们看起来像一个词，但跟一般动词又不同，如：表体态的词语往往放在中间，而不是放在最后；它们的中间还可以插入表数量、性质的词语；它们后面不再带宾语，一般在前面用一个介词引入动作行为支配的对象。如：

跑着步／跑了半小时步；　鞠过躬／鞠过一次躬；

洗了澡／洗热水澡； 帮了忙／帮了我一个大忙；
结过婚／跟外国人结婚； 见了面／跟她见了面

因此，不少人认为它们介乎词和词组之间，合起来时是动词，分开用是词组（短语），也因此被称为离合词。如果学生不了解离合词的特点，就会出现下面的偏误：

＊见面过 ＊见面她 ＊鞠躬着 ＊洗澡了两次 ＊结婚外国人

6. 句子成分跟词类既对应又不对应

所谓对应，指多数情况下，主语、宾语是由体词性成分承担，谓语由谓词性成分承担。这些基本上跟印欧语系的语言差不多。

所谓不对应，指在狭义形态不改变的情况下，谓词性成分可以当主语、宾语，体词性成分可以当谓语。如：

去有去的好处，不去有不去的好处。

艰苦让孩子们更早地成熟。

我们都主张考试，但我反对明天考试。

小王江浙人，长脸，细眼睛。

此外，充当状语的除了副词，还有形容词，如：

他仔细研究了那个报告。

院领导认真讨论了这个问题。

在许多语言中，谓词性成分也可以当主语或宾语，但必须有形态变化或其他形式标志。

二、语法教学原则

1. 语法项目选择的原则

语法项目的选择涉及"教什么"的问题，主要包括下列两类：

（1）体现语法体系总体特征的项目

在教一种语言的语法时，当然要选择体现这种语言语法体系总体特征的语法点。如前面谈到的：汉语的语序，修饰语的位置，一些比较特殊的词，动词结构，等等。

此外,词的构成方式,词类的划分和划分标准,句型和句类等,都能体现汉语的总体特征。如汉语句子,按表达意图分为4种句类:陈述句、疑问句、祈使句、感叹句。汉语的主谓句按谓语类别分有4种句型:名词性谓语句、动词性谓语句、形容词性谓语句、主谓谓语句。汉语的疑问句,按结构分有4种句类:是非问句、特指问句、选择问句、正反问句。

此外,一些特殊的表达方式,也是必须选择的语法点。

(2) **学习难点**

学习难点,应作为必选的语法项目。问题是如何确定难点。一般说来,应该通过语言对比,通过教学实践,找出学习难点。学习项目往往可以按难度分成不同的等级:

低难度:母语和目的语相同或基本相同的语法项目。如名词类,再如表示等同的"是"字句。对低难度的语法项目,可以不讲或少讲。

中难度:语法项目部分对应,部分不对应。如汉语的被动句和英语的被动句。英语被动句都有标志,汉语有一些被动句用"被、给、叫、让"等标志,有一些被动句没有标志(意义被动句),如"饭做好了"。此外,即使是有标志的被动句,也可能是部分对应,部分不对应。如汉语"被"字句和英语 be+Ved+by+NP 的句式。

高难度:可以分成三小类。

第一小类是母语没有、目的语有的语法项目。如汉语的个体量词、"把"字句,许多语言里没有,学习难度很高。

第二小类是母语的一个项目对应于目的语两个或两个以上的项目。如英语的 little,对应汉语的"一点"、"有点"。

第三小类是表层相同深层不同的语法项目。如:

来客人了。　　客人来了。

前一句的"客人"是不定指的,即说话人原来不知道、听话人更不知道的客人。后一句的"客人"是定指的,即说话人和听话人都知道的确定的客人。

中等难度和高等难度的语法点,应该作为教学中的主要语法项目。

2. 语法点排列次序的原则

语法点的排列次序,涉及先教什么,后教什么的问题,可以参考以下五点:

(1) 由易到难

由易到难是一般教学的次序。问题在于,在对外汉语教学中,哪些语法点比较容易,哪些语法点比较难,衡量的标准是什么。

我们认为,测定语法点的难度,不仅要从语言学的角度考虑其语义、结构的难度,还要从交际的角度考察其使用难度,从心理学的角度考察其学习难度。如下面两个语言单位:

  A.把书打开   B.把书放在桌子上

从结构上看,A 片段比较短,包含 4 个词,补语只由一个动词构成;B 片段比较长,包含 6 个词,补语由 3 个词构成的介词结构充当。从语言结构上看,B 显然比 A 难学。因此,有的等级大纲就将 A 列为甲级项目,认为应该先教;B 列为乙级项目,认为应该后教。但是,施家炜(1998)根据北京语言大学汉语中介语语料库的资料统计发现,即使先教 A,后教 B,学生也是先掌握 B,后掌握 A。原因在于,从学习和使用的角度看,B 比 A 要容易。因此,应该先教 B,后教 A。

(2) 从交际出发

从交际出发是功能教学法的原则。具体来说,就是跟最基本的交际密切相关的语法点先教,关系不那么密切的后教。

比如说,理论语法认为:"了"可以分为"了$_1$"和"了$_2$";"了$_1$"放在动词后边,表示动作行为的完成,如"他买了一本书";"了$_2$"放在句子末尾,表示事件、情况的发生或将要发生,如"他去北京了","吃饭了"。1990 年前多数对外汉语教材按照理论语法的顺序,先教"了$_1$",再教"了$_2$"。但学生的习得顺序正好相反。

邓守信根据台湾师范大学第二语言中介语数据库进行的统计发现,母语为英语的汉语学习者往往较早习得"了$_2$",再经过几周的时间后才习得"了$_1$";尽管教师是先教"了$_1$",后教"了$_2$"。他认为,根据习得情况,应该尽可能早地教"了$_2$","了$_1$"则要在学生掌握了相当数量的基本动词和类似"昨天、上个星期、今天早上"等时间词后才教。

这里就涉及交际性问题。"了$_2$"对刚学汉语的留学生来说,交际性要比"了$_1$"强。留学生如果掌握了"了$_2$",可以在原有基础上进行更多的交际。而"了$_1$"的使用则要受到较多的限制。如:

我是学生。　我是学生了$_2$。　*我是了$_1$学生。
今天星期天。今天星期天了$_2$。　————
他学汉语。　他学汉语了$_2$。　?他学了$_1$汉语。(他学了两年汉语)

一些很简单的句子,在句末加上"了$_2$",可增添新的意思;但不能用"了$_1$",或者一旦用"了$_1$"句子似乎就没有说完。这说明对初级某个阶段的学习者,"了$_2$"的交际性要强一些。

(3) **参照使用频率**

安排语法点教学的先后次序,也可以从使用频率的角度考虑。如,可以跟转折关系连词"但是"搭配的,有"虽然"、"尽管"、"固然"等不止一个词。但比较起来,"虽然"的使用频率最高,"固然"的使用频率最低。因此,在对外汉语教学中,"虽然"应该先教,"固然"应该后教。

再如"着"的教学。描写语法的研究,通常将"着"分为"着$_1$"和"着$_2$"。前者表示动作行为的进行,如"他正吃着饭呢/外面下着大雨"。后者表示状态的持续,如"他在床上躺着/他习惯蹲着吃饭"。较早的对外汉语教材多是先教"着$_1$",后教"着$_2$"。但从实际运用来看,"着$_1$"的使用频率较低,"着$_2$"的使用频率较高。"着$_1$"常常跟其他成分如"正(在)、在、呢"一起表示进行;"着$_2$"常常独自担任表示持续的功能。此外,表示进行的功能往往可以由"正/正在"独自承担。因此,在对留学生的教学中,应该先教表示持续的"着$_2$",后教表示进行的"着$_1$"。

此外,使用频率有时也跟难度相关。使用频率高的,学生经常接触,输入多,输出也相应多些,比较容易学习和掌握。使用频率低的,学生很少接触,学习起来可能困难一些。

(4) **相关语法点组成系列**

如表示比较的句式,汉语有等比句、一般差比句、清晰度量差比句、模糊度量差比句、预设差比句、差比句话语否定式等多种句式,这么多句式当然要分在好几课里教,但最好在教的时候形成一个有序的系列。比如:

等比句——→一般差比句——→清晰度量差比句——→

模糊度量差比句——→预设差比句——→差比句话语否定式

其中模糊度量差比句跟一般差比句和清晰度量差比句要拉开一定的时间距离,以减少"*他比我很高"这类错误出现的可能。预设差比句安排在较后一些的位置,可以降低学生将"他比我更高"泛化为"*他比我很高"的可能性。

(5) 复杂的语法点分阶段教学

如"了"可以分为动词后边的"了$_1$"和句末的"了$_2$"。这两个"了"都是一个语音形式,语法意义有相似之处,写法也相同。但放在一起教难度太大,学生不容易掌握。比较好的办法是,先教"了$_2$",经过两三周时间,让学生完全掌握"了$_2$"之后,再教"了$_1$"。这样可以避免人为地增加学习难度。

三、语法教学的方法

1. 情景化教学

情景,原指话语出现和使用的特定场合。情景化教学,指利用和创造特定句子或更大语言单位出现的情景,使学生沉浸在丰富的、自然或半自然的语言习得环境中,接触、输入、习得相关的语言材料,并生成、输出相应的话语。情景化教学可以用在词汇教学中,也可以用在语法教学中。下面分几点讨论。

(1) 利用人的情景。如在教"比"字句时,可以直接用班里学生作为语法解释和语法练习的材料。学生根据班上同学的真实情况来理解、生成"比"字句,效果会很好。

(2) 利用事物的情景。如学习方位表达时,可以利用教室的实物让学生理解并造句:"窗户在左边,门在右边"、"黑板在老师后边"、"空调在窗户旁边"。

(3) 利用动作的情景。如教"把"字句时,可以一边做动作,一边解释:"把书放在桌子上"、"把纸撕成两半"、"把门打开"、"把窗户关上"。在做练习时,可以老师发指令,让学生做相应的动作;然后老师做动作,让学生用"把"字句描述。结果补语句也可以用类似的方法教学。

2. 生成式教学

生成式教学的出发点是:复杂句式是由简单句式扩展或紧缩而成;教学中可以将经过扩展或压缩的句型恢复原状,使学生容易学习和使用。

(1) **扩展式生成**

由简单句(包括单词句)逐步扩展为复杂句。最常见的如:

  我学习汉语

  我跟崔明珠一起学习汉语

  我跟崔明珠一起在中山大学学习汉语

  我跟崔明珠一起在中山大学用语音室学习汉语

  ……

此例主要训练状语的使用。训练时可两人一组,一人一句,越拉越长,看谁接不下去。

这种方法也可以用于复句教学。如,老师说一个起始句,让同学一个接一个地说出表示同一种关系的后续分句:

  A.这本词典看起来不错,……

  B.就是词语少了一些。

  C.可惜印刷不好。

  D.但是汉语的说明太简单。

  E.不过价钱有点贵。

  ……

(2) **紧缩式生成**

较长的语言单位,通过删除、替换等方式,逐步紧缩为较短的语言单位。需要指出的是,跟较短的语言单位相比,有些较长的语言单位容易理解。因此,紧缩式教学对留学生来说,也是由易到难。

举一个"连"字句教学的例子:

  A.他的钱被抢了,皮鞋被抢了,连穿的衣服都被抢了。

  B.他的钱、皮鞋被抢了,连穿的衣服都被抢了。

C.他连穿的衣服都被抢了。

虽然 C 句比 A、B 两句要短,使用频率在现代汉语中最高,但对留学生来说,它最难理解。光用"强调"说来解释,留学生不容易明白。如果先讲 A 句,再讲 B 句,最后讲 C 句,学生容易明白。因为通过跟前边两个或一个分句的对比,最后的分句自然有强调的意味。省略前面的成分,就成了 C 句。这种紧缩式生成的讲解不但学生容易懂,也符合语言的演变规律。从历时角度看,近代汉语正是先有 A、B 类句式,然后才出现无对比成分的 C 类句式的。

3. 对比教学

(1) 汉外对比

A.不同点对比

汉外对比当然要讲汉语跟学生母语的区别。请对比下面的句子:

他昨天坐火车去上海了。

He went to Shanghai by train yesterday.

汉语时间状语在动词前面,英语在句末;汉语用动宾词组表示工具的成分,也在动词前面,英语用介词短语,在动词后边。虽然状语位置不同,但两种语言形成镜像关系:

汉语:时间状语——工具成分——动词

英语:动词——工具成分——时间状语

将这些不同点讲述清楚,有利于学生克服负迁移,掌握汉语相关的语法规则,正确使用汉语。

B.相同点对比

不同的语言之间其实还有许多共同点。如在汉语和英语中,下列句型的语序表达是一样的:

他学日语,我学汉语。　　他是学生。

教英语为母语的学生这些句子,完全可以通过共同点的比较来进行。

各种语言都有自己的语法特点,但人类语言在语法方面有不少共同点。注意共性,可以通过对比更清楚地描写汉语语法,可以有效地指导教学,利用学生母语的正迁移,从已知导向未知。

C.表层结构不同、深层语义结构相同的对比

汉语中一些语法项目,从表层看跟外语不同,但从深层语义结构上看却有相同之处。请对比下面的汉语、英语和越南语的表达:

我们学校数学系的年轻女教师

the young woman teacher of the math department in our university

giáo viên　nữ　　trẻ　　của　khoa　toán　trường　chúng tôi

（老师）　（女）（年轻）（的）（系）（数学）（学校）　（我们）

这三种语言的表层结构有明显区别:汉语的修饰语都在中心词前面,越南语的修饰语都在中心词后边,英语则有前有后。

但这只是表面现象。如果从深层语义结构上看,三种语言有着极其相似的东西。我们把修饰语分成性别、年龄、小部门、大部门四类,前两类表示中心词所指的性质,后两类表示中心词所指的归属。再考察它们的位置及其跟中心词的距离。不难看出,修饰语和中心词的位置,汉语和越南语形成一种镜像关系:

汉　语:大部门——小部门——年龄——性别 ＋ 中心词

越南语:中心词 ＋ 性别——年龄——小部门——大部门

仔细分析三种语言中修饰语与中心词的语义关系,可以看出,尽管三种语言表层结构不同,但表示性别的修饰语离中心词最近,表示年龄的离中心词远一点,表示小部门的更远,表示大部门的最远。由此可以总结出一条语义规则:反映中心词所指特征越稳定的修饰语,离中心词越近。

由于不同语言中语义的相似性、共同性比句法形式的相似性、共同性要多得多,概括语义共性可以使学生更容易理解和掌握所学的语法项目,纲举目张,同时习得汉语的语法形式。

（2）汉语内部对比

A.有和无的对比

如下列句子,c 句有句尾"了",前两句没有。通过对比,可以让学生理解"了"的意义和作用。

a.我常常去香港。

b.我明天(下星期)去香港。

　　　　c.我昨天(上星期)去香港了。
　B.同一位置不同近义词的对比
如动词前边的"连连"和"一连",有时没有区别:
　　　　他连连喝了几杯水。
　　　　他一连喝了几杯水。
但是,"一连"可以修饰"V+时段词语","连连"不行。如:
　　　＊孟姜女连连哭了三天三夜。
　　　　孟姜女一连哭了三天三夜。
上述区别说明"一连"可以表示某种行为或状况的持续,"连连"不行。
　C.同一个词在不同位置的对比
如表示程度的"还",在不同的位置,有不同的意思:
　　　　他身体还好。/ 他比小王还高。
"还"在"比"字句中表示程度高;在非"比"字句中表示程度浅。
　D.不同词在同一个位置上的对比
"一再"可以修饰非自主动词,"再三"不行。如:
　　　　一再获奖　　　　　＊再三获奖
　　　　一再遭到诬陷　　　＊再三遭到诬陷

四、语法点的教学技巧

1. 语法点的展示

展示语法点就是通常说的"引入"语法点。用什么样的方法将要学的语法点介绍给学生,让学生对它的形式、意义、功能有一个初步印象,这是语法点教学的第一步。引入要生动、自然、确切、到位。

(1) 结合实际情景的对话

教比较容易的语法点可以结合眼前的实景和动作。如,教动补结构时可以结合动作来展示。

教比较难的语法点可以结合学生的实际情况。如"还没……呢"的展示,可以先板书"还没……呢",然后对话:

教师:谁吃了早饭?

部分学生:我吃了早饭。

教师:谁没吃早饭?

另一部分学生:我没吃早饭。

教师:谁不吃早饭?

玛丽:我不吃早饭。

教师:谁要吃早饭?

山田:我要吃早饭。

教师:很好。注意!(指玛丽、山田)玛丽、山田没吃早饭。(指玛丽)玛丽不吃早饭。(指山田)山田要吃早饭。山田还没吃早饭呢。(板书"山田还没吃早饭呢",示意一起跟读)山田还没吃早饭呢。山田要吃早饭。

(2) **图片和多种教具的使用**

比如说,用时钟学习时间词,用放大了的菜单讲价钱,用地图引出存在句、方位词等,用图片引出要教的语法点。

(3) **行为动作演示**

如句末"了$_2$"的教学,可以先板书"了",然后对话:

教师:我要去一个地方。

学生:老师去哪儿?

教师:老师去办公室。一起说:老师去办公室。

学生:老师去办公室。

老师:(出去几秒后回来)老师去哪儿了?

学生:老师去办公室了。

老师:很好!老师去办公室了。(板书此句,示意一起跟读)老师去办公室了。

2. 语法点的讲解

(1) **讲解的内容**

可以从形式、意义、功能几个方面进行。

形式讲解包括许多因素:一是结构本身的必要成分。如"把"字句、"被"字句的补语。二是语法成分的排列次序。如"我看了一个小时（的）书"、"我看书看了一个小时"、"我看书一个小时了"。三是虚词的位置。如"他一个小时才做完作业"、"才一个小时他就做完作业了"。

　　语法意义的解释常常要借助已经学过的结构，同时说明新旧语法结构的语义联系。如讲解"着"时，可以跟已经学过的"正在、正、在"、"呢"相连：在表示动作行为的进行上基本一样，但"着"还可以表示状态的持续。

　　语法点的功能，主要指它的使用环境和作用。如"几岁"、"多少岁"、"多大年纪"、"高寿"等表达法，意义差不多，但使用对象不同。

　　（2）解释语法点的方法

　　A.列出公式

　　有各种各样的公式可以用来解释语法点，如：

　　　　三分之二 ＝ 2/3　　　三分之二 ≠ 3/2

　　　　A 比 B＋形容词 ≠ A＋形容词 ≠ B＋形容词

　　　　A 比 B＋更＋形容词 ≈ A＋形容词 ≈ B＋形容词

　　　　我吃饱了 ＝ 我吃，我饱了

　　B.借助图片和其他教具

　　如趋向补语的使用，可以使用图片说明"走<u>进</u>教室"和"走<u>出</u>教室"的区别、"跑上楼<u>来</u>"和"跑上楼<u>去</u>"的区别。

　　C.利用、创造情景

　　教"比"字句，可利用班上的真实情况：

　　　　教师：我们班有几个女生？

　　　　学生：我们班有 9 个女生。

　　　　教师：我们班有几个男生？

　　　　学生：我们班有 6 个男生。

　　　　教师：好，我们班的女生比男生多，男生比女生少。

　　D.表演

　　如"把"字句，可以一边做动作，一边讲解。教师把书放在桌上，把笔放进书包，把词典拿出书包。一边做动作，一边讲解相应句式。

E.内部对比

如"了₁"的教学。先请学生对比第一行;然后逐行讲解,以便让学生了解句末"了₂"和动词后"了₁"的区别:

  昨天我买书了。 昨天我买了一本书。
          昨天我买了书,……
  *明天我买书了。 明天我买了书再去看电影。

3. 语法点的练习

语法练习是语法教学的主要环节,在教学实施中绝不能忽视,更不能省略。

(1) 机械练习

机械练习主要指不怎么需要理解的练习项目,如模仿、重复、替换、扩展等练习。目的是在简单情景中加深学生对语法点的理解,并通过反复的高频率练习流利说出包含所学语法点的句子。教师也可以利用这种练习纠正学生的语法、语音、词汇偏误。

机械练习大致的形式有:

  重复练习(领读、重复句子、重复对话);
  替换练习(单项替换、多项替换、分句替换);
  扩展练习(词语扩展、句子扩展、扩展问答)。

(2) 有意义的练习

比较明确理解语法点意义和练习内容之后进行的练习。目的是在有意义的情景中加深对所学语法点的理解,为交际练习打下基础。

常见形式有:

  变换练习(句型变换、合并句子);
  复述练习(完全复述、简缩复述、扩展复述、角色复述);
  翻译练习(句子翻译、词语替换翻译)。

(3) 交际练习

教师在课堂上利用或创造交际环境,使学生把所学语法点用于实际(或准实际)交际中,根据真实情况进行问答、谈话和讨论。其特点是真实。

交际练习是语法练习最重要的部分。只有通过这个练习,才能使学生真正掌握该语法点的用法,学会在真实的交际环境中使用。要注意,听说双方要有信息差。

交际练习包括两大类:交际练习和交际活动。下面介绍几种形式。

A.定向问答练习

一般要问教师、其他学生不知道的信息。可以练习使用疑问代词。如:

教师:上个星期我去上海了。
学生1:你去上海做什么?
学生2:你跟谁去上海的?
学生3:你怎么去上海的?
……

B.描述

如学了方位词和存现句(如"屋子里放着两张桌子")后,可以让学生描述自己的宿舍和家里的情况。再如三人一组,互相对他人的优点进行描述,以练习程度副词的使用:

玛丽汉语非常好。/山田个子很高。/李明的成绩更好了。

C.叙述

为了练习"一……就……"、"先……然后……"等句式,可以让学生对自己一天的活动或一个周末的活动进行叙述。

4.语法点归纳

在讲解、练习完一课的语法后,尤其是在整节课结束前,可以用几句话、几个句式将所教语法点归纳一下,让学生加深印象。

第四节 汉字教学

一、汉字的特点

1. 性质:具有表意性的语素文字

世界上的文字的类型有表形文字、表意文字、表音文字,它们大体标志着文字发展的三个不同阶段。汉字是记录汉语的书写符号,是世界上迄今为止仍在使用的最古老的文字符号系统,属于表意文字。

汉字又被称为方块字,整体呈方形,形体上与目前世界上绝大多数国家民族使用的表音文字有很大不同,图画性很强,理据性也很强。汉字的形体往往(或整体、或部件)可以表示意义,而表音文字的形体和意义之间没有任何关联。如"采、囚、孕",我们可以从这些汉字的形体上看到用手在植物上部采摘的动作,人被拘禁在密闭空间的形象,人体中怀有幼小生命的情形。而表音文字,例如 a、b、c,除了表示一种发音外,本身没有任何实在的意义。

汉字一字一音,一般来说,一个字就记录一个音节,具有"声、韵、调"三要素。每一个汉字都有一个与其他汉字互相离散的形体符号,至少一个单音节的读音,以及至少承载着一个意义(个别连绵字除外)。这个意义一般来说就是现代汉语单音节词的意义或多音节词的语素意义。

2. 数量:总量很大,常用字有限

与表音文字符号简单的特点相比,汉字的数量极其庞大,有的字典收字多达 8 万多字,这往往给汉语学习者造成很大的心理负担和学习负担。然而,现代日常所使用的汉字仅为几千字,据统计,1000 个常用字能覆盖约 92% 的书面资料,2000 字可覆盖 98% 以上,3000 字时已到 99%。因此,实际上人们在日常使用的汉字不过 3000 字左右。要向学生灌输常用汉字数量有限这种理念,增强他们学习的信心。

3. 结构:部件是构成单位,笔画是最小单位

笔画是汉字书写的最小单位。书写时从下笔到停笔为一笔,也称为一画。汉字的基本笔画有八种类型。过去有人用"永"字来概括,叫"永字八法"。即:点、横、竖、撇、捺、提、钩、折。除了以上八种基本笔形以外,还有变形。

由笔画组成的具有组配汉字功能的构字单位叫部件,也称字根或字符。如"亻、氵、刂、鱼、弓、月"等。汉字究竟有多少部件过去并没有统一认识,国家语委 1997 年 12 月颁布《汉字部件规范》列出了 560 个独立使用的部件。

一个字若只有一个单个的部件,叫独体字。每一个独体字都是一个整体。如"日、月、山、羊、天、上、下"等,独体字在现在的汉字中所占的比例很小。由两个或两个以上部件组成的汉字叫合体字,如"和、汉、菲、海、染、机"等,合体字所占比例很大。

有人把部件与部件组合的关系划分为八大类,分别是:

(1) 左右结构。如:信、称、结。

(2) 左中右结构。如:撤、衍、湖。

(3) 挟中结构。如:乘、燕、赢。

(4) 上下结构。如:家、早、霜。

(5) 上中下结构。如:荧、黄、卓。

(6) 品字形结构。如:品、晶、森。

(7) 全包围结构。如:团、固、围。

(8) 半包围结构。这种结构可进一步细分为以下六种结构:

上三包,内部件被外部件从上面三个方向包围,如:向、凤、同;

下三包,内部件被外部件从下面三个方向包围,如:凶、函、画;

左三包,如:匪、匠、匹;

左上包,如:眉、病、尾;

左下包,如:逃、建;

右上包,如:可、氢、包。

因此,可以说合体字有13种不同的组合。

二、汉字教学的原则

汉字教学作为语言要素教学之一,是对外汉语教学不可忽视的重要环节。吕必松(1998)说它"是一个带有全局性的问题","充分认识汉字的特殊性以及汉字与汉语的关系的特殊性,是寻求新的教学路子的关键"。

1. 限制数量

现行的教学大纲所收汉字的数目都在3000字以内。《高等学校外国留学生汉语教学大纲》(简称教学大纲)(长期进修)共收汉字2605个,其中初等阶段1414个,中等阶段700个,高等阶段491个。《汉语水平词汇与汉字等级大纲(修订本)》(简称等级大纲)共收字2905个,其中甲级字800个,乙级字804

个,丙级字 601 个(包括附录 11 个),丁级字 700 个(包括附录 30 个)。

在大纲所要求的汉字中,并非所有的都要通过教学来教给学生,汉字教学要教的只是最基本的高频汉字。据有关数据统计,大约 950 个字就覆盖了一般书报用字的 90%。这个数目跟等级大纲的甲级字比较接近,跟教学大纲的初等阶段汉字相差不太远。我们在课堂里进行汉字教学的重点,就是在这个范围之内。当学生掌握了这些汉字,其他汉字就大多可以自行生成,自己学习掌握了。千万不要盲目扩大汉字教学数量。

2. 区分对象

汉字文化圈内的日、韩学习者与非汉字文化圈的学习者对汉字的认知能力是不同的。对非汉字文化圈或没有汉字背景的学习者来说,汉字是完全陌生的书写系统。他们在学习一个汉语词语时还要学习汉字的书写形式,非常困难。因此汉字教学要与其他教学区别对待。

对于习惯了拼音文字的外国学习者来说,接受汉语以形别义的特点要有一个的过程,大量的同音字在一开始就成为他们学习汉字的最大困难之一。零起点的学习者在开始学习汉字之后相当长的时间内,往往会出现知音知义不知形的现象。这种"语""文"脱节,表现在输出的汉字上,就是大量的同音替代偏误。比如:"字"写作"子"、"支"写作"只"、"非"写成"飞"、"做"写成"坐"等。在学习汉语之初,这是一个相当普遍的现象。因此,由于对外汉字教学"对外"的特点,就要求教学初期特别强调同音字的辨别,使学习者尽快熟悉汉字"形—义"相通的特点。

另外,初接触汉字的外国学习者对汉字进行部件分析的能力很低或尚未建立,难以找出蕴涵于汉字中的音、形、义因素,往往将汉字整体认知成一幅图画,增加了学习难度。在教学的初级阶段,要强化这样一种观念,就是汉字是由不同部件构成的,是可以进行音义分析的。

目前中国大陆对外汉字教学的对象主要是成年人,这自然要求与针对儿童的汉字教学有所区别。成人具备了关于母语语言文字的知识,形成了既定的认知模式,具备较强的理解能力和逻辑能力。一方面,关于母语文字的经验会产生"负迁移",成为学习汉字的障碍;但另一方面,他们可以凭借已有的知识对自己正在学习的知识进行理性思考,各种经验和策略都会有助于汉字的学习。因而针对教学对象的特点,我们应该采取相应的教学方法。

3. 先认后写

虽然汉字教学的终极目的是让学生能认、能读、能写,但我们知道,让母语非汉语的学习者听、说、读、写同步发展是一个很难实现的理想化要求。任何一个人认识的字词数量都远比他能写出来、能说出来的字词数量要多得多。不少中国人也是"提笔忘字"。随着信息技术和汉字输入技术的不断成熟,越来越多的人依赖电脑写作,离了键盘写不好字的人也越来越多。因此,我们的汉字教学要敢于承认"认"比"写"重要。朱德熙认为,"要把认汉字、写汉字、用汉字三者区别开,不能混为一谈"。认和写不需要,也不可能同步发展。在初级阶段,尤其要处理好认、写的关系。如"谢谢"这个最常用的口语,书写形式很复杂,教学中并不一定要求认、写同步,先认后写是允许的。

4. 以部件为中心

部件是指由笔画组成的具有组配汉字功能的构字单位。它可以是成字部件,即本身是独体字,如"子、石、日、母、大、力、门、心、女、火、白"等;可以是不成字的部件,如"丩、㇀、亻、冖、氵、刂、宀、扌"等。部件是汉字的基本构形元素。从汉字的表义表音功能来看,部件也是汉字的表义表音单位。

从学习者的角度来看,母语非汉语的学习者习得汉字的过程中都会不自觉地对汉字进行结构分析。跟踪调查发现:不论是否得到了关于部件知识的理论指导,学习者习得汉字的早期过程,都是部件意识逐步建立的过程。部件意识的强化在某种程度上标志着学习者汉字水平的提高。

汉字教学实践证明:提供适当的关于部件知识的指导,让学生熟悉和掌握部件,可以有效地促进学习者的汉字学习,尤其是初级阶段教学。

5. 了解汉字结构组合特点和书写规律

汉字的结构相对来说还是比较规范的,一般可以分为左右、上下、包围、框架四种基本类型。据《汉字信息字典》[①]对 7785 个字所做的统计,左右结构占

---

① 上海交通大学汉字编码组、上海汉语拼音文字研究组《汉字信息字典》,科学出版社,1988 年。

64.93%,上下结构占 21.17%,包围结构占 9.18%,框架结构占 0.63%。我们要强化学习者对汉字基本结构类型的认识。

我们在给母语非汉语的学习者讲授和练习汉字构件时就要反复强调这些构件的位置。哪些部件在左边,哪些部件在右边,哪些在上边,哪些在下边等等。例如,一般在左边的构件有"女、亻、忄、扌、氵、犭、衤、禾、纟、礻、讠、豸、车、钅、彳、舟"等;一般在右边的构件有"刂、阝、攴、攵、鸟、隹、殳、斤、见、页、欠"等;一般在上边的有"宀、穴、竹、艹、雨"等;总是在下面的有"灬"等。要强调普遍性原则,例外作个案处理。

汉字部件组合规律和书写顺序也有一定的规则,如先上后下:学、室、家、草、东、累;先左后右:校、教、打、练、喝。这些应该在教学中向学生说明。

6. 充分利用形声字形旁、声旁的表义、表音功能

形声字也就是由形旁和声旁构成的合体汉字,如"珠、江、帽、校、蕉、帼、达"。这些汉字中有表示意义的部件,也叫形旁、义符;又有表示读音的部件,也叫声旁、声符。形声字占汉字总数的 80%,教学中可以充分利用。利用形旁的表义功能进行教学的经验很多,如以"女、忄、扌、氵、犭、礻、衤、彳、舟、鸟"为偏旁的汉字往往与"女性、心理活动、手部动作、液体、动物、祭祀祈祷、纺织品、食物、船、禽类"有关系等。

与此同时,我们应该注意对汉字表音功能的发掘。周有光对汉字声旁的表音率进行了统计,结果显示:汉字声旁的有效表音率是 39%。这说明汉字声旁虽不能达到准确表音,但还是可以有效表音的,传统的"认字读半边"的方法存在一定的合理性,我们在汉字教学中要充分利用汉字的这个特点,鼓励学生勇敢地"念"出不认识的字。

在形声字中,左形右声的汉字占了总数的近 80%,左声右形的汉字仅占 6%。汉字形声字的声旁和形旁结合的方式通常有以下几种:左形右声,右形左声,上形下声,下形上声,外形内声,内形外声。在这些结合方式中,前四种字占多数,后两种字比较少。我们要让学生学会分析汉字,找出声旁、形旁,并敢于根据声旁提供的信息试读汉字,根据形旁判断字义。

有教师做过实验,随机从《汉语水平词汇与汉字等级大纲》拿了一整页丁

级字(296—450号,共154个字)让学过基本的表音字的初级水平的汉语学习者念,结果"念对(读音大概接近)"的大约有35%。如"瘤、榴、珑、蚂、拇、铭、萍、淇、蜻"等非高频字,"念对率"很高。一个对汉字没有了解的外国人经过短时间的训练可以"念"出这么多从没有见过的汉字,其实就是利用了汉字的"表音功能"。当然有留学生读了一些"别字",如把"绽"读成了"定",但他还能把"锭、啶、腚、碇"读成"定",这还是很成功的。

三、方法与技巧

形音义是汉字的三要素,因此三个方面都是需要在教学中进行讲解的内容,缺一不可。

1. 先教基本笔画名称,再教书写规则

汉字书写规则是以笔画名称为基础的,比如"先横后竖、先撇后捺"。因而称说基本的笔画名称是第一堂汉字课通常要教的内容之一,在此基础上再循序渐进地以例字来说明书写的基本规则。

教学初期,在教给了学生基本笔画的名称之后,学写具体汉字时,不断地强调书写笔画的正确方式,可以帮助学生纠正"画字"、"倒拉笔顺"的错误。常用的有两种方式:

(1) 在汉字上用箭头标示笔画的运笔方向。

(2) 一笔一笔地展示汉字的书写过程。

可以简单讲解汉字手写体的书写方式,如"横"一般不是一条平直的横线,而是一条带有一定的向上角度的横线;"口"并不是标准的四方形,而类似一个上大下小的倒置的梯形。这样能很快让他们克服写汉字时"中国字、外国样"的毛病,培养学生接触一点儿汉字手写体基本形式,培养他们具备一些认读非印刷体汉字的能力。

学生典型的汉字错误要在课堂上指出,可在黑板上写出让学生辨别,如缺胳膊少腿或张冠李戴的。一些不显眼的错误也要注意,如把"学"字的上边写成"⺍"等毛病。

2. 先教独体字，再教合体字；先教笔画少的字，后教笔画多的字

这是遵循由易到难的一般原则。在教学中可以这样教：从意义和笔画都简单的常用独体字开始教学（如"人、山、口、小、大"等），接着教笔画比较复杂难写的独体字（如"水、气、马、身、我"等），然后再教结构和笔画都比较简单的合体字（左右结构如"体、好、休、明"等；上下结构如"分、字、写、是"等），最后出现结构复杂笔画较多的合体字（上中下结构如"累"；左中右结构如"附"等；复合结构如"够、照"等）。

3. 展示汉字

这是最常用也最方便的方式。它的好处是不仅可以展示汉字，还能同时展示汉字的书写过程。应该说在教任何一个汉字的写法时，都要用到它。

比如：在展示"个"字时，教师板书要伴随着讲解：

　　个 gè，a measure word. How to write it? 撇、捺、竖，gè，一个人、一个学生……

初期的板书，汉字一定要清楚，字要大，速度要慢，让学生能看清楚每一笔。有时需要板书一系列的字，根据不同的目的和需要，有多种方式可以采用。

4. 分解汉字

教学中要注意让学生学着分解汉字，把汉字分化成那些他们熟悉的、有限的构件，再把它们组合成不同的汉字。留学生在这个过程中要培养"见字说字"的能力，就是把构件的名称说出来。比如：

　　"供"就是一个单人旁，加一个"一共"的"共"

　　"花"就是一个草字头，下面加一个"化学"的"化"

汉字的笔画顺序也在分解和解说的过程中体现出来，如"先左后右"、"先上后下"等笔画规则。

拆分汉字的方法很多，但对外汉字教学应当遵从简单明了的原则，就是：以汉字自然的分割沟进行拆分，笔画相连的不拆，其他的都拆开。拆分时不过多考虑理据，一般采取二分、三分的拆分原则。如"现"拆成"王、见"；"够"拆成"句、多"；"茶"拆成"艹、人、木"。

5. 学会描述汉字

要教一些汉字的基本描述方法,如:"左边是三点水,右边是一个'工人'的'工'","'口'字里边有一个'木'","'长江'的'江'","'学校'的'校'"等等。这对他们今后准确辨认和使用汉字有很大的帮助。

6. 适当讲解字义

汉字是有理据的文字,字义是需要适当解释的,在解释字义时,可以用下面的方法:

(1) 借助古文字形体释字

这种方法主要限于个别的意义演变不大的象形字和会意字。比如:

山、木、日、月、人、大

休、林、看、明、好

(2) 借助实物释义

有些具有实义的汉字,可以充分利用随手可得的具体事物来释义,学生一看就明白,无需再费口舌。比如:

手、足、头、桌、门、书、窗

(3) 利用形旁释字

形旁多表示类别意义,相同形旁的汉字往往有着相同的意义类属。通过形旁释字,不仅容易讲清汉字的意义,而且有利于促进部件意识的形成。例如:学习"裤"字的时候,教师就可以将以前学过的"衬衫"等字写出,让学生产生联想。这样,不仅教了新的汉字和词,还强化了学生对衣字旁"衤"的认识,一举两得。

(4) 俗字源和联想释字

对汉字进行不严格的通俗解释可以适当地用在教学中,有些还是十分有效的。

左、右——一般中国人吃饭用的那只手是右手,所以"右"字有个"口"。

买、卖——买东西是空手去的,而卖东西要带东西,所以"卖"字多了些东西。

安——女人在房子里,让人感到很安全、平安。

但这些方法要注意把握"度",不可滥用。

7. 教字音的技巧

汉字形声字数量庞大,虽然现在声旁表音有局限,但声旁的表音作用在汉字学习中应该受到充分的重视。教师要引导学生利用声旁类推读音。

比如学习"达":

教师:猜一猜这个字念什么?

学生:大(dà)?

教师:念得很好,对了一大半,这个字正确的声调应该是二声:dá,"到达"的"达"。

这样,通过声旁猜字音,学习了生字,还强化了对声旁的认识。要鼓励学生利用声旁勇敢地读字。

8. 图片展示

图片展示汉字生动而直观,尤其适用于字义容易用图画描摹的汉字,一目了然,省去了很多讲解意义的过程。比如:

雨、雪、哭、笑、山、林

9. 卡片认读练习

这主要是通过强化刺激,使学生把汉字的形音义作为一个整体来掌握。通常用同一张卡片的正反两面分别展示形、音、义,甚至组词造句。例如:

正面(汉字):电　diàn

反面(外语):electricity

学生大声读出汉字的一面,并组词造句,如:diàn,电视、电影、电话、电脑;我看电视、我喜欢看电影、我给他打电话、我用电脑上网。

需要解释意思的时候可以看背面的外语部分。也可以让学生看着外语部分说出相应的汉字。

卡片的好处是灵活机动。教师要准备足够的卡片,在课堂上灵活操练,随时复习,尤其是在初期的认读教学阶段。

10. 字形练习

(1) 笔画

可以采用下列方式:给出汉字让学生数笔画;给出汉字让学生按顺序说笔画名称;增加一笔变新字;析写笔顺。

(2) 结构

画出汉字的结构图,按照结构图写汉字,按照结构给汉字归类等。

(3) 部件

根据以部件为中心的原则,部件的练习十分重要。具体有:

分析汉字的部件:给出汉字,让学生说出有几个部件,都是什么。比如:

照:四个部件,日、刀、口、四点底

给出部件,写出含有它的汉字。

给汉字增加部件写成另外的汉字。

找出几组由不同部件构成的汉字,根据不同的部件,将它们分成不同的组。

给出部件和拼音写汉字:

交　yǎo(　)　xiāo(　)　jiāo(　)　jiào(　)

根据给出的语境和部件填写汉字:

(木)息　饭(官)　礼(勿)

11. 综合练习

(1) 填空练习

可以采用有选项或无选项填空;还可以采用在单词、单句中填空或在语段中填空。

(2) 改错练习

可以采用单字改错,也可采用有语境的改错;有别字改错也有错字改错。

(3) 听写练习

听写是检查教学情况常用的方法。它的好处是:运用范围广,易于灵活操作。

(4) 猜字练习

在语境中根据形旁的义类猜测字义、词义,这属于较高难度的练习,和阅读练习有所重合。

第五节　文化教学

学好外语的最高境界就是能顺利地完成跨文化的交际。因此,文化教学是对外汉语教学的一个重要内容。

一、跨文化交际与文化教学的定位

1. 跨文化交际及其形式

跨文化交际是指不同文化背景人士之间进行的思想、感情、信息交流,是跨越两种不同文化的交际。

两种不同文化的范围很广。不同年龄、性别、阶层、背景、地域的人,都可能属于不同的文化圈。例如同一国家民族的不同年龄的人,也可能由于文化背景不同而属于不同的文化圈,出现交际困难。

本书讨论的跨文化交际,主要是指不同语言、国家、民族人士之间的交际。这种因语言不同引起的跨文化交际,集中出现在汉语母语者和非汉语母语者的日常交往中及教学过程中。

跨文化交际有两种形式:语言交际和非语言交际。语言交际是指以语言为交际手段进行的交际,语言运用能力的高低是语言交际能力高低的重要指标。非语言交际是指除语言行为以外的所有交际行为,包含了更多的文化因素,如体态、表情、目光、距离、穿着、交往习俗等。因此,非语言交际能力的培养也是跨文化交际能力培养的重要部分,要引起足够的重视,只有这样,才能提高跨文化交际的能力。

2. 文化教学的目标

立足于跨文化交际的文化教学,目标就是提高跨文化交际能力,克服因不同文化背景而出现的交际困难。具体来说,首先在提高交际者语言运用能力的基础上,使交际双方树立正确的文化意识,消除文化优越感和文化歧视;尊重和了解对方的文化;克服文化差异带来的交际障碍;熟悉交际双方的文化知识;传递正确的文化内容。

立足于跨文化交际的文化教学,重要的任务之一就是要结合语言教学,扫除外语或第二语言学习中的文化障碍,认识交际双方在文化、政治、宗教、价值、伦理上的差异,并互相尊重这种差异,熟悉和了解跨文化交际的基本知识。

对于文化教学和语言教学的相互关系,对外汉语教学界的基本共识是:以语言教学为主,同时紧密结合相关的文化教学,但不能以文化教学取代语言教学。

3. 文化教学的主要内容

虽然不同的人对于文化的概念、内容有不同的理解,但一般认为文化就是人类在社会历史发展过程中所创造的物质财富和精神财富的总和。首先提出文化概念的英国人类学家爱德华·泰勒(Edward B.Tylor)将文化定义为"包括知识、信仰、艺术、法律、道德、风俗以及作为一个社会成员所获得的能力与习惯的复杂整体"。这是广义的文化。

文化在汉语中实际是"人文教化"的简称。"文"是基础和工具,包括语言和文字;"化"是"教化"。"教化"既是人们精神活动和物质活动的共同规范,也是使种种共同规范产生、传承、传播及得到认同的过程和手段。

第二语言教学中的文化教学不尝试,也不可能追求大而全的"全景式文化教学",而是关注语言交际中的文化。如交际对象国家民族的历史、文学、艺术、民族、风俗、宗教、社会、经济、政治等内容在语言交际上的体现,这可以被认为是狭义的文化。更具体地说,这种文化就是日常交际中的守则,就是如何准确地根据交际对象和交际场合,在不违背交际对象的交际文化的情况下,合适、得体、准确地表达思想的知识和技巧。这种文化不是独立于语言教学的系统,而是语言教学的重要组成部分。

4. 语言差异与文化差异

不同文化背景,即使能在语言层面上熟练使用对方语言,也常常会由于缺乏对交际双方文化的了解而出现交际困难,甚至造成交际障碍。如中国人的谦虚有时会带来交际的障碍。如一个西方人称赞你的衣服漂亮或表现优秀时,你却回答:"不好,不好。哪里,哪里。"这样的回答与西方人在同样情况下的通常回答"谢谢!"产生了冲突。若是一个不十分了解中国文化的西方人,可能会认为你怀疑他的眼光、诚信,甚至认为你对他不尊敬。

再如汉语"以后再说吧",常常是委婉拒绝的用语,如果一个不了解中国交际文化的人,通常会对你的这个回答抱有不切实际的希望和期待。一位汉语老师说过这样一件事,他在回答学生出游的要求时用了"过两天带你们出去吧"。没想到过了两天他去教室时见学生都没有带书,而是带了出游装备,让他大吃一惊。因为学生都认为老师已经清楚表达了"两天后带你们出游"的信息,而不了解汉语中"过两天"是一个不确切的时间。

再如汉语很喜欢用"宣传",如"宣传部"、"宣传党的政策",并把"宣传"翻译成英语的 propaganda。但在英语里,propaganda 更侧重于"散布谣言"或"宣扬某种政治思想"的意思,含有贬义,在国外并不常用。

国内有一家著名电池生产商生产"白象牌"产品,殊不知"白象"在英语里有大而无用的意思。

一位教师还遇到过这样的事情,在与一些美国学生谈美国流行音乐时,教师爱好的歌曲过于老旧,被学生认为是他们父母辈的音乐。学生用汉语说:"你跟我的爸爸一样。"再以后,这个学生居然常常开玩笑,把教师叫"爸爸"。而汉语文化中,"父亲"这个称谓是很神圣的,不可以随便使用。而汉语"孙子、儿子"等称谓还包含了卑微、低下的意思,这些都与西方文化不同,要在教学中向学生说明。

学习一种外语不仅要掌握语音、语法、词汇和习语,而且还要知道操这种语言的人如何观察世界,如何处理事务;要了解他们如何用自己的语言来反映其社会的思想、习惯、行为;要了解他们社会的文化。

二、文化教学和语言教学的关系

语言和文化有密切的关系,但并不等同,它们有各自的特点。在语言教学中要注意不要把什么都和文化直接联系起来,不要随意扩大文化教学的范围。我们要特别留意的是那些在跨文化交际中因文化差异而造成的交际障碍和语言现象。不要过分强调文化的重要性或以文化教学去涵盖、代替语言教学。

文化教学与语言教学的关系要注意以下两点：

1. 从属性

所谓从属性，就是文化教学是伴随着语言教学展开的，是从属于语言教学的，它不能、也不应该代替语言教学。文化内容应在传授语言知识的同时相应地传授给学生。语言知识讲到哪里，再把相关的文化内容讲到那里。脱离语言教学的文化教学只会是"无的放矢"，对学生跨文化交际能力的培养也不会起太大的作用，且缺乏学习效率。文化教学应当有效地配合语言教学，即我们在学习第二语言的同时，也相应了解和学习了该语言所包含的文化。

2. 互补性

所谓互补性，是指语言教学和文化教学互相补充、互为条件。单纯的语言教学和单纯的文化教学都无法达到学习的目标。没有文化教学的语言教学不能培养出具有高水平跨文化交际能力的学生。因为缺乏对该语言文化内容的认识，就不能真正把握该语言的精髓，也不能在更高的层次上运用该语言。

现代教育理念告诉我们，外语教学不结合所学语言的文化是一种不完全的或残缺的教学，只有把语言教学与文化教学合二为一，或寓文化教学于语言教学之中，才是现代意义上的完全的外语教学。

三、文化教学内容

语言教学中的文化教学有两方面的内容：一是包含和渗透在语言课中的文化教学；一是专门的文化课教学。这两种课的性质以及承担的任务是不同的。

1. 语言课里的文化教学

语言是文化的载体，语言课中的文化教学主要是在训练学生听、说、读、写等技能和语言运用能力的同时，介绍与交际有关的文化现象，分析包含在语言里的文化现象。通过学习使学生能对这些语言材料包含的文化内容有所了解，更有效地进行跨文化交际，像以目的语为母语的人士一样说话。一般来说，教学内容可以有两类：

(1) 中国人的语言表达方式和特点

与其他文化相比,中国人与人交往时语言表达有一些特点,简单来说可以总结为以下几点:

一是含蓄委婉,中庸平和。这是中国人语言表达的基本特点之一,跟中国人信奉中庸之道,做事留有余地有关。与西方文化比较,表达时不够直接。拒绝和接受,喜欢或反对都不喜欢直接说出来。因此,"随便"、"再说吧"、"你再考虑一下吧"、"你看着办吧"、"你留着自己吃吧"、"不麻烦了吧"、"不方便就算了"、"还行吧"被广泛用于表达个人倾向或选择,真实的含义与字面的意义并不完全相同。

二是贬损自己,抬高对方。交际时过分谦虚以至于贬损自己,抬高对方是汉语交际的又一个特点。似乎对自己贬损愈甚就愈表示出他的谦逊,而谦逊是一种美德。因此,对自己的成绩和优点通常要进行适当贬损,如"哪里,哪里"、"不行,跟你比差远了"、"做得还不够"、"不足挂齿"等。相反,对方的优点和成绩我们却要大加赞赏。"你真了不起","你太厉害了"。这不同于西方文化强调的肯定自我价值,而与中国人贬己尊人的传统观念密切相关。

三是亲密无间,不分你我。中国人与人交往时把贴近个人生活当成亲密和友好的表示,"吃了没有?""上哪儿去啊?""买什么东西啦?""儿子结婚没有?""怎么这么早?"是中国人在日常交往中进行语言交际的前奏。而在另外一些文化中这些问题则显得过于亲热,接近窥探隐私,侵犯个人秘密,会引起怀疑。

有一个例子说一个人冬天看见朋友,说:"你该多穿一点儿。"在中国人看来是关心,可这句话英文表达的意思是"你还是个孩子,糊里糊涂的,不知道穿衣服,我来关心你一下。"

再如,中国人喜欢打听了解交际对象的年龄、收入、住址、婚姻、背景、家庭等,西方人普遍把这些当成个人的私事,不希望别人过多了解。英国人甚至忌讳别人过问他们的活动去向。而与美国人交往有三大忌讳:一是问年龄;二是问所买东西的价钱;三是在见面时说:"你长胖了!"

(2) 语言本身包含的文化内容

中国历史悠久,因此积淀在语言中的文化内容非常深厚。从现代汉语的实际情况看,含有历史故事、古代诗文、社会生活等内容的成语、俗语、歇后语、惯用语等大量存在于现实的语言交际中,不了解其中的文化内容就很难真正了解汉语。如"滥竽充数;破釜沉舟;朝秦暮楚;三顾茅庐;莫须有;嗟来之食;黔驴技穷;柳暗花明;满城风雨;近水楼台;三个臭皮匠,顶个诸葛亮;姜太公钓鱼——愿者上钩;成也萧何,败也萧何;一个唱红脸,一个唱白脸;跑龙套;敲边鼓;和稀泥"等。学生学习这些语言内容时就要了解语言内的文化,这样才能更好、更准确地掌握汉语知识,提高运用汉语的能力。

(3) 对色彩、动植物、物品等的情感色彩在语言中的反映

不同文化都会赋予某些色彩、动植物、物品特别的含义,并反映在语言中,这也是文化教学的重要内容。汉语也是这样,如在汉语中,"红"表示忠厚、兴旺、欢乐、成功;"黑"表示奸诈、倒霉、非法;"龙"表示高贵;"狗"表示卑微;"鼠"表示胆小;"狼"表示贪婪;"鸳鸯"象征夫妻;"松"表示坚贞;"莲"表示高洁;"玉"表示纯洁;"肥肉"表示利益等等。其实每个文化赋予某些色彩、动植物、物品不同的文化寓意,如英国人忌讳百合花,并把百合花看做是死亡的象征,这就与汉语不同。

2. 专门的文化课教学

主要任务是向学生系统教授文化知识,通常是为高年级和汉语言本科学生开设的专门课程,集中介绍中国历史、文学、艺术、科学、地理、风俗、饮食、建筑等,或是对中国政治、经济、民族做系统的介绍。

文化教学要特别注意历时文化和共时文化的区别。历时文化是纵向考察文化的起源、发展、演变及其规律;而共时文化是横向考察文化现象在某一历史阶段的表象和特征。跟外语或第二语言教学密切结合的,主要应该是共时文化。

四、教学原则

关于文化教学的原则,前人多有总结,并提出过多种原则,我们将其总结为以下六个原则:客观性原则、现实性原则、可接受性原则、交际性原则、对比性原则、阶段性原则。这六项原则并不孤立存在,而是互为关联,互相补充。

下面分别叙述这六项原则。

1. 客观性原则

文化教学比语言教学敏感,因此客观性原则显得很重要。文化教学中既要反对民族虚无主义,又要反对文化沙文主义。客观性原则要求我们对交际双方的文化都要有客观、公正的了解。要有开放的胸襟,互相尊重彼此的文化,也要有勇气面对各自文化中的糟粕。必须认识到,没有十全十美的文化,虽然文化的整体不可褒贬。

我们相信人类存在着对美与丑、真与伪、善与恶的共同感觉。每种文化都有各自的特点,有优点也有不足。面对不足,人们完全有理由对各种文化表达自己的观点,我们的教学不必忌讳。但一定要特别注意给予对方文化足够的尊重,不要去冒犯别国的文化。

如我们在介绍中国饮食文化时除了介绍中国菜肴的美味外,更要介绍中国人具体的宴饮习俗,给学生一些实际的指导。同时也要客观地说明中国饮食文化里为表达对客人的尊敬而时常会出现的铺张浪费,敬酒变成强迫客人喝酒等不文明的现象。

2. 现实性原则

文化教学要注意与现实结合,要突出实用性。同样也要注意文化的普遍性。交际文化中掺杂着许多非普遍的文化现象,我们不要把明显落后于时代的文化当作文化的特点来介绍,也不要以猎奇的眼光刻意展示文化中的糟粕和奇风异俗。我们所要教授的应该是目的语国家共通的文化知识和模式,是依然存在的文化。不过多关注某一特殊群体或地域的文化,更不是介绍已经消亡的文化现象。这是语言交际的需要,也是客观性原则的具体体现。

如我们在介绍中国年节文化时除了介绍中国传统的庆祝方式外,更要介绍中国人现时的庆祝方式。如春节给长辈磕头的习俗在城市已经基本消失,全家除夕一起围坐守岁吃饺子的习惯在许多中国大陆的城市里也被全家一起看中央电视台春节联欢晚会这个新的习俗所取代。

文化不是一个僵化的体系,它随着社会的不断变化而发生变化。因此,文化教学应该更多地关注交际,关注当代,关注实际生活,关注普通人的生活。

如现代人及现代社会中的社会风尚、价值观念、社会心理、生活方式、经济生活、流行文化、家庭形态、交往模式等。简单地说,文化课要将现代人如何参与社会政治、文化、经济活动,如何处理人际关系,以及相关的社会、文化、历史知识都当成教学的内容。

文化教学的内容要与时俱进。如在文化的相互交流中,一些新的文化和交际方式逐渐被一些人接受,一些传统交际方式在某些范围内发生改变,如一些接电话者也有先报自己姓名或单位的做法,"您好,这是售后维修部",这与传统中国人接到电话后第一句就是"您哪位"有很大不同。再如年青一代,尤其是都市的中国人在得到别人赞扬时就很习惯用"谢谢"作为回答,他们也接受了在交际中不过问年龄、收入等西方交际习惯。这些在教学中都要反映。

3. 可接受性原则

文化教学的内容要可接受,即避免空洞的政治宣传和道德说教,要注意寻求文化中那些包含人类共同感情的东西,不要把各自的文化(包括政治观、价值观、道德观)强加在别人身上。

如我们在介绍中国人教育孩子的传统方法时,就不要把"棍棒底下出孝子","打是亲,骂是爱"当成一种普适的价值;在讲到金钱观时,也不要认为"君子喻于义,小人喻于利"是永恒真理;不要认为吃饭后大家平均出钱的 AA 制是小气的体现,只有大摆筵席才是表达对客人尊重的方法。

4. 交际性原则

所谓交际性原则就是从培养学生语言交际能力出发,注重提高学生跨文化交际的能力,拓展学生视野,消除文化冲突。不为讲文化而盲目灌输文化知识,不对文化内容做无限延伸。文化教学讲授的重点是交际模式和交际规则,是准确传递信息所涉及的文化因素。

教学方法要关注与交际有直接关系和密切关联的文化知识,如词语与文化、表达方法与文化等。讲到成语"破镜重圆"时,可以把夫妻离散又重聚的故事讲给学生听。在讲到一些词语和表达时,要考虑色彩和对象,如在通常情形下,不可随便赞扬女性"性感"(都市现代年轻女性除外)。重点是让学生知道在什么情形之下说什么、不说什么、怎么说、怎么不说。如见到老人,要克服自己文化的障碍,勇敢地问"您老高寿?/您多大年纪了?"但一定不能问"你几岁了?"当小孩(四五岁以下)叫自己"叔叔/阿姨"时,不是回答"您好",而是回答一句中国式的"乖",甚至可以更标准地摸摸孩子的头或捏一下他的脸蛋。还应说明"早上好"、"晚上好"等不是中国人交际时的标准用语,让学生知道"吃了没有?""这么晚还没睡啊?""上哪儿?"等最标准的中国式交际用语。

5. 对比性原则

对比是外语或第二语言学习的重要手段,文化学习也不例外。由于目的语与母语之间的差异以及文化背景不同,形成跨文化交际的障碍。因此,首先要确立一个文化参照系,以此来进行文化的对比,在对比中发现彼此间的差异,帮助准确理解目的语中蕴涵的文化现象,以有效解决语言教学中跨文化交际能力生成的制约因素,引导学生超越自己本民族文化模式,准确进行交际。

如在教学中要注意对比在同样的情形之下中外由于文化不同而出现的不同的表达方式。如怎样介绍、称呼、打招呼、邀请、要求、道歉、恭维、批评、询问、演讲,以及如何应答;怎样表达感激、遗憾、同情、不满、快乐、惊奇;怎样完成具体的交际任务,如购物、理发、点菜、打电话、讨论、看病;如何讨论政治、经济、两性、家庭等问题。此外,对非语言形式的文化背景知识,如体态、手势、眼神、表情、服饰、音量、距离、时间等,也都要做适当对比。

如安慰别人家人去世,中国人一般是讲"多保重"、"别太伤心了"、"节哀顺变",而西方人则是说"我很遗憾"。再如恭祝,西方人一般只是说:"祝贺你!"没有具体的恭祝内容,而中国人则要根据不同对象,表达具体的恭祝内容,如"马到成功"、"恭喜发财"、"旗开得胜"等,目的很强。中国人在别人馈赠的时候一般要推却一番表示客气,但很多文化不认可这种举动。收到礼物时当场打开并大加感谢的方式会让中国人觉得有些尴尬,中国人更愿意在客人走后再打开礼物。所有这些文化差异都可以在对比中表现出来。

6. 阶段性原则

阶段性原则就是根据学生的实际语言水平和领悟能力,分阶段地进行文化教学。也就是由浅入深、由简到繁和循序渐进地进行文化教学。文化教学内容的深度与宽度要在学习者可以接受的范围内进行,即根据不同的教学对象及教学目的要求,合理安排教授的内容。做到适度,可接受。

在初级阶段,可讲授与交际相关的一般技巧和文化知识,如面对别人的赞美时,应该说"哪里,哪里。"随着语言水平和交际能力的提高,就可以逐步提高文化教学的内容和层次。讲授贬己褒人是中国人一般的交际策略,语言也可过渡到"您太过奖了"、"还差得远呢"等。到了更高的程度,就可以把交际文化引申到更深、更广的历史、文化层面进行介绍。

思考与练习

1. 谈谈语音教学的几个原则。
2. 试分析以下同义词、近义词的异同,谈谈如何对非母语者教这些词语:
   - (1) 天气;气候
   - (2) 祝;祝贺
   - (3) 突然;忽然
   - (4) 一连;连连
   - (5) 红;通红
   - (6) 又;再;还(hái)
3. 举例说明词语教学为什么要讲解用法。
4. 分析以下偏误,说明错在哪里?如何改正?相关的语法规则是什么?出现错误的原因可能是什么?同类偏误还有什么?
   - (1) 我在海游泳。
   - (2) 你把饭吃。
   - (3) 我刚刚完作业。
   - (4) 他做了两钟头作业。
   - (5) 现在进行会议。
   - (6) 他昨天身体不好,不来上课。
5. 举例说明如何进行语法教学。
6. 对国人来说,学习汉字的难点在哪里,如何区分不同的教学对象?
7. 教汉字的原则是什么?
8. 什么是跨文化交际,它有哪些形式?
9. 举例说明语言差异里反映的文化差异。结合这些差异,谈谈如何进行汉语文化教学。

第四章 语言技能的教学

语言教学的内容包括语言要素的学习和语言技能的培养。语言技能,指的是听、说、读、写的能力,要经过专门的训练才能获得。语言技能的教学与语言要素的教学是密切相关的。语言要素的学习必须在听、说、读、写活动的过程中进行并得以巩固;同时,听、说、读、写是提高语音、词汇、语法等语言要素教学质量的可靠保证。将它们分开来讨论是为了叙述方便,也是为了从不同角度讨论教学问题。

本章主要探讨对外汉语综合课(读写、精读)、口语课、听力课、阅读课、写作课等课程的教学。

第一节 汉语综合课

一、性质与特点

汉语综合课在国内对外汉语教学机构的课程设置中,曾有过不同的称呼,如"基础汉语课"、"汉语精读课"、"读写课"等。近年来,在国家汉办制定的《高等学校外国留学生汉语专业教学大纲》和《高等学校外国留学生汉语教学大纲》(长期进修)的课程设置中一般称为"汉语综合课",并列为必设的主干课程。

为了更有效地培养学生运用汉语进行听说读写的能力和社会交际能力,对外汉语教学指导部门所制定的教学大纲和各教学机构在课程设置上,大都采取这样的模式,即:设置一门汉语综合课,既教授汉语的语音、语法、词汇、语用、文化等知识,又对学生进行听说读写等各项技能的综合训练。同时再设置几门单项技能课程,如听力课、口语课、阅读课、写作课等。以汉语综合课为核心,把各单项技能训练课程联系起来,将整个课程设置成为一个整体。

汉语综合课的主要特点是基础性和综合性。所谓基础性,即这门课程担任着系统学习汉语语音、词汇、语法、文化等语言知识的主要任务,要为其他专项技能课的训练提供语言基础和技能基础。所谓综合性,即这门课程虽然教授现代汉语的语言知识,但它不是单纯的汉语知识课,语言知识是寓于课文——语言材料之中的,是通过讲解和听说读写的练习让学生掌握的;它也不是单纯的语言技能课,听说读写各项技能的训练是与语言知识的掌握、语言的正确运用紧密结合的。

需要指出的是,有一些学校不开设汉语综合课,而是在初级阶段开设"基础汉语课"或"读写课",在中高级阶段开设"精读课"。这些课程的基本功能、作用跟综合课相似,主要教授语言知识。跟综合课不同的是,它们主要将读写技能培训跟知识传授结合起来,而听、说技能的培养主要放在专门的听力课、说话课(口语课)完成。

二、教学目的与要求

汉语综合课的教学目的是通过教学使学生掌握教学大纲所规定的各阶段需要掌握的语言知识、文化知识,通过训练使学生掌握汉语读写及听说技能。

语言知识包括汉语的语音、汉字、词汇、语法、句型、语段、篇章等语言知识。一般来说,这些语言知识是按照教学大纲,由浅入深,由易到难,有系统地分级安排在汉语综合课各教学阶段的教材中的;主要通过课文来体现,通过语言知识点和例句加以说明,通过听说读写的练习使学生理解和掌握。

语言的文化因素在汉语综合课教材中是零散地反映在课文中的,分布在汉语教学的各个阶段。有些通过注释进行说明,有些是通过课文直接进行文化内容的教学。这些文化因素直接影响着学生对汉语的理解和使用,是汉语综合课重要的教学内容之一。

汉语综合课要对学生进行读写及听说技能的训练,提高学生运用汉语进行交际的能力。汉语综合课的语言技能训练,主要是通过练习来进行的。好的汉语综合课教材练习设计安排合理、内容丰富、形式多样。它对单项语言技能课,如阅读课、写作课、听力课、口语课有着直接的指导和示范作用,协调这些语言技能的全面发展。指导学生进行练习,可以使学生有效地掌握语言技能,提高学生的语言交际能力。

三、教学任务和内容

汉语综合课的具体教学任务一般是依据教学大纲,根据初级、中级、高级等不同的教学阶段制定的。

1. 语音系统的教学

汉语语音系统的教学除了教授声母、韵母、四声、轻声、变调、儿化等语音知识,使学生掌握汉语普通话的正确发音,还要教授表示感情和态度的语调、语气等语音知识,并使学生在交际活动中正确使用。

在初级阶段,语音教学尤其重要。教师在这一阶段要详细介绍汉语语音的基本知识,配合大量的语音练习,使学生对汉语语音系统有初步的认识,并能比较准确地发音,语音语调基本标准,能用汉语拼音进行拼写,为今后的进一步学习打下牢固的基础。

中级阶段,语音教学应有针对性地正音,注重声调、语调的训练,要求学生语音语调标准自然,并能较好地运用重音、停顿等表达语义。

高级阶段,在继续抓好语音语调的基础上注重培养学生运用声音技巧的能力,要求学生语音语调准确自如并善于运用声音技巧表达丰富的语义。

此外,随着汉语水平的提高,留学生学习的多音字、形似字也越来越多,中高级阶段的语音教学还应注意正确认读多音字和形似字的训练。

2. 词汇的教学

《高等学校外国留学生汉语教学大纲》(长期进修)初等阶段要掌握的最常用词汇为764个,次常用的为1635个;中等阶段和高等阶段要掌握的词汇分别为2850个、2793个。汉语综合课承担着学习和扩充汉语词汇的主要任务。

综合课的词汇教学不仅要教词语的读音、书写及其含义,还要向学生解释清楚词语的语法作用和语用功能,使学生能根据具体的交际情景选词用词。

在初等阶段,词汇教学的任务是通过多种形式的练习帮助学生记忆生词的声音和字形,理解并掌握汉语中常用词的基本意思与主要用法。

在中级阶段,词汇教学的任务是帮助学生扩大词汇量,并能较为自如地运用所学词语进行交际。重点讲练的词语是:(1)近义词的语义,特别是用法辨析。如"培养——培育、耐烦——耐心、表明——表达——表示——表现、凭——根据、忍不住——受不了、一再——再三"等;(2)学生不易理解和难以掌握的常用虚词及虚词结构。如"反而、从而、简直、甚至、以至、居然、轻易、至于、与其……不如、除非……才"等;(3)用法比较特殊或义项较多,甚至兼跨不同词类的常用词语。如"嫌、加以、彼此、出于、感受(名/动)、再说(连/动)、保险(动/名)"等;(4)固定结构和常用格式。如"有声有色、忽冷忽热、千山万水、在……看来、由……组成、以……为"等。

高级阶段词汇教学的任务则是帮助学生进一步扩大词汇量并掌握尽可能多的形式。这一阶段重点讲练的内容是:(1)成语、俗语、惯用语、文言词和一些常用格式的意义和用法;(2)多义词、多音多义词、兼类词的意义与用法;(3)词语的同义扩展或反义扩展;(4)词语辨析。

在中高级阶段,随着学生词汇量的增大,还要有针对性地帮助学生进行词汇归类,如水果类、交通工具类、衣物类、表语气的副词类等。

3. 语法的教学

《高等学校外国留学生汉语专业教学大纲》和《高等学校外国留学生汉语教学大纲》(长期进修)对汉语专业 1—4 年级和长期进修初等、中等和高等阶段的语法教学项目做了具体的规定。

一般来说初级阶段语法教学的内容包括:汉语的词类、短语、句子的基本成分、单句、复句、特殊句式等。初级阶段要教授的语法项目都是汉语语法的最基本项目,但是内容很多。这是考虑到通过集中、强化的语法教学,让学生尽快地掌握这些语法知识,才能使学生认知汉语的结构特点,在自觉的基础上,进行听说读写等语言实践活动,提高交际能力。

在中级和高级阶段,语法教学逐渐细化,在初级语法的基础上进一步扩展和深化,包括各种常用虚词、常用句式和结构、关联词语、多项状语、多项定语、复杂谓语、丰富的量词系统等。

在中级和高级阶段,还要逐步向学生传授语篇的知识,进行语篇的训练,指导学生掌握构成语篇的语法手段和词汇手段,并应用于理解语篇和成段表达的训练之中。

4. 汉字的教学

汉字的数量虽然很大,但现行的教学大纲所收汉字的数目都在 3000 字以内。《高等学校外国留学生汉语教学大纲》(长期进修)共收汉字 2605 个,初等阶段 1414 个,中等阶段 700 个,高等阶段 491 个。

汉语的书面符号——汉字,是一种与世界上大多数拼音文字不同的表义文字。在大多数情况下,字音方面,一个汉字表示一个音节;字义方面,一个汉字表示一个语素义;字形方面,由笔画构成部件,由部件组成整字。音、形、义三者之间又有着复杂的联系。

汉字的教学主要集中在初级阶段。在此阶段,我们应教会学生基本的汉字笔画,先教独体字,再教合体字,以部件为中心,从结构分析入手,通过归纳进行学习。由于汉字中形声字是主体,我们应抓住作为声旁和形旁的部件,强化形声字意识,让学生在形成形声字意识的基础上正确认识形声字与汉字的真实面貌,培养正确的汉字意识。中高级阶段,应加强对形似字的识别。

有的学校开设了专门的汉字课,综合课主要通过汉字认读、听写等方式巩固学生所学的汉字知识。如果没有开设专门的汉字课,汉字教学的任务一般由综合课承担,教学上要安排教写汉字和汉字练习的环节。

四、教学环节与教学方法

这里说的教学环节是指处理一个教学单位(通常是指教材中的一课书)所设计的程序。汉语综合课教材的一课书,一般包括课文、生词、语法解释、练习等几个部分。教授一课书,通常要依据教材的构成划分为几个教学环节,如:引入新课、讲练生词、讲练语言点、讲练课文、归纳总结、练习等。每个教学环节又由若干具体的教学步骤组成。例如,讲解语法点这一教学环节,可以由提出语法点、解释语法点、练习语法点等组成。

完成每一个教学环节和步骤,可以采用各种不同的教学方法。如讲解一个语法点,可以采用先举出例句然后归纳总结语法知识的归纳法,也可以采用先说明语法知识后举例说明的演绎法。

下面我们以《阶梯汉语·中级精读》[①]第一册第九课《考试》为例,说明汉语综合课的教学环节与教学的方法和技巧。

1. 导入新课

新课的导入有很多方法,其原则是引起学生对本课主要内容的兴趣。在初中级阶段,教师可以通过展示与课文相关的图片,或者提问来引入新课,这样既可以增强学生的兴趣,又可以帮助理解课文。比如"考试"这一课,教师可以提问的方式引入新课。而在高级阶段,就应该多介绍一些课文的时代背景和文化知识。

要注意的是,导入环节应适可而止,时间不能过长,以免占用过多的课堂时间,影响教学进度。

2. 讲练生词

讲练生词的基本步骤是:生词的展示、生词的解释、生词的练习。

生词的展示主要有两种方法:按顺序展示;归类展示。按顺序展示就是根据生词在生词表中的顺序,一般是课文中出现的先后顺序来向学生介绍生词。主要方法是教师领读或学生朗读(个别读/集体读)。也可以听写生词,让学生在黑板上展示出将要学习的生词,或教师利用PPT直接展示生词,然后让学生认读。归类展示就是根据教学需要,教师重新调整生词表中的生词顺序,并按新顺序进行听写、认读、讲解等教学活动。归类的依据,可以是语法特点如词类、组合规则,可以是语素类别,可以是义类,还可以是汉字特点如部件类别。认读生词时,教师要提醒学生注意辨析跟生字词写法相似的形似字,如已——己、袍——跑、卖——买,还要注意多音字的读音。

---

① 赵新、李英《阶梯汉语·中级精读》,华语教学出版社,2004年。

生词的解释主要是解释生词的意思和用法,要求学生读音正确,明白词义。但要注意每课生词中的词语讲解应有所侧重,不必面面俱到。对于意义和用法简单的词语,可在这一环节进行讲解和扩展搭配;如果生词同时也是本课的重点、难点,在处理生词环节时可以只讲基本意思,再在课文中进一步讲解、练习或单独讲练。

讲解生词常用的方法有:

(1) **直接法**

即用实物展示,使用图片或手势、动作表演。比如"头发"、"衬衫"等,或者"抱"、"扭"等动作词。

(2) **翻译法**

在用汉语难以解释的情况下,若母语与汉语的词对应明显,可以通过母语翻译。比如颜色词"绿"、"红"、"白"、"黑"等。但要注意告诉学生颜色词在不同的语言里不同的文化含义。

翻译法只适于综合课初级阶段学生,此时学生的汉语词汇量还比较小,难以做到完全用汉语解释。教师在非不得已的情况下尽量不要用翻译法,以免学生养成用汉语和母语一一对译的习惯。

(3) **情景法**

利用课堂情景或根据学生熟悉的、亲身经历的事情来设定具体的语言环境,让学生在词的实际应用中体会理解词义。

比如教"严厉",可以设置下面的情景:

教师:我们班有谁怕爸爸?

学生甲:我。

教师:为什么?

学生甲:爸爸厉害,打我。

教师:爸爸跟你说话,脸上有没有笑容?

学生甲:很少。

教师:那我们可以说,爸爸看起来……

学生:很严厉。

教师：张老师批评学生的时候，严厉不严厉？
学生：很严厉。

还有像"假装"、"亲密"、"监督"等一些词，告诉学生使用的情景，能帮助他们很快地掌握这些词汇并能在实际生活中运用。

（4）例释法

举出例句说明词语的意思。比如"老是"这个词，可以举出以下例句：

他老是迟到。

王小云老是忘记预习课文。

举例时要注意不要在例句中出现学生没学过的词，更不要用生涩的术语，而且例句内容要尽量贴近学生的日常生活，这样容易加深印象。此外，所举例句除了能让学生了解词语的含义，还要体现出词语的语用功能（包括与其他词语的搭配关系、使用限制等等）。如"老是"指向经常发生的、说话人不满的事情，它通常用于动词前面。

（5）语素释义法

利用汉语构词法的特点，用语素义解释词义。汉语中有些语素构词能力强，教这些词时可以帮助学生联想以前学过的有相同语素的词。比如通过"售货员"的"员"，可以联想"运动员"、"售票员"、"工作人员"、"服务员"等等。通过本课生词"发呆"的"发"，可以复习以前学过的词语"发愁"、"发抖"，还可以扩展新词"发疯"、"发昏"。

（6）搭配法

通过词与词的搭配来理解词义并学会正确使用，这种方法尤其适用于近义词的辨析。比如在学习量词时，提醒学生注意不同词之间的搭配："一张纸"、"一条鱼"、"一幅画"、"一串糖葫芦"等。再如学习本课的近义词"亲密——密切"时，教师可以展示它们的搭配组合情况：

她俩关系很亲密/密切；

这件事跟你有密切的关系；

两国关系密切；

联系密切；

来往密切；

亲密的朋友；亲密地谈话

(7) 比较法

对近义词、反义词进行比较，在比较中发现不同点。中高级阶段需特别注意近义词的辨析，比如"稍——稍微"、"一再——再三"、"严厉——严格"等。

(8) 类聚法

利用词语之间的聚合关系，依据一个固定的语义群或话题，将相关的词语同时讲解或复习，使新旧词语互相对照。可以是同义词群、反义词群或类属词群。比如这一课有很多跟教育有关的词语，可以总结起来，比如，"重点中学"、"功课"、"习题"、"分数"、"家教"、"家长"，教师还可利用它们的关系组织学生说话："重点中学功课多，要做各种各样的习题，因为分数很重要。很多家长花钱请家教帮助孩子的学习。"再如学习服装类词语"衬衫"、"西服"、"旗袍"、"鞋子"、"裤子"等时，还可以适时地给学生补充一些相关的词语，比如"帽子"、"袜子"、"领带"等。

(9) 义项归纳法

对中高级水平的学生来说，义项归纳是十分必要的。汉语有大量的多义词，教师应在适当的时候，结合课文中出现的多义词，引导学生对该词的意义进行归纳和总结。

以上几种方法可以单独使用也可以综合使用，目的是让学生明白生词的意思和用法（详见本节后的教案示例）。

生词的练习是帮助学生正确运用所学生词的重要步骤，解释生词后即可进行操练，也可穿插在课文的讲练中。综合课的教材一般都有词汇练习，教师可以根据教学情况安排学生在课堂或课后完成。除此之外，教师还应在课堂上采取多种方法组织学生反复操练与实践。练习方法主要有：机械性的记忆和理解练习，如让学生说出近义词、反义词，说出动词的宾语，说出量词，说出同语素词；交际练习，如用指定的词语提问或回答问题、用指定词语介绍课文内容、就课文相关话题展开讨论等。

高级阶段,生词较多,要求学生课前预习生词,课堂上一般不逐个讲练生词,有时只朗读一下生词,教师提醒学生注意多音字、形似字的识别。生词练习多与课文讲练结合在一起,通过课文提供的语境帮助学生正确理解和掌握词语的意义与用法。

3. 讲练语言点

初级阶段的语言点以汉语的基本句型为主,语言点的讲练一般在讲解课文之前进行,也可以与课文讲解结合起来进行。中高级阶段的语言点一般与课文讲解结合起来进行,也可以在学习课后注释和语法的时候单独进行。

初级阶段讲练语言点时要充分利用上下文或情景来启发、引导学生。可以采用归纳法:让学习者先接触具体的语言材料,进行大量的练习,然后在教师的启发下总结出语法规则,再运用这些规则进一步练习。或者使用演绎法:先讲清语法规则,使学习者对语法结构有清楚的了解,然后在语法规则的指导下进行练习。也可以演绎与归纳相结合,先采用演绎法,简要揭示语法规则,然后通过大量的练习在初步掌握语法规则的情况下,再做进一步的归纳总结,加深对规则的理解。

语言点练习主要有口头替换扩展练习和情景练习。

(1) 口头扩展替换练习

初级阶段学习各种句式时,常使用这种方法。例如,学生学习用介词"比"表示的比较句"这件旗袍比那件漂亮",还有带数量补语的比较句"这件比那件大一号"时,可以利用教材里的替换材料做替换练习。归纳出句型:S+比+N/Pron+A,"这件旗袍比那件漂亮"可以替换成"这本字典比那本厚"、"他比我忙"等。

这一练习对学生掌握理解语法很重要。由于课本上每一个句型的替换材料数量有限,而学生人数又比较多,因此教师一定要补充或者引导学生自己添加一些替换材料,力争让每个学生都有机会练习。

(2) 利用情景说句子或语段

教师应充分利用教室和学生的真实情况来设置情景,引导学生运用所学语言点。如练习"比"字句,教师可让学生比较班上同学的高矮、胖瘦。练习趋向补语,教师用书包、词典表演,学生说出"放进去、拿出来、放上去、拿起来"等语法结构。

教师还可设置虚拟情景,引导学生用所学生词编故事。

(3) 情景对话练习

学习"比"字句时,还可让学生做情景对话练习。如设置在"买衣服"的情景中,练习用表示比较的句型进行交际。学生分小组、分角色练习对话,模仿现实生活的场景。达到熟练后,选择一个小组到讲台前表演,检查练习效果。

这是几种常用的形式,还有很多其他的形式,如机械的重复练习、改说句子、复述、问答、用生词连成一段话等。教师在讲解时应提醒学生注意汉语与学生母语不同的地方,兼顾现代汉语语法体系的特点。语法结构的教学应与语义、语用和功能的教学相结合。

4. 讲解课文

不同阶段综合课的课文有长有短,初级阶段的课文多为对话体或叙述体短文,篇幅较短,一般以整篇课文为一个讲练单元;中高级阶段的课文多为篇幅较长的文章,一般要分为几个部分来学习。教师事先应综合考虑教学时间以及词汇量、语言点等因素,将课文切分成意义相对完整的几个部分。课文的基本教学步骤为:

(1) 朗读。综合课的教学一定不能忽视课文的朗读。朗读是理解课文内容、培养学生汉语语感的重要手段,通过朗读,教师还可以检查学生的预习情况和理解程度,并以朗读为线索进行课文的讲练。朗读的方式是灵活多样的,可以是教师先朗读一遍课文,让学生听,使其了解基本内容。然后教师逐句领读课文,学生跟读。在学生跟读过程中,教师要注意纠正学生的发音错误,重读较难的句子,引起学生对重点句型的注意,加深学生对课文内容的理解。然后可以让学生按指定的要求进行朗读,要求发音正确,语气适当,流畅。在朗读过程中,老师应注意提醒学生发好多音字的读音,同时在语音、语调、重音、语气、断句等方面纠正学生的错误。如果是对话体的课文,可以让学生两人或三人一组,分角色朗读课文。最好达到能不看书直接对话的程度。然后老师检查每个小组朗读的情况。

当然,不必千篇一律地都是教师带读,学生看着书一遍遍地跟读。有时可以让学生不看书,只是一句句地听后跟读。这样可以避免学生不求甚解地"读字"或"读词",训练学生听句的能力。特别是较长的句子,学生势必要理解整句的含义才能较为流畅地重复整个句子。在中高级阶段,一般不需要教师带读课文,而是更多地由学生朗读课文,教师正音;意思难懂或语句优美的段落,教师可领读。

(2)串讲课文。一般使用提问的方法引导学生进一步了解课文,检查学生对课文的理解情况。如果学生不能顺利地回答问题,可能就是对课文内容不太了解。教师应注意围绕课文,紧扣重点词语、重点句式、语法难点,向学生提出问题,启发、引导学生在句子中理解词义,在语段中理解句义,从而加深对课文内容的理解和掌握。

有一些词语或句式,可能既不是本课语言点也不是重点词语,但有些可能是常用句式,有些是以前学过并需要复习的语法点,有些可能学生理解起来有难度,也有些在本课可能有特殊的意义和用法,这些内容应该在串讲课文时加以处理。

(3)练习课文。教师引导学生对课文内容及课文中所出现的生词进行练习。如不看书跟老师说一遍课文;给出提示词,请学生复述课文,提示词随着练习的进行逐渐减少,最后落实到全班学生一起复述课文;也可请学生分组做问答练习,然后集中做全班练习。

一般来说,综合课的初级阶段课文比较短,多是对话式,这时,教师不必用很多时间对课文作详细分析、讲解,重在操练。到了中级和高级阶段,综合课的课文通常比较长,语言点比较分散。这时,教师可把课文分成几部分进行详细讲解,在讲解中突显本课的语言点,在讲解完后再归纳本课的语言点。

(4)讲练语言点。讲练的语言点包括词语、短语、句式、固定结构等。首先请学生回忆该语言点在课文中所处的句子,使学生在具体的语境中学习语言点。例句的出现要有情景的描述,有解释性的辅助提问,在学生完全了解意义的基础上板书例句。语言点的操练可以有多种形式,如给出情景,让学生说一个句子;利用卡片请学生说出完整的句子;给出情景,教师说出前半句,请学生说出完整句子等。

例如讲练"一旦"：

引入及讲解　广州的交通情况怎么样？所以我们开车应该怎么样？可是我的朋友开车特别快,现在虽然没发生什么问题,可是"如果有一天"出了事,那就太危险了。——>他开车太快,一旦发生交通事故,就太危险了。"一旦"一般出现在前一个小句子中,后面常常有"就"。

给情景做练习　用卡片给出提示内容,请学生造句子。

比较大的事情　　　　告诉我

身体出现了问题　　　太麻烦了

别人知道了　　　　　生活不平静

5. 归纳总结

每次课结束前对所学课文做一个简短总结,明确授课内容,使学习内容更加清晰地展现在学生面前。小结一般包括两个部分:一个是对课文的总结,请学生简单概括课文的主要内容或观点,这种练习一方面使学生能对课文有较为完整的印象,另一方面也锻炼了成段表达能力;第二部分是对语言点的总结,板书的例句可以被再次利用,成为复习的提纲。

6. 练习

练习是为了复习、巩固、运用所学知识,应贯穿整个教学活动。课堂练习包括:听写生词、短语、句子或段落;复习课文内容;生词、语言点复习;完成课本上的练习。

复习课文内容可以跟听写结合在一起。学生可以根据听写的内容复述课文或概括课文意思。

生词复习的方式有很多种:教师说意思,学生说出词语;事先做好写上生词语的卡片,教师利用卡片先请学生认读,然后把卡片发给学生,请学生把课文中包含这个词语的句子说出来;也可利用课本上的"选词填空练习"来复习生词。

语言点的复习可结合课本上的练习来完成,如"用所给词语完成句子、用指定词语回答问题"等。

课本上的练习可分为机械性训练和交际性练习。机械性训练如朗读词组、词的扩展及运用、给形似字注音并组词、选词填空、完成句子、区分近义词等。这些在初、中级阶段都是基本的练习,还能起到提高学生语言能力的效果,所以一定要重视。

交际性练习,如本课练习十二:"谈谈你们国家的师生关系是怎样的?你喜欢什么样的老师?"交际练习要结合学生对课文的理解和吸收的程度进行,还要围绕限定的语言点,这对教师的要求和难度都提高了。教师在这一过程中要随机应变,不断调整自己的教学策略。

除此之外,还有写作练习,在高级阶段尤其重要。教师在讲授和安排这些练习时,既要注意和现行的汉语水平考试相结合(比如 HSK 汉语水平考试等),也要注意提高学生的实际表达能力与理解能力。

完成课本上的练习,最忌讳的是看着课本一题一题来做。教师应根据具体情况,在课堂上安排练习的方式。

7. 课后复习

在第二语言学习的过程中,复习和巩固是极为重要的。方法有很多种,比如课后教师可以布置一些相关的补充练习,还可以安排同学轮流在课后总结自己所学到的生词和语言点,上课时板书在黑板上,或者每两课撰写一个学习报告。这种方法既可以加强学生的主观能动性,还可以起到巩固知识的作用,一举两得。

在课后,还可以有目的、有计划地开展一些语言实践活动,比如参观名胜古迹、看文艺演出、专题访问座谈、汉语节目表演、演讲比赛或者课堂辩论等等。

8. 测试

虽然不必在每一课完成后都进行测试,但在初级阶段,每课听写汉字却是必要的。在听写时尽量让学生听写句子,而不仅仅是听写词语;让学生习惯于听了完整的句子后把句子写下来,而不是把完整的句子分割成一个个单个的词语;这样,学生在听写过程中也可以得到听力训练。

在学习了几课以后(通常五课为一个单元),可以进行一次简单的单元测试。测试的量不必太大,以一节课能完成较为合适。测试的内容应该涵盖本单元的语言点,包括语音、词汇、句型和语法。题型可多样化。这样,学生可以通过测试归纳本单元的重点。

附录:中级汉语综合课课堂教学示例

教材:《阶梯汉语·中级精读》第一册第九课《考试》

本课基本情况分析及教学重点:

  1.生词46个。

  2.整课包括生词、课文、重点词语学习、语法注释、练习、副课文等六部分。

  3.教学重点:

    近义词:亲密——密切　严格——严厉　询问——问　看望——拜访

      一再——再三　稍——稍微　暗暗——悄悄——偷偷

    成语和固定短语:胡思乱想　为人处世

    动词、形容词:充实　乖　请教　罚

    连词:好　由于

    副词:居然　只得　尽量

    格式:在……之下　如此之差

授课学时:5课时

教学步骤:

第一讲(2课时)

一、复习并导入新课(约20分钟)

  1.根据上一次课的安排,请两个学生在黑板上分别写出自己课后总结的第八课的近义词语和成语、语法结构(可请其他同学补充)。板书完后,说出近义词语的异同,用成语和语法结构造句:

    忍不住——不由得　寂静——宁静——静静　景象——现象

    盼——盼望　风和日丽　不过……罢了　形容词+着呢

  2.听写短语和句子,教师用PPT展示正确的句子,学生改正,教师巡视、检查:

碧绿的柳树　　　　明净的天空　　灿烂的春光　　　　蓬勃的生机
绿油油的麦苗　　　品新茶　　　　温暖明亮的春阳　　迷人的梅花

北京的春天令人期待令人惊喜,南京的春天令人心醉令人留恋,而广州的春天有一种平淡而长久的宁静,有一种自然而舒适的愉快。

3.引入新课:从小到大,我们经历过哪些重要的考试? 在学校,从来都是老师考学生,你们考过老师吗? 这篇课文讲的就是学生考老师的故事。那我们来看看,学生是怎么考老师的? 为什么要考老师?

二、讲练生词 1—30 个(约 20 分钟)

1.PPT 展示教师已按类别排列的生词语:

重点中学　　功课　　习题　　分数　　家教　　家长　　祖母
用心听讲　　胡思乱想　　发呆　　心事　　退步　　赶上
放学　　　　监督　　　　退休　　去世　　充实　　亲密　　乖　　整整
当天　　　　义务　　　　得心应手
居然　　　　一再　　　　只得　　稍　　之下

2.学生认读生词,每人约 5 个,要求听的学生注意判断发音是否准确,如果准确,就跟读,如果不准确,就不发音。教师正音。然后学生齐读。

3.教师用各种办法讲解词语:

上面第一行的生词很简单,稍难的是"重点中学",教师可介绍中国中学的分类。在此基础上说一段话,引导学生用上这些生词:重点中学功课多,要做各种各样的习题,因为分数很重要。很多家长花钱请家教帮孩子学习。

针对第二行生词,教师以提问的方式让学生理解生词。如:

——"上课的时候,我们要聚精会神(前面已学生词)地听老师讲课。这句话我们还可以怎么说?"

——"上课的时候,我们要用心听讲。"

——"大卫这几天有心事,'心事'是什么?"

——"心里想的、难办的事。"

——"我们怎么知道一个人有心事?"

——"叹气、皱眉头(已学生词)。"

——"还有呢?"

——"发呆。"

——"有心事的人还会……?"

——"胡思乱想。"

——"如果上课的时候,我总是胡思乱想,坐着发呆,我的成绩会……?"

——"退步。"

第三行和第四行生词,可用相似的办法讲练。

第五行生词放在课文中讲练。

三、分段讲练课文及部分语言点:学习课文 1—21 行(约 30 分钟)

1.学生齐读课文 1—4 行,教师纠正个别读音、停顿、语调错误。

2.教师以提问的方式引导学生理解课文内容:

"课文中的'我'是什么人?"

"我刚当老师时,感觉怎么样? 为什么?"

3.请 5 位同学分别朗读课文 5—21 行,教师正音。

4.课文内容的学习:先每两个同学一组,就所读课文设计两个问题;在全班同学面前,学生之间问和答;教师根据学生的问答情况,再补充一些有关课文内容的问题,帮助学生进一步熟悉课文。

5.讨论:对课文中的"老师"和"学生"进行评价,并说出理由。

6.语言点学习:乖　　充实　　胡思乱想　　居然

　　　　　　在……之下　　如此之差　　只得　　由于

前四个词,教师可设置情景引导学生造句。例如:

——"小时候你病了,不想吃药,妈妈可能对你说什么?"

——"乖乖地把药吃了。"

学习"在……之下":学生找课文里的相关句子,PPT 展示两个例句,引导学生总结出这个格式的意义和用法:"表示某个条件,中间必须是名词性词组,不能是单个的名词";教师给出下半句,让学生说出上半句:"＿＿＿＿＿＿＿他的身体一天天好起来了。""＿＿＿＿＿＿＿我的汉语水平提高得很快。"

学习"如此之差":教师展示"如此之好、如此之美、如此之高、如此之多、如此之慢、如此之顽强",启发学生发现"如此之"后面多带单音节的形容词;然后让学生用这些短语填空,并朗读句子。

其他几个词的学习可根据其特点灵活采用教学方法。

四、小结(约 5 分钟)

教师用简洁的语言概括总结本次所学的课文内容,并启发学生说出本次课所学的语言点。

五、布置课后练习(约 2 分钟)

1. 预习课文后半部分。

2. 完成教材练习:一、给下列形似字注音并组词;二、给下列词语中加色字注音。

第二讲(2 课时)

一、复习上一次课的生词和课文内容(约 10 分钟)

学生认读已学生词,并说出课文里的有关句子。

二、分段讲练课文及部分语言点:学习课文第 22 行到结束(约 60 分钟)

1. 教师朗读课文,即学生给老师写的信。注意示范重音、停顿、自然的语速、语调及配合课文内容加上表情、动作等。学生画出课文里的生词。

2. 学生认读 PPT 上展示的生词(生词表上的第 31—46 个生词),教师说情景,学生说出该用哪个词语。例如:

——"在飞机上吃饭……?"

——"免费"。

——"妈妈想了解你的情况,她会……?"

——"打电话询问"。

3. 学生自己读课文,教师巡视检查,个别指导。

4. 教师针对课文内容提问:

这个学生为什么给老师写信?

教他的老师对他的态度怎么样?

我和数学老师的关系怎么样?

这位学生为什么说数学老师是他一生中对他影响最大的人?

5. 教师展示提示词,引导学生接力式介绍这封信的内容:

原谅我　故意　请教　假装　不关心　严厉地　罚

再三询问　忘不了　当参谋　暗暗　尽量

6. 教师引导学生学习词语:尽量　罚　请教　为人处世　好(连词)

例如:设置情景

小时候你做错了事,爸爸妈妈会对你怎么样?(罚我)

学习上有不明白的地方,你应该怎么办?(请教老师)

用"好"改写句子:

为了回去跟父母团圆,我请了几天假。

你留下电话号码,这样我可以跟你联系。

讲解"好"时,要引导学生用说句子或词语的方式归纳出"好"的用法。

7. 学生齐读课文最后三小段,教师正音。

8. 教师以提问的方式讲解课文,并归纳课文主要内容。

9. 结合教材中的练习十二进行成段表达:你们国家的师生关系是怎样的?你喜欢什么样的老师?

10. 结合教材中的练习学习语言点:

引导学生找出本课中的近义词

亲密——密切　稍——稍微　严格——严厉

拜访——看望　一再——再三　询问——问

学习"亲密——密切":教师引导学生用这两个词造句,例如:

——"我们班谁和谁关系最好?"

——"李保罗和张清玉。"

——"我们可以说:李保罗是张清玉……"

——"最亲密的朋友。"

——"她们像姐妹一样亲密。"

然后归纳意义和用法上的异同点:"'亲密'多用于人,主要指人与人之间关系好,'密切'还可用于单位、国家,主要指人、单位、国家之间来往多;另外,

'密切'还有动词的用法。"教师用PPT进一步展示：

- 她俩关系很亲密/密切。
- 这件事跟你有密切的关系　　两国关系密切
- 联系密切　　　　　　　　　来往密切
- 亲密的朋友　　　　　　　　亲密地谈话
- 这次活动密切了同学之间的关系。

学习"稍——稍微"：PPT展示大量例句，启发学生归纳出这两个词主要的异同点。都可以放在"不、有点儿、有些＋V（动词）"或者"V（动词）＋一点儿/一些/一下/一会儿"前面，但"稍"多用于书面语，一般修饰单音节动词、形容词，后面可以不出现任何成分，如"请稍等"；"稍微"书面、口语都用，可修饰单、双音节动词或形容词，但后面一定要有其他成分，例如"请稍微等一会儿"。

其他近义词语的学习可用类似的方法。

学生自己完成练习五"近义词填空"。对答案，对有疑问的题目教师组织学生讨论解决。

三、总结并布置练习（约10分钟）

1.师生概括分析"考试"在本课文中的意思。

2.完成练习七、八，要求练习七做在练习本上，下次课交给老师。

第三讲（1课时）

一、教师总结练习一和二的完成情况（约5分钟）

二、复习生词（约5分钟）

结合练习三，教师展示课前制作的生词卡片，让学生认读后发给学生。然后用PPT展示练习三的句子，再请学生将手中的卡片贴到句中适当的地方。

三、组织学生完成练习四、练习八（约10分钟）

可让学生一个个读出句子，如有错，教师提醒学生改正，也可让其他同学改正。对有一定难度的句子，教师可适当讲解。

四、结合练习六提问（约10分钟）

结合练习六，教师用PPT展示词语，提出问题，请学生选择合适的词语回

答问题:

  退休 整整 进步 退步 免费 看望 请教 发呆

  心事 丰富 充实 严厉 表情 赶上 分数

  例如:你爸爸现在还工作吗? (他退休整整三年了。)

     这几天大卫怎么了? (常常发呆,好像有什么心事。)

五、完成练习九(约 6 分钟)

学生完成练习九"改错",教师巡视并指导,然后对答案。

  例如:第一句错在哪儿?怎么改?

六、对学生的难点进行小结(约 4 分钟)

第二节 汉语口语课

一、性质与特点

汉语口语课是培养学生在实际生活中运用汉语进行口头交际能力的一门单项技能课。具体来说,就是要训练学生运用汉语的语音、词汇、语法以及各种功能项目表达自己的要求、想法,突出"说"这一技能训练,要教给学生在什么场合对什么对象说什么、怎么说。因此,口语课应从"说"的本质特点、从如何训练"说"这一技能等方面来安排课堂教学。

二、教学目的与要求

汉语口语课的教学目的是训练学生的口头表达能力和交际能力,包括准确发音、选词造句、流畅表达、成段表达等能力。口语训练是由浅入深、循序渐进的过程。学习阶段不同,口语训练的目的和要求也不同。

一般来说,初级阶段口语训练的目的是使学生能进行日常生活和社会交际中诸如会见、问候、介绍、祝贺、感谢、告别以及询问、购物、参观、旅游等基本口语交际,能用已经掌握的简单词汇表达自己的意图或叙述某一事情的基本内容。语音语调基本正确,语速接近正常。

中级阶段,口语训练的目标是使学生的语言交际能力能满足一般性日常生活、社会交际及一定范围内的工作需要,能够就熟悉的话题发表个人看法,参与讨论,与人争论,能够进行较有条理的成段表述。语音语调基本正确,语速基本正常。

高等阶段口语课的目的是帮助学生不断提高运用汉语进行高层次口头交际的能力,满足生活、学习、各种社会交际活动和一般性工作需要,使学生能够就学习、社会生活的各种话题进行讨论和辩论,能较系统地、完整地表达自己的思想感情,有较强的成篇表达能力。语音语调正确,语气变化适当,语速正常,语句连贯,用词恰当,能用较为复杂的词汇和句式,有一定的活用语言的能力,表达比较得体。

三、教学任务和内容

1. 语音

语音教学是汉语综合课的主要教学内容,也是口语课的重要教学内容之一,贯穿初中高级教学过程始终,在初级阶段更是教学的重点。口语课教学应训练学生正确地掌握汉语普通话声、韵、调及其重音、停顿和语调变化的规律,特别注意纠正学生的语音错误,使学生能用正确的语音、语调、语气说话。

声音技巧包括声、韵、调的准确性,重音、停顿、语速的正确掌握,以及语气、语调的恰当运用。声音技巧对表达说话者的思想起着不可忽视的作用。如"我想问你一下","问"的第四声如果发成第三声,就变成了"我想吻你一下"。说"我想起来了",若重音落在"想"上,意思是回忆起了某件事;若重音落在"起来"上,则是起床之意了。在汉语口头交际中,重音、语调、语气的变化常用来强调说话者的主要思想或表达一种深层意义,是口语表达的难点之一,应引起足够的重视。

2. 词汇

词汇教学是汉语综合课的主要教学内容,也是口语课的教学内容之一。口语课的词汇教学可以重复和巩固汉语综合课所学的词汇,并进一步熟练运用。同时扩大词汇量,增加综合课还没有学到的词汇。

在教学中要区别和正确使用书面语词与口语词。汉语书面语词和口语词存在较大的差异。口语课教材中出现的往往是口语词,汉语口语词汇极为丰富,实用性强。比如,"他挺好的"、"唱得太棒了"、"冲着他大嚷"、"大半找不着了"等等。这类词数量多,易上口,有相对应的书面语表达形式。这也是口语课词汇教学的一个内容。

3. 语法和句型

语法和句型不是口语课的重点教学内容,但是口语课所涉及的语法现象和句型有可能超过汉语综合课语法教学的进度。因此,口语教学对某些语法问题,不可能避而不谈。一般来说,口语课对先于汉语综合课出现的语法现象,可以采用简单注释的方式使学生有所了解,通过练习引导学生说出正确规范的句子,不必深入讨论。

口语课上,语法和句型的教学也有别于综合课,重点不应放在句子结构分析上,而是要掌握每一个基本句型表达何种功能。例如:如何请求别人帮助,如何向别人道歉,如何预订房间、请客吃饭、采购物品等等,"请+动词"其主要功能是表示请求,"能+动词"表示可能等。因此,句型的操练不应只简单采用综合课中的替换法来进行,而必须结合其功能来进行。如:老师模仿日常交际情景,让学生在交际过程中练习句型。

4. 功能项目

口语课的教学目的是训练学生口头表达的技能,提高口语交际能力,因此,让学生掌握语言的交际功能,顺利进行交际是口语课最主要的教学内容。

口语课教学内容常常以功能项目为主线编排。功能项目一般选取日常生活和学习中有实用价值的项目,如称呼、问候、介绍、请求、同意、反对、感谢、致歉、看法、意愿、喜爱、可能等等。

教师必须熟悉学生的日常生活和学习生活,在设计课堂活动时,从功能项目出发,围绕学生的生活环境,创造交际情景,指导学生进行活生生的口头交际,提高学生根据不同的功能进行交际的能力。

5. 会话和成段表达

会话是口头交际的基本形式。会话中的往来应答,有许多技巧和方法。会话教学的着眼点就是提高学生根据对象和场合,运用各种语言技巧和方法进行会话交际的能力,包括正确选词造句、组句成段的能力,恰当选取表达方式的能力以及善于运用声音技巧的能力,同时还包括如何开始谈话、结束谈话及转移话题等会话技巧。

语段的学习可以将一个个独立的单句用语言规则和内在逻辑关系联结起来,成为语段以至篇章,能加深学生对语境的理解,训练学生用目的语思维的方法。因此,初级阶段的后期在会话训练的基础上,教师应引导学生给会话加上恰当的词语及篇章结构知识,让学生自己组织语言材料成段表达。在一定的量的积累后,能从思维出发,自由表达自己的需要、愿望、意见。到学生进入中、高级阶段,则可以组织学生对某一话题展开讨论或辩论。

6. 文化因素

不同的民族在社会习俗、思维方式和价值观念等方面都有很多不同。在初级阶段的汉语教学中,我们尚不涉及深层的文化知识,但无论是问候、邀请还是做客、祝贺,每一个交际功能项目都涵盖了中国的文化现象。"上哪儿去?""出去一趟"是熟人之间惯用的招呼语,前者不是询问目的地。"你说得真好""哪里哪里",后者只是一种自谦性回答。如果不了解这些交际语中的文化内涵,就不能保证交际的正确性和得体性。课堂上设置语境,实际上是设法创造一个中国文化背景,让学生在这个背景下了解中国人的文化心理,避免在交际中因文化差异而产生交际障碍。中高级阶段的口语教学要特别注意交际文化的解释与渗透,在教授语言中讲解文化,并通过相关的课堂活动培养学生的跨文化意识。

四、教学环节与方法

课堂口语技能的训练以培养学生的口头交际能力为出发点,一般包括复习、新课教学、练习、小结四个环节,新课教学又由话题导入、生词和语言点讲练、课文讲练三个环节组成。为了论述的方便,在探讨口语课教学环节时,我们将以《汉语会话301句》①第十一课《我要买橘子》为例来讲解。

1. 复习上一课功能项目,简单介绍新课内容

在第十一到十五课这个单元,我们学习"需要"的功能。教师可以用提问方式导入新课。教师可提问学生是否有自己买东西的经历,可以请有此经历的同学讲讲自己买水果的过程中遇到的困难,引出本课的基本句型。

导入新课的目的在于引出新的语言知识和语用知识,并引起学生对本课所学内容的关注。所提问题不仅要与新课内容密切相关,而且还要联系学生的实际生活或已掌握的知识。需要注意的是话题导入应简洁明了,不必设计过多问题和占用过多时间,以免喧宾夺主。

2. 生词和语言点教学

与综合课不同的是,口语课的生词一般不多,通常不需单独讲练,生词的学习主要结合句型或课文来进行。个别的难点词汇可拿出来稍作解释,并进行扩展,最后过渡到课文中的句子。

初级班的语言点教学主要是基本句型的教学。基本句型是初级阶段口语课教学的基础,是为进入会话环节作准备的,一定要做到让学生烂熟于心,脱口而出。教学方式一般是教师先领读基本句型,学生跟读,然后学生齐读或请学生分别朗读;也可以是先逐句让学生个别试读,教师针对常见错误加以纠正,然后领读,全班齐读。

学生逐句读时,教师要即时作出反馈,学生读得好,教师要鼓励;学生读音有问题,教师要纠错。纠错的具体做法是,当学生发错音时,教师作出反馈:"嗯?"学生可能自己改正过来,或者其他学生提醒他,或者教师给出正确的发音,让他重复一遍,教师检查掌握情况。

教师示范正确读音时,要慢一点、夸张一点,要重点突出学生容易错的地方,比如关于声调和平舌音、翘舌音、轻声等方面的问题。可以用手势和板书表示。

生词和句型的教学不是口语课的目的,教师必须明白,生词和句型的教学

---

① 康玉华、来思平《汉语会话301句》,北京语言文化大学出版社,1999年。

都是为了提高学生口头表达的能力。因此,对于个别学生的发音缺陷不必过分纠缠,以免拖慢教学进度。此外,在进行生词和句型操练时教师应尽量把所教词语和句型放进交际生活的实例中,让学生在实例中体会词语和句型的含义、语法功能和语用功能。

中高级阶段,语言点教学的重点是那些符合汉语口语特点的表达方式。如"省得""为……起见"是用来表示目的的;"依我看"是引出自己的想法;"那倒也是"用于同意他人的说法;"……,好不好?""……怎么样?""最好……"是用来提建议的;"……好是好,可是……""不好,不好,我最讨厌……了"是用来否定别人的建议的。

这些语言点的教学大都要结合情景来进行。教师的任务就是为学生提供各种各样的情景,循序渐进地引导学生正确使用语言知识。如讲"省得"时,教师可以设置情景"你明天要参加考试,妈妈担心你迟到,让你早点儿出门",启发学生说出"你明天早点儿出门,省得迟到"。这些语言点也可放在课文讲练过程中进行练习。

由于口语课和综合课是交叉进行的,对于口语课中涉及的语法点,教师只需"点到为止",针对本课的交际话题或交际功能进行必要的讲解,不必进行全面的解释(这是综合课的任务)。例如,本课的语法点之一是语气助词"了",教师就不必讲解动态助词"了"的语法功能,即使是语气助词,教师也只围绕"表示情况变化"这一用法来讲解,使学生能够说出"他上街了(表示他刚才还在这儿,现在上街去了)"、"他不太忙了(表示以前很忙,现在不太忙了)"之类的话语即可。

3. 会话教学

此环节是口语课的重点,可采用的方法很多,关键是让每个学生都对本课的基本对话达到熟练的程度,最好能应用到自己的日常生活中,学以致用,举一反三。所以教师在课堂上要注意模仿真实的汉语交际语境,尤其要注意照顾性格比较内向的同学,鼓励他们多说。

在实际交际中,听与说是密不可分的。本课的教学,可先让学生不看书听一遍课文,初步了解课文的内容及说话人的语气、语调、语速等。教师可以设计一些简单的问题,如:"刚才说话的这两个人是什么人?"引导学生回忆听到的内容。

然后再朗读课文。基本步骤是:教师领读,学生跟读;学生分角色朗读,也可男女分部朗读;学生分组练习朗读,教师巡视指导;请两个水平较差的同学分角色朗读课文,或水平高的同学背诵课文,其他同学听。朗读课文的目的是:(1)训练学生运用声音技巧的能力,如重音、停顿、语调、语速等;(2)使学生熟悉课文内容,为下一步就课文内容回答问题做好准备。在中高级阶段,这样的训练也是有必要的,特别是通过领读,教师把正确的发音、声调、语气、感情传达给学生,这有助于学生对课文内容的理解。不过当课文的长度越来越长时,教师最好能够对课文进行处理,挑选教学要点集中的段落供学生进行朗读练习。

接下来教师就要有针对性的提问。提问的目的是:(1)通过问答,训练学生对汉语的反应能力和应答能力;(2)培养学生为完成某项交际功能而恰当选择表达方式的能力;(3)巩固当课所学的生词和句型;(4)进一步熟悉课文,为复述练习做好准备。提问可以是就课文内容的,如:"大卫要什么?""大卫买的苹果多少钱一斤?""他要买多少苹果?"也可以是就功能表达方式的,如:"买水果时,你可能说什么?""卖水果的人会问你什么?"需注意的是,教师设计的问题要由易到难,让水平较低的学生也有开口的机会。

为训练学生的成段表达能力,进一步巩固当课所学的语言知识,教师还可以引导学生将课文由会话体变成叙述体,可以以第一人称叙述,也可以以第三人称叙述。如本课第一段对话,我们可以以大卫的身份叙述:"我去买苹果。苹果有两种,一种一块三一斤,一种两块五一斤。我觉得两块五的太贵,不想买。我买了两斤一块三的。"这种复述练习在中高级阶段尤为重要。但有两点值得注意。首先是复述内容的选择。每一篇课文都有若干语段,但并非每一个语段都适合复述式成段表达训练。教师必须选择那些叙述性强、条理性强、适合复述式成段表达的语段来进行训练。其次,在一些长段复述前,教师可先构建一个语段框架在黑板上板书出来。把语段中应使用的重要关联词与新词语标示出来,帮助学生进行大段表达。

以上都是紧紧围绕课文内容进行的训练,都是为提高学生的交际能力服务的。因此在学生掌握课文内容的基础上,教师还应根据交际功能设计跟课文相同或相仿的话题,发挥学生的想象力和创造力,让学生自行设计对话,适当扩展课文的会话内容。

4. 练习教学

口语课练习的种类很多,大体可以分为三类:第一是机械的模仿和操练,如朗读、语音练习、替换与扩展;第二是半机械、半自由的训练,如造句、听述、完成对话;第三是自由表达,如根据实际情况回答问题、根据情景说话、看图说话、讨论、讲演等。教师要根据不同的种类决定教学方法,切忌仅仅局限于"教师问,学生答"的方式。如读音练习可以让全班齐读后,老师进行抽查。完成词语和句型的替换与扩展时,可以让学生自己添加一些可以替换或扩展的词语,还可以鼓励学生自己编对话,自己开口说。做对话练习时,教师可以事先把一段对话中的部分内容隐去,让学生先补充对话中的空缺,完成后进行朗读练习或分角色表演。完成对话以后还可以让学生自己编对话。老师还可以设置各种模仿实际生活的情景,让学生根据情景进行交际训练。

看图说话是一种生动的口头训练方法,特别适合口语课的初级阶段。它一方面可以发挥学生的自主能动性,让他们创造自己的话语,另一方面可以避免学生依赖书面文字的提示。教师在设计课堂活动时要寻找合适的图片(包括照片、地图、漫画等),布置任务时要结合本课的话题、语用功能或语言点,围绕一个中心,有的放矢,以免学生漫无目的地说话。例如:利用一张风景照片,可以让学生描述照片上的物件以及物件的位置(如"操场左边有一座楼房"),借此练习方位词和存现句。

复述训练也是一种提高口头表达能力的练习形式。复述可以采取听后复述或是读后复述的方式。至于复述的要求,教师应该根据学生的程度、词汇量的大小等布置任务,可以是归纳性的复述,也可以是扩展性的复述,甚至可以是变换角度的复述(变换时间、地点、人称等),无论采取什么形式,都要结合本课的重点,做到内容完整,条理清晰,表达通顺。本课教材里有一个听述练习,由于有文本在,纯粹的听述练习已经不太可能,教师可让学生在多次朗读的基础上背诵,教师板书提示词语"我要买……不知道……我……她……那儿……我"。

到中高级阶段,口语教学可以布置学生围绕某一话题进行讨论、演讲或者辩论,但这些交际活动一定要在教师的监控下进行。教师可以事先布置任务,让学生在课前搜集资料作准备。布置的任务必须是学生感兴趣的、熟悉的话题。如果是演讲任务,要避免一人讲、众人听的现象,可以让听的学生在听后进行归纳总结,或者听后教师根据学生演讲的内容提问,让听的学生回答。辩论时教师也要想方设法调动学生参与,让尽量多的学生参加课堂活动,使大家都开口说话。

无论采用哪种训练方式,关键是要巩固学生对基本句型和词汇的掌握,提高应用这些句型和词汇进行社会交际的能力。教师在课堂活动过程中要注意监控,发现学生的问题要在适当的时候指出来,帮助其纠正错误。注意不要在学生说话的过程当中打断其话语,纠正其错误,以免打断学生的思维,而应该待其说完话以后再归纳总结,指出错误之处。

5. 总结本课和布置课后作业

教师用2—3分钟的时间对本课的重点词语、句式、文化知识进行归纳总结,引起学生的注意。小结可以在学完会话后进行。

课后作业一般包括复习本课和预习下一课两部分。复习本课包括用本课的语法点造句,记住基本句型或者自己编对话等;预习下一课包括预习生词、注释和语法。

条件允许的话,可以组织学生去商场买东西,或者让学生在日常生活中注意运用本课的句型。口语课最重要的是学以致用。

附录:初级口语课课堂教学示例

教材:《汉语会话301句》第十一课《我要买橘子》
本课基本情况分析及教学重点:

1. 生词19个,大多数生词学生已在读写课上学过。

2.8 个基本句子。

3.课文有两段会话,替换与扩展共有 5 部分,语法有语气助词"了"、动词重叠,练习一共有 5 大题。

4.重点:买水果时所用的最基本的表达方式;钱数的读法。

教学步骤:

一、复习

复习上一课的功能项目,简单介绍新单元的功能。

第六课到第十课的功能项目都是"询问",例如,"你的生日是几月几号"、"你家有几口人"、"现在几点"、"你住在哪儿"、"邮局在哪儿"等。重要的语法点有:名词谓语句,连动句,"有"字句,正反疑问句,年、月、星期的表示法等。可以让学生上课前准备好上节课学习的自己认为有用的句型,上课时和大家分享。

从第十一到第十五课,我们需要学习的功能包括:买东西、换车、换钱等等。

二、新课教学环节

1.提问导入新课。

教师提问:"你们在中国买过水果吗?""买过什么水果?""你会用汉语买水果吗?"通过问答,引出本课的生词和基本句型。

2.生词和基本句型教学。

(1)教师领读基本句型,学生跟读。

基本句一共 8 句,分别是"您要什么? 苹果多少钱? 两块五(毛)一斤。您要多少? 您还要别的吗? 我要买橘子。(橘子)太贵了。您尝尝。"教师逐句领读,学生跟读。

(2)学生逐句读,教师纠错。

让一个学生念一句,另一个学生念下一句……。如学生念对了,教师即时鼓励"很好";如果错了,教师即时反馈,可以让学生再念一遍。学生有时会自己改,有时其他学生告诉他正确发音或者教师纠正发音。主要是声调和平舌音、翘舌音、轻声等方面的问题。教师纠错的时候,让学生跟读。学生容易错的地方,教师要念得慢一点、夸张一点儿,可以用手势和板书表示。

(3) 全班齐读，教师检查掌握情况。

(4) 教师针对 8 个句子提问："这些句子，哪些是卖水果的人说的？哪些是买水果的人说的？"通过师生间的问答，让学生进一步了解这些句子的含义和交际功能。

3.会话教学。

会话一

(1) 听会话一，听后教师问学生："刚才说话的这两个人可能是什么人？他们说什么？"引导学生初步了解课文内容。

(2) 让学生男女分部朗读会话一，男生是大卫，女生是售货员，教师跟着男生和女生一起念。然后领读、齐读。教师要注意学生的语音、语调、语气、语速。

(3) 就对话内容提出问题：例如大卫要什么？大卫为什么没买第一种苹果？大卫买的苹果多少钱一斤？大卫要买多少苹果？买水果时，你可能说什么？卖水果的人会问你什么？

可运用突然提问技巧，即教师先提问题，再叫名字，请学生马上回答。而且当一个学生回答完问题以后，可以就同样内容再次提问。比如提问了"大卫要买多少苹果"，当学生回答"大卫要买两斤苹果"以后，马上问"谁要买两斤苹果？"或者"大卫要买两斤什么？"这样的问题可以问那些水平较低的学生，或者问那些思想不集中、走神的学生。

结合课本上的注释，教师还可提问："可以说二斤苹果吗？"让学生自己回答这个问题，教师补充或纠正。

(4) 进行复述练习。

回答完问题以后，把学生的回答综合起来进行复述练习："我去买苹果。苹果有两种，一种一块三一斤，一种两块五一斤。我觉得两块五的太贵，不想买。我买了两斤一块三的。"教师带领学生一起说，然后让学生自己说，教师在一旁提示。

会话二

(1) 朗读会话二，可请两个发音较好的两个女学生念，教师正音，然后领读,齐读。

(2) 教师提问:"玛丽买什么?""她买了多少?""她买的橘子多少钱一斤?""她为什么不买两块八一斤的橘子?"让学生完整回答,回答后全班同学重复一遍,再让个别学生重复。

结合课本上的注释,教师以提问的方式让学生理解"(苹果)多少钱一斤?"与"(橘子)一斤多少钱?"的区别。

(3) 每两个人一组,分角色朗读,念两遍。要求学生有表情动作,以进入课文提供的情景中。在朗读过程中,教师巡视,以解决个别困难学生仍然存在的问题。

(4) 跟说练习。在熟读的基础上,让学生不看书跟着老师说。教师领说时要尽量用自然的语气、语速、语调等,同时配合相应的动作和表情,学生模仿时要做到跟着老师"说话"而不是"背课文"。

(5) 模仿课文进行会话练习,可以是模仿整篇课文,还可以扩展,但一定要运用本课所学的重点词语和基本句型。教师还可补充"找你……钱"、"请数一数"。

4. 小结。教师归纳完成交际功能的程序,以及相应的词语。板书如下:

买水果	卖水果
我要……	您要……
多少钱一斤	要多少?
太贵了。	还要别的吗?
不要了。	

针对板书中的"不要了",教师还可引出"我不买了"、"我不去了"、"这个月我不忙了"等句子,让学生明白这里的"了"表示情况有了变化。

5. 练习。

(1) 替换与扩展。

替换部分学生先自己小声念,教师巡视。替换一是一问一答形式,可以连环操作:A 问 B,B 回答;B 问 C,C 回答;C 问 D,D 回答……替换二、三,全班同学齐读。

进行替换二练习时,可解释语法"动词重叠",主要使学生明白:单音节动词重叠的形式是"AA"。例如"看看"、"听听"、"尝尝"。双音节动词重叠的形式是"ABAB"。例如:"休息休息"、"介绍介绍"。动词重叠用于口语。

扩展部分有一个小对话,可以要求学生分组练习,让学生继续这个小对话。

(2) 完成教材设计的练习。

练习一,先让学生一个一个读出钱数,教师纠错,然后总结汉语钱数的读法。

练习二是用动词的重叠式造句,先板书例句"问问老师,明天上课吗?"让学生照例子自己造句。如果学生造的句子是问句,可以让另一个学生回答。也可让别的学生重复已造出的句子。

练习三,完成对话。教师可以要求每两个学生一组共同补充完对话,然后请部分学生朗读。还可以让学生自己编对话。

练习四是听述。先教师读,学生听。然后教师领读,学生齐读。接着学生一个个准备背诵,教师板书"我要买……不知道……我……她……那儿……我"。全班一起看着板书背诵,教师再抽查。

最后是语音练习,全班齐读后抽查。

6.布置课后作业。

(1) 用"了"和动词重叠式造句子,下节课检查。

(2) 预习第十二课生词。

条件允许的话,可以组织学生去商场买东西。或者让学生在日常生活中注意运用本课的句型。

第三节　汉语听力课

一、性质与特点

听力是指人们利用听觉器官,接收语言声音信号并理解其意义的能力。

听和理解能力是第二语言习得中最基本的一种能力。听清了并理解了,才能学会说话和进行口头交际。

对外汉语教学中的听力课,就是一门提高学生听力技能的训练课。借助声音形式来理解话语的能力叫听力技能,它包括识别汉字的语音,理解词义、句义、篇章等。在听力课上,教师通过各种有意识的教学手段来帮助学生听懂所给材料,培养和提高学生听话和理解的能力,从而达到沟通交流的教学目的。

在语言交际中,接受理解是表达应用的基础和前提。以学习语言而论,从听到说,从读到写。只有听得懂,才能说得好。在语言习得的初级阶段,提高留学生的听力是我们教学的重点和难点。因为听音首先解决的是输入的问题,输入指通过听来感知语言材料,不先抓输入,学习语言就等于无本之木。听力水平提高了,就为说和写打好了基础。

由于听力技能训练是借助声音传播形式来进行的,因此听力教学具有不同于其他技能训练的特点:(1)强调大量输入和可懂输入,输入的语料要适合学生的接受水平;(2)以听为主,在听的基础上设计多种多样的练习,以考察学生听的结果和听懂的程度,训练学生的听力技巧。听力课的"说"不是为了表达,而是为了帮助记忆、检查听的质量和效果、避免单调刺激。听力课的"写"包括边听边写、填空、笔头回答问题等,重要的是能说明听懂了语料。

二、教学目的与要求

听力课的教学目的就是培养学生在言语交际中听音理解的能力。具体到每一节课来说,是听懂教材提供的语料,其中包括课文中涉及的语音、词汇、语法知识,还包括语料所提供的信息、社会、文化背景知识等,以及通过对语料的接触和理解,训练了某一方面的听力微技能。

《高等学校外国留学生汉语教学大纲》(长期进修)对"听"的要求是:

初等阶段 能基本听准普通话的声、韵、调,能听懂教师用较慢的普通话所做的讲解;具有初步的猜词能力,在具体的语境中能听懂日常生活中如见面、介绍或购物时的简单谈话,了解他人对某一事情叙述的基本内容,理解说话人的主要意图。语速为 120—140 字/分。

中等阶段 能听懂用标准普通话或略带方音的普通话所作的、语速正常（180—220 字/分）、有关一般日常生活和社交活动的会话、一般性交涉或业务交往的谈话、大学入系基础课程的课堂讲解、题材熟悉的新闻广播等。

高等阶段 能听懂用普通话或略带方音的普通话所做的语速稍快的、内容较复杂的讲话或会话，以及语速正常或稍快的广播、电视中的新闻类节目，语速为 200—240 字/分。

三、教学任务与内容

听力课在诸课型中的地位虽然与口语、阅读、写作基本平行。但与综合课或精读课相比，它便是副课，必须依附先行的主打课读写、精读课进行，这点在初级班的教学中非常明显。即，读写课上教授了语音、语法和词汇，听力课以另一种形式对它们进行重现，也就是说，初级班的听力课教学，基本不承担词汇、语法等教学任务。这主要与学生的汉语基础有关，也与教材的编写和使用有关（如系列教材的使用）。到了中高级阶段，由于缺乏系列教材，听力语料有相对的独立性，会出现一些新的句型、生词等，教师应该适当讲解，但不宜占用过多时间。

听力课以培养学生的听力技能为主。这种听音理解能力应被视为由听力速度、记忆、判断、概括等紧密联系在一起的综合能力，是对语音、语法及词汇的综合运用能力。因此为提高学生听力必须培养学生具备以下听力理解的微技能，这是听力课的核心任务。

1. 训练学生听音辨调的技能

汉语在语音上的基本感知单位是音节，每个音节由声母、韵母和声调构成。其中任何一个方面的差异都可能形成不同的词汇，表达不同的意义。听音辨调就是听清和辨别汉语的每一个音节的声韵调以及音节与音节的组合，并且理解它所代表的词的意思。学生要通过训练学会解析一串音节中的一个个的词。对外国学生来说，大量同音词、近音词的存在给听辨意义造成很大的麻烦。如学生把"饱"听成"跑"，把"汽车"听成"骑车"，把"回信"听成"贵姓"，往往会造成对整个句子理解错误。听力训练中培养汉语语音的音感和提高听觉器官辨析汉语语音的灵敏度是首先要解决的问题。

重音、语调也有区别语义的作用。词重音的位移可以表达不同的语法意义，对语义有辨析功能。如"他是韩国人"回答的是"谁是韩国人"的问题，而"他是韩国人"回答的是"他是哪国人"的问题。语调的主要功能在于表示说话者的态度、意图或感情。这是语法和词汇所不能代替的。它有助于在言语交际中的领会与预测。"你喜欢他吗？"当回答者用降调说"我喜欢他"，即表示肯定；若用升调则表示"不喜欢"。

教师在教学中要注意结合语境对学生进行训练，提高其对汉语口语中的重音、语调、节律的敏感性，培养高度的语感。

2. 训练学生语流切分的能力

这是理解义群、识别句中停顿的能力。同样的词语组合，有时因为停顿的不同可表示两个完全相反的意义。如"广东队打败了，八一队获得冠军"与"广东队打败了八一队，获得冠军"。在理解一些长句时，学生往往由于不能正确切分语流而产生疑惑。如"我 1997 年来过中国，现在是第二次来。"问："我第一次来中国是什么时候？"原以为简单的问题，有的学生却回答不出，问老师："什么叫 wǒ yī"。把"一"跟"我"连在一起，自然就不知道是"一九九七"了。

3. 训练学生对句法结构形式及其意义的领会技能

这种能力主要靠综合课解决，但听力课应通过听强化学生对所学语法知识的理解与运用。汉语因缺少形态变化而使语序与虚词成为最重要的语法手段，对这一特点应有足够的认识。了解"把"字句的"主语＋把＋宾语＋动词＋其他成分"的语序才能理解"请你把窗户关上"的语义。"我认识他"与"他认识我"因词序不同而意义不同；"我买的书"与"我买书"因有无虚词"的"而意义有别。汉语中修饰语一般都放在被修饰的成分之前，且因短时记忆所限，中心语未出现前，修饰语不可能太多太复杂。对语法领悟越全面深刻，储存在记忆里的经验就越多，有助于培养储存记忆的能力，提高听力理解的水平。

4. 训练学生记忆储存的技能

听力理解是一系列大脑活动的过程，是注意、记忆、思考、综合判断等过程的总和。在领会的基础上通过听把尽可能多的音义结合体——词语和语法结构组成的新信息与早就储存在大脑中的信息联系起来形成新的理解,因此记忆在听力理解过程中占很重要的地位。

心理学家把记忆分为短时记忆和长时记忆。听力理解材料经过再现和重复转化为长时记忆储存在大脑中,使之再参加解码和重新编码的活动,依此循环往复,听力就会不断提高。

具体操练形式可以是听力模仿、替换、回答问题、边听边记等。

5. 训练学生捕捉主要信息的技能

引导学生把握汉语遣词达意的规律,正确认识核心信息及有用信息,识别多余信息,更重要的是捕捉话语信息核心。要捕捉稍纵即逝的语言信息,关键在于把握名词和动词,虚词次之。仍以"请你把窗户关上"为例,"关"、"窗户"是传达主要信息的两个词,加上表示处置义的"把"这个介词,它表达的核心信息很容易捕捉到。汉语从语用上看,属于"话题话语倾向型"语言,即在使用汉语时有一个"脑子里先想到什么就说什么"的原则,这种居先的话题往往是核心信息所在。因此要让学生掌握好汉语的特殊句式,如前置宾语句(你要的那本杂志我给你买来了)、主谓谓语句(那姑娘,模样长得俊,心眼又挺好)、存现句(墙上挂着一张地图)、"把"字句等。同时要注意培养学生依赖语境捕捉信息核心,领会言外之意。

抓关键词语,注意句重音,跳过生词障碍,捕捉核心信息,这是第一遍听录音时粗听的要求。如:A 问:"你等了一会儿,他就来了吧?"B 答:"不,我等了差不多一个钟头他才来。"若抓住了"就"和"才"这两个词,知道问者认为他来得早,答者认为他来得晚,就很容易理解。

6. 训练学生抓细节的能力,提高精听能力

这是在捕捉核心信息能力基础上更高层次的听力技能,主要表现为对语言中关键的、具体的信息具有听辨的能力,从听力的形式上区分,即精听。

听话人所理解的话语总是和具体的人物、具体的语境及具体的时间、地点联系在一起的,听话人需要了解这些细节性信息,还得明确地把握论述的论据、事例、事实等。获取细节性信息与听辨、识别语音有极大关系,还跟记忆能

力、记录速度有关,因此要在听力训练中培养学生边听边记的习惯,防止学生只听不动笔。教师要告诉学生快速记录下重要的数字、地名、人名、关键动词等,以备查考,记录时用汉字、拼音、符号、母语都行。如果有备选答案,可快速浏览,然后带着问题去听,并听边看,以减少做题的盲目性。

7. 训练学生联想猜测和预测技能

听力理解过程也是猜测、估计、想象三者积极相互作用的过程,因此学生听力的提高不仅要有词汇、语法概念作基础,还应学会运用联想猜测与预测来达到理解的目的,这是听力理解的基本技能,也是发展听力理解的根本途径。联想是指当听者接受到一个信息后,能很快地跟其他相关信息建立起联系的一种心理活动;预测则是指凭想象根据已感知的信息和以往的经验对即将接受的信息作出推测估计,预知下文的内容。当听到"不但",就可以预知下面谈的意思会进一层。听到"可是",也能猜出听到的将是与上文意思相反的意见。不仅通过关联词联想,还可以根据句意猜测:听到"这屋子怎么这么冷",可以估计到有"窗户开着"或"关上窗户"之类的话语出现。

8. 训练学生快速反馈的技能

听力理解是意义建立的过程,但理解过程不会就此停止,听者要根据对语言的理解而作出反馈。如果话语本身是一个判断,听话人就把新信息储存在记忆里;如果话语要求作出判断或回答,听话人就把新信息与记忆里的信息比较作答。反馈不仅是对学生听力理解程度的检验手段,也可以培养学生用汉语思维。初级阶段听力语速为每分钟120—140字,不能因为学生暂时听不懂而降低语速。将听后快速回答问题、听后说话作为检查听力理解的主要方法,是较简便易行的培养快速反馈能力的手段。

四、教学环节和教学方法

课堂听力技能的训练一般包括四个环节:引入新课,复习旧知识与学习生词,听课文与做练习,总结。我们以《汉语听力教程》[①]第一册第二十四课为

---

① 胡博、杨雪梅《汉语听力教程》第一册,北京语言文化大学出版社,1998年。

例,具体介绍每个环节的教学方法。

1. 引入新课

听力课的开始一般都是师生互相问好,教师说一两则最近比较热门的新闻。也可以考虑让学生自己轮流说新闻。这样既可以鼓励学生课外泛听和泛读,也可以提高学生的口头表达能力。

2. 复习旧知识与学习生词

初级班的听力课与综合课的关系比较紧密,听力课教材的生词表新旧词语一起排列,顺读一遍等于复习,教师只需解释个别综合课上未学过的生词。在复习旧词时,教师可以有意识地以词串句带出旧的语言知识进行复习。

中高级阶段,听力课教材中的生词会增多,教师可先领读,学生跟读,然后讲解生词。可用以下方法学习生词:(1)借助教学经验,只讲没学过的;或者由学生自己提出不懂的词,教师解释。一般只讲所听语料中出现的意义,引用所听语料中的例句,也可做一些补充;(2)解释完词义后,学生不看书,听教师读生词或用生词说一个短语、句子,学生再模仿、跟读或回答相关问题,以增强记忆;(3)学生看着生词听语料,用生词串句子,理解语料。

3. 学习新课

听力材料一般放三遍。第一遍一般不停顿,要求学生先掌握所听语料的大致内容,做相应的概括性练习。然后听第二遍,做细节性练习,也包括修正听第一遍的听辨错误。此时可回放,特别是出错较多的部分可反复放。第三遍是核对,不用停顿。

本课分为听力理解练习和语音语调练习两部分。听力理解练习部分的语料分为三种类型,第一是简单的一句话;第二是男女简短对话——女的一句,男的一句;第三是较长的对话。针对这些语料,教材设计了多种听力练习。

(1) 听力理解练习

A. 听句子,回答问题

听录音前,教师要简要介绍这种题型要求的技能,这种题型主要是考察学生的总结推测能力,方法是要记住每个句子的关键词,抓大意,放细节。对答案时教师要严格把关,请学生说明理由。不但让学生知其然,更重要的是让他们知其所以然。一人回答不出,其他人补充。做完后教师可以统计一下,对学生错得比较多的题,可以听两三遍。每做完一题,教师把该句的关键词和标准答案板书出来。而且要讲解一些做题技巧,比如要学会记下关键词语,必要时进行合理的推测和计算。比如第九题:"十八岁才可以开车,你再等两年吧。问:这个孩子现在多大?"这道题就需要简单的计算。

B.听对话,选择正确答案

这种题型考察的是学生概括推理的能力,尤其要强调学生理解对话发生的情景。听录音时,教师要求学生记住对话中的关键词或关键句。对答案时教师检查的重点应放在学生为什么选择某个答案上。教师要预测到学生的难点,并设计一些问题启发学生聆听语料。对于比较有争议的题可以先讨论,不急于作答;然后根据班上的实际情况让学生重复听一到两遍对话,最后找出正确答案。每做完一题教师把关键词或结构板书出来。

C.听对话,判断正误和回答问题

这种题型考察的也是概括推理的能力,更多的侧重学生根据已知消息进行合理推测的能力。比如"对话一",根据对话可以猜测出他们在车上说话。听第一遍,回答教师的提问,不要求学生全能答出或答对;听第二遍,解决前面遗留的问题;听第三遍,完成教材中的"判断正误"题,对答案(可逐题提问,也可将答案一起板书在黑板上),讲解,对错误率比较高的题进行具体分析。当答案为否定时,可要求学生将错的地方标注出来,或说明哪儿错了,为什么错。再听第四遍,让学生弄明白刚才听错或比较模糊的地方,还可以让学生根据自己听到的对话两人一组进行对话练习。教师在教室走动巡视,纠正学生的错误。

D.听后填空

这种题型考察的是学生理解语篇的能力。第一遍让学生填空,强调根据上下文推测词句的技能训练。再多听几遍,可以让学生自己记录关键信息并进行复述。

当然,听力课的题型还不只上述四类。无论题型如何,对同一语段往往都要听几遍。教师对听每一遍都提出不同的要求,让学生从粗到细地捕捉语段中的信息,直至对所听语料充分理解。

中高级阶段,课文语料较长,有的内容也可能是学生较为陌生或觉得有一定难度的,教师可在听之前介绍一些背景知识。可以以形象展示,如照片、图片,也可以是教师用语言叙述或教师引导学生边听边说,还可以以音乐、现场录音等声音来展示。如让学生听一段"在邮局"的对话,教师可先用交谈的方式,引导学生说出在邮局可能会做的事:寄信、买邮票、取包裹、存钱、取钱等,还可以让学生说出寄信时可能会跟营业员说的话。这些信息可以给学生以一定的提示,帮助他们明确文本材料大致的方向,降低听辨的难度。

中高级阶段的听力课,所听的大多是实际生活中的语料(如电视节目、电影等)。除了继续在语音上下工夫,还要帮助学生分析长句(特别是听新闻报道等内容的语料),在理解话语意义的基础上理解语篇意义,让学生学会捕捉关联词语,推断语料的意义。

(2) 语音语调练习

此类练习在初级阶段十分重要。要注重学生辨音能力的培养,听力材料的声调、轻声现象对很多学生来说是个难点,所以要强调这方面的训练。重音、语调是人们表达思想感情的重要手段之一,用多种不同的语调可以表达出多种感情。教师要提醒学生注意语调在表达感情方面的作用,让学生在听的过程中体会中国人说话的语气,培养他们的汉语语感。语音语调练习包括以下部分:

A.听后标出画线词语的声调

本题考察的是学生的辨调能力,除听录音,做题外,老师可以引导学生复习一下以前学过的声调知识。

B.听后选择你听到的词语

汉语的声调具有区分词义的作用,所以不同的声调可能有不同的词对应,提醒学生注意这一点。

C.听后选择你听到的句子

本题考察的仍然是辨音的能力,可以用分小组竞赛的方式来进行问题的抢答和辩论。听力课上如果不充分调动学生的积极性,课堂气氛容易显得沉闷,会影响教学效果,所以教师要千方百计运用各种方法发挥学生的主动性。可以采取很多种方法,比如分小组竞赛。

D.听下列句子画出句重音,并跟读句子

本题考察的是分辨重音的能力,重音是一种很重要的表情达意的手段,不同的重音可能会影响人们的理解。提醒学生注意重音问题,不仅要听得懂,在自己平时说话的时候也要会用。

E.听后回答问题,并注意句重音

重音的位置会影响对句子的理解。这部分练习可以让学生自己举例说明。

听力课以语音形式出现的语料转瞬即逝,学生不能主动地多次接受语言信号的刺激,很多课堂活动需要教师发挥主导作用,比如在播放录音时要有讲究,什么时候播、什么地方停、什么地方需要重播、重播几次等等。另外,听力课还要求学生在上课时保持高度集中的精神状态,注意力稍不集中,便很难接收到正确的语言信号,这也更加要求教师在课堂上要安排得好,安排得紧凑。

4. 总结本课,并布置课后作业

教师用简短的几句话总结本课,提醒学生注意重点的生词、语法结构和听力技能。并布置下一节课的预习作业,主要是生词的预习。还要鼓励学生课下多进行泛听的练习,比如收听中文广播,看中文电视或者电视连续剧等等。教师也可以准备一些泛听材料和检索听力的材料在课上给学生练习。泛听材料使用的语言可高于学生的语言水平,学生只需要了解大意就可以了。

附录:初级听力课课堂教学示例

教材:《汉语听力教程》第一册第二十四课
教学步骤:

一、组织教学,学习生词

1.师生互相问好,教师说一两则新闻,吸引学生的注意力。

2.带领学生学习本课的生词。生词表上一共13个生词,但第8个生词

"航班"在语料中未出现,不讲。根据教学经验,教师只需讲解其中的 5 个生词。操作步骤:先是教师领读,学生跟读;然后教师根据课文语料以提问的方式引导学生学习生词"中心、来不及、师范大学、直接、满"。如:

我们学校在市中心吗?

八点上课,七点半起床,来得及来不及?

如果想当教师,你应该读什么大学?

从我们这儿坐几路汽车可以直接到火车站?

你们看老师给这个杯子里倒水,现在还能倒吗?(此时杯子里的水已经满了。)

……

学生正确回答后,教师重复答案,学生跟说。

二、学习新课

1.听力理解练习。

(1)听句子,并简单回答问题。

听录音前,教师要强调注意听每个句子的关键词,听录音的时候注意先抓大意。具体操作方式:学生听完一句,教师就这个句子快速提问,要求学生快速回答。例如听完"星期六我想看电影,不想去唱歌。"教师问:"他星期六想做什么?"学生快速简单回答:"想看电影。"对某些句子,学生回答后,教师还应要求学生说出为什么,例如:"明天不行,玛丽要教我英语。"教师问:"明天她有空儿吗?"学生回答:"没空儿。"教师追问:"为什么?"学生回答:"玛丽教她英语。"对某些较难的问题,学生说出答案后,让其他同学判断对和错,教师统计做对的人数,以决定是否让学生听第二遍。

(2)听对话,选择正确答案。

这一部分对话很简短,听录音时,教师要求学生记住对话中的关键词或关键句。对答案时教师检查的重点应放在学生为什么选 A、B 或 C 上。每做完一题教师可把关键词或结构板书出来。例如:

男:你要看哪场电影?

女:四点的那场来不及了,看下场吧。

问:下场电影几点开始

A.四点以前　　B.四点　　C.四点以后

听完这段对话,教师要引导学生找出其关键词语是"四点……来不及",由此推断出下场电影一定在四点以后。

对于比较有争议的题可以讨论决定,有的对话还可以让学生模仿。根据本班的实际情况每段对话可再听一到两遍。

(3) 听对话,判断正误和回答问题。

本练习一共有三段较长的对话,针对每段对话,教材安排了两种练习:判断正误和回答问题。

对话一

女:请问,到前门吗?

男:你先上车吧。

女:到前门多少钱?

男:这车不到前门,你得换别的车。

女:刚才你不是说到吗?

男:没错儿,没有车直接到,你得换2路车。

女:我应该在哪儿换车?

男:到站的时候我会告诉你。

练习一　判断正误

A.他们在汽车站说话。

B.女的不应该坐这辆车。

C.从这儿去前门,必须换车。

D.2路车可以到前门。

E.男的不告诉女的在哪儿换车。

练习二　回答问题

1)男的为什么让女的上这辆车?

2)男的等一会儿要告诉女的什么?

对话一的教学可以这样进行：

第一个步骤：

听第一遍，教师提出问题：(1)"谁跟谁说话？"(2)"在哪儿说话？"这两题都需要学生根据已知消息进行合理推测，比如根据对话可以猜测出他们在车上说话，说话的双方是乘客和售票员。如果学生能顺利回答，教师则继续提问：(3)"男的为什么让女的上这辆车？"(4)"男的等一会儿要告诉女的什么？"这两题有一定难度，不急于回答，再听第二遍。听完第二遍以后回答。

第二个步骤：

听第三遍，做"判别正误"题。如果第一步骤的问题可以理解的话，则练习基本没问题。教师可请两位学生将答案写在黑板上，再检查全班情况。教师对错误率比较高的题进行具体分析。B题是训练推测能力和对细节的捕捉能力，"为什么错？""怎么知道她应该坐这辆车？"——"她要去前门，但没有车直接到，一定要换车"。

第三个步骤：

听第四遍，反复刺激巩固记忆，然后让学生根据自己听到的对话两人一组进行对话练习。教师在教室走动巡视，纠正错误。

对话二、对话三可用类似的方法教学。

(4) 听后填空。

这是听段落的练习，强调根据上下文推测词句的技能训练。第一遍只听，让学生先理解要听写的内容，然后听第二遍，尽量快速记录，听第三遍时核对整理，并让学生记录关键信息，最后进行复述。

2.语音语调练习。

(1) 听后标出画线词语的声调。

本题考察的是学生的辨调能力，除听录音、做题外，老师可以引导学生复习一下以前学过的声调知识。

(2) 听后选择你听到的词语。

帮助学生练习音素、声调的辨别，强调汉语语音的声调具有区分词义的作用，不同的声调可能有不同的词相对应。学生听一句，作出选择，并模仿听到的词语。

(3) 听后选择你听到的句子。

本题考察的是对整个句子进行辨音的能力,可以用分小组竞赛的方式来进行问题的抢答。完成一题,学生说出所听到的正确句子。

(4) 听下列句子,画出句重音,并跟读句子。

本题考察的是分辨重音的能力,重音是一种很重要的表情达意的手段,不同的重音可能会影响人们的理解。提醒学生注意重音问题,不仅要听得懂,还要在自己平时说话的时候会用。练习时,可以让学生一个个模仿,看谁说得好。还可以让学生自己说不同的重音会对句子的理解产生什么影响。也可以让学生自己举例说明。

三、总结本课,并布置课后作业

教师用简短的几句话总结本课,主要是要提醒学生重点的生词和听力技能。布置下一节课的预习作业,主要是生词的预习。还要鼓励学生课下多进行泛听的练习,比如收听中文广播,看中文电视或者电视连续剧等等。

第四节 汉语阅读课

一、性质与特点

在国家汉办制定的《高等学校外国留学生汉语专业教学大纲》的课程设置中,初级阶段规定开设汉语阅读课,中高级阶段开设汉语泛读课、中国报刊阅读课。

阅读是一种通过文字符号获取信息的心理活动,阅读者感知文字符号信息,通过自身的思维(包括形象思维与逻辑思维)转化为自身的思想。从学习角度看,阅读是学习外语的重要手段,不但有助于吸收理解语言知识,而且有助于培养听、说、写的能力。

阅读课是为配合综合课的教学而设立的单项语言技能课,重点训练学生读懂句子和篇章的能力。在阅读课上,教师指导学生进行各种有效的阅读活动,从而使不同的词汇、语法点及文化知识等在大量不同语境中反复出现,反复被识别,并得以巩固和加深。阅读课还可以扩展词汇,训练学生掌握多种阅读技巧,培养良好的阅读习惯,逐步提高学生的理解能力和阅读速度。学习者可以通过阅读课上的大量阅读,用目的语了解大量有用、有益、有趣的信息。

中高级阶段的阅读课旨在培养和提高学生对汉语书面语言的理解能力,即要使学生读得多,读得快,理解率高,因此这门课应是一门泛读课。

中国报刊阅读课是专门技能课,培养学生阅读中国报纸杂志中的文章的技巧。它是阅读课的一门分支,必须遵循阅读课教学的一些基本规律。

二、教学目的与要求

汉语阅读课的教学目的就是通过大量有效的阅读训练,培养和提高学生阅读汉语书面语的能力。初级阶段,学生通过阅读实践,学习分析处理文章的方法,掌握阅读理解的技能技巧,逐步积累汉语阅读的经验,使学到的语言知识最终转化为言语能力。中高级阶段,则从阅读技能训练入手,通过阅读大量的汉语书面材料,系统并有针对性地提高学生的理解力和理解速度。

《高等学校外国留学生汉语专业教学大纲》明确规定了各个年级所应达到的"读"的标准:

一年级(一级)

能够读懂反映日常生活与学习内容的单句和短文(印刷体),理解内容大意,掌握文章要点,初步掌握细读、略读、速读等技能;学习音序和汉字偏旁部首检索法,初步具有使用双语字典学习汉语的自学能力。

开始涉猎、阅读简易中文课外读物,半年内阅读量不少于 2.5 万字。

细读没有新语法点、含有不足 3% 非关键性生词的会话或短文,阅读速度为每分钟 90—110 字,正确理解率达 85% 以上;速读难度略低于或者近似于上述情况的同类文章,阅读速度为每分钟 150 字,正确理解率达 70% 以上。

一年级(二级)

能够读懂反映学习和一般社会活动的记叙文和日常应用文(印刷体和规范手写体),具有概括文章大意和撷取信息要点的能力;初步具有运用猜测联想、跳跃障碍、默读和整体认读等方法进行速读的能力;具有使用双语词典、初步清除难字难词障碍的自学能力。

初步形成阅读中文简易读物的习惯,半年内阅读量不少于8万字。

细读没有新语法点、含有3%左右非关键性生词的短文与应用文,阅读速度为每分钟110—130字,正确理解率达85%以上;速读难度略低于或近似于上述情况的同类文章,阅读速度为每分钟200字,正确理解率达70%以上。

二年级

能够读懂浅显文艺读物、新闻消息、日常公文信函等,理解其内容大意,掌握文章要点;能够运用构词法知识、语境标示语和标示符号等,理清叙述性文章的线索和层次;能够借助标题、关键词、中心句等概括文章段意、主题;具有利用工具书、初步清除难字难词障碍的自学能力。

初步形成阅读课外中文书报的习惯,一年内阅读量不少于15万字。

细读题材熟悉、含有3%左右非关键性生词的文艺读物或浅显时事新闻,阅读速度为每分钟120—150字,正确理解率达85%以上;速读难度略低于或近似于上述情况的同类文章,阅读速度为每分钟300字,正确理解率达70%以上。

三年级

能够读懂多种题材与体裁的现代文章和浅显古文,把握其内容主题、撷取其信息要点;能够通过上下文、常见词语结构等猜词悟意,把握长句主干和复句内部关系;能够根据标题、关键词、中心句、逻辑标示语、标示符号等,概括文章主题、段意,分清篇章层次;能够初步评述所读文章的社会作用或纰漏;能够利用工具书和阅读技能技巧,熟练查找资料,独立释疑解惑,获得新知识。

基本养成阅读中文书报的习惯,一年内阅读量不少于25万字。

细读难易适中、含有5%左右非关键性生词的文章,阅读速度为每分钟150—180字,正确理解率达90%以上;速读难度略低于或近似于上述情况的同类文章,阅读速度为每分钟400字,正确理解率为80%左右。

四年级

能够读懂《人民日报》、《瞭望》、《人民文学》等报刊上的说明文、议论文、文艺作品和一般古文,正确地理解内容大意,撷取其主要论点和信息;能够通过上下文猜测词义、推断隐含信息和多重复句的内部关系;能够借助图书目录、章节标题、段落主题句、文章标示符号等,正确概括文章中心意思、论点、论据,理清文章结构层次;能够较为正确地评价所读文献材料的内容及特点;能够熟练地利用工具书,独立释疑解惑,获得新知识。

阅读中文书报已经成为自觉习惯,一年内阅读量不少于35万字。

细读报刊文章、现代说明文和文艺读物,阅读速度达每分钟180字以上,正确理解率达90%以上;速读难度略低于或近似于上述情况的同类文章,阅读速度为每分钟500字,正确理解率为80%左右。

三、教学任务与内容

阅读课的教学内容主要包括技能和阅读训练两大部分。技能部分包括技能讲解、技能练习两部分,即教学时先给学生讲解有关的阅读技能,然后针对这一技能做相应的技能练习。阅读训练则主要是运用各种阅读技巧阅读大量真实的语料,通过有效的阅读活动,提高学生的理解能力和阅读速度,培养学生良好的阅读习惯。

1. 阅读类型

根据阅读目的和速度不同,阅读方式一般分为精读和泛读。阅读课上的阅读方式属于泛读。提高阅读速度又不降低理解率是当今外语教学研究的重要课题。快速阅读要求在较短的时间内用较快的速度阅读大量的文字材料。研究结果证明,快速阅读的能力是可以通过训练获得的。外语教学界对此早已形成共识。

影响阅读速度的一个重要原因是心理障碍,只要克服了心理障碍,阅读速度是可以通过训练得到较快提高的。

快速阅读按方式和目的可分为以下四种:

(1) 通读

从头到尾阅读一篇文章,既能抓住文章的中心意思,又能掌握比较重要的细节;既能明确文章的脉络,又能理解具体的描述;同时对文章的文体风格和作者的态度也有所了解。

通读在快速阅读中运用得最广泛,它同时也是其他快速阅读形式的基础。因此,它是快速阅读训练的重点。

教师在指导学生进行通读时,可以采取从小到大的方式,即从句子到段落到篇章,然后归结中心思想,这是通常的方式。因为通读有时不只读一遍,这时,也可以采取从大到小的方式,即从中心思想到篇章结构、段落结构、句子意义,使学生先有一个全面的概念,再把这个全面概念逐渐细化,这样可以避免学生在遇到个别生词或生疏的语法点时就停滞下来。

(2) **略读**

不阅读文章的全部内容,只是浏览文章的大标题、各段落的小标题、主题句等,了解文章的中心思想、各部分的内容概要和整体脉络。

略读训练的目的是培养学生快速地浏览,粗略地了解阅读语料的大致内容。教师在指导学生进行略读训练时,必须提出比较具体的任务,如限制在多少分钟内完成阅读,并能说出阅读语料的主要内容。

(3) **眺读**

主要用于翻阅书刊目录,浏览报纸题目等,目的是为了了解书刊报纸的大概内容,寻找可读的篇目或文章。

(4) **查读**

从大量文字资料中有目的地寻找特定的细节信息,这些文字资料可以是不成文章的资料,如各类时间表、号码簿、名单、菜单、地图、指示图等;也可以是成文的资料,如通知、告示、广告以及一般的通讯报道和文章等。

查读训练的目的是培养学生在快速扫描文字的过程中有目的地查找某些信息。因此,教师在指导学生进行查读训练时,通常是先给问题,让学生带着问题去查找有关资料,如在一个招聘广告中找出招聘对象的年龄段,在一篇短文中找出主人公的外貌特征等。这样,学生无需从头到尾通读,只在阅读语料中做大范围的扫视,快速寻找跟任务相关的关键词语,只在有用的地方停顿,从而确定是否达到目的。

在实际阅读中,这四种方法往往是交替使用的,如先通过眺读找出体育版报道某场足球赛的文章,再用查读找出比赛的结果。如果时间允许的话,也可以在眺读之后用通读的方法快速阅读全文,了解比赛的大概情况,如比分和进球,包括进球的某些细节。

必须指出,阅读课是一门单项技能训练课程,无论采取哪种阅读方式,教师在课堂上主要是引导学生进行阅读实践,学生通过这些实践活动掌握各种阅读技能,提高其阅读能力。教师切忌把阅读课上成精读课,纠缠于一些阅读语料中的细节。对于阅读语料的内容、背景知识和文化知识,教师可以在阅读训练前给予必要的介绍,并提出具体的阅读任务,使学生有的放矢地进行阅读。

2. 阅读技能训练

我们可以把阅读课看成是一门专项技能训练课。除了介绍不同的阅读方法以外,我们还要给学生进行富于汉语特点的阅读技能训练。以下是一些实用的汉语阅读技能训练要点。

(1) 根据偏旁部首,猜测字义

汉字虽然很多,但常用的只有 3000 多个,而且大多数汉字都可以按照几种有限的造字方法去分析,有很强的规律性。在常用字中,90%是由声旁和形旁组合成的形声字。阅读中遇到生字,如果是形声字,教师可以帮助学生找出形旁,再根据上下文,猜测出生字的大意来。例如:

好大的一条黄鳝啊!

学生可能不知道黄鳝是什么,但根据"鳝"字的形旁,再根据其跟量词"条"和"黄"字的组合,就可以估摸出这大概是一种黄色的水生动物。

(2) 通过语素猜测词义

现代汉语的词汇中,合成词占了绝大多数。了解合成词的组合原则,有助于在阅读过程中提高理解力。合成词的构成方式有组合式和附加式两种。组合式合成词又分为述宾式、补充式、主谓式、联合式、偏正式五种。通过帮助学生分析合成词的组合方式,学生可以根据其中一个语素的意义猜测出大致的词义。例如:

飞机降落的时候,噪音很大。

"降落"是一个联合式的合成词,知道了其中一个语素的意义,就可以知道另外一个语素的意义。再如:

他的<u>眼力</u>错不了,一看就知道谁是坏人。

"眼力"是一个偏正式的合成词,前一个语素修饰限制后一个语素,如果先前没有学过这个词,根据语素的组合方式,至少可以猜出这个词大致表示"眼睛的能力"。

(3) 词语互相解释

某一个词位于上下文的语境中,读懂了上下文,就可能猜出生词的大致意义。有时上下文互相解释,补充说明,我们知道了其中的一部分,就能推断出某个词语的意义。例如:

你太<u>迁就</u>他了,他做错了你也不批评他。

"迁就"一词学生或许没有学过,但是这个词的意思应该跟"错了也不批评"相近。再如:

她看起来很<u>成熟</u>,可是她的想法却很<u>幼稚</u>。

根据表示对比的词"可是",可以知道"成熟"和"幼稚"是一对意思相反的词,知道其中一个词的意思,就可以推断出另一个词的大致意思。

(4) 通过上下文和词语在句中的位置猜测词义

某一个生词处于上下文的语境中,读懂了上下文,能够理解全句或全文,就有可能猜出生词的大致意思,不必知道生词的确切意义。我们可以根据句法搭配关系来推测词义,例如:

他刚才吃了两块<u>萨其马</u>,现在一点儿也不饿。

根据上句的句法搭配关系,可以猜出"萨其马"是一种吃的东西,再从下句的意思,可以进一步猜出"萨其马"是一种可以吃饱肚子的东西,不是药,不是糖果,一般也不是水果。还可以通过前边或后边的句子的意思来推测,例如:

朱大康家的房子非常破旧,屋子里只有一台旧风扇,连黑白电视机也没有,可见他家多么<u>贫穷</u>。

从前面句子的意思,可以猜出后面总结性词语"贫穷"应有"没有钱或钱很少"的意思。此外,还可以通过上下文中句子意思的对立关系来推测,例如:

你动作要快一点儿,别磨磨蹭蹭。

从"要"和"别"的对立意义,可以推断"动作快"跟"磨磨蹭蹭"的意思是对立的,"磨磨蹭蹭"应该有"动作慢"的意思。

(5) 压缩句子或抓住句子的主干了解句子意思

学生阅读时,经常会遇到一些长句和难句。句子长、句子难都有其原因,要对症下药,才能解决问题。

压缩句子就是把句中不重要的词或句子成分略去不看。主要有三种情况:

第一,略去不影响句子意思的并列近义词语。例如"在妈妈怀里,孩子感到幸福、安详、温馨"。"感到"后的宾语是三个并列形容词,三个词表示的都是一种美好的感受,阅读时看懂其中一个词就行了。

第二,略去无关大局的举例性词语。例如"钱教授家的书可多了,文学的、哲学的、历史的、古典的、现代的、中文的、英文的……简直像个图书馆。"句中画线部分是可以略去不看的举例性词语。

第三,略去与全句主要意思无关或重复的引言。例如"玉珍和志刚结婚了,'有情人终成眷属',大家都为他们高兴。"画线部分可以不看。

此外,造成句子长、难的一个重要原因是句子的附加成分如定语、状语、补语复杂,对这类句子,只要找出句子的主干,即主语、谓语、宾语,句子的意思就比较容易理解了。例如:

我的那位在中山医科大学第二附属医院当儿科医生的好朋友林佳昨天晚上在天河体育馆听了她最喜欢的香港歌唱演员张学友的演唱会。

找出这个句子的主干"林佳听演唱会"以后,句子的意思就不难理解了。再比如:

1996年春节,十一岁就跟着叔叔离开家乡、在美国生活了五十多年的老华侨周先生,带着妻子和两个儿子,又一次回到了常常出现在梦中的家乡台山。

在这个长句中,主语"周先生"、宾语"台山"前面都有定语,谓语"回"前又都有状语,附加成分复杂,但是,找出了句子的主干"周先生回台山"以后,句子就比较容易理解了。

(6) 根据关联词语理解复句

关联词语是复句中表示分句与分句之间逻辑关系的词语,阅读时抓住关联词语,对准确、快速地理解句子的意思非常重要。例如:

在中国,我们留学生<u>既</u>可以学习汉语,<u>又</u>可以了解中国各方面的情况。

在这个句子中,关联词语"既……又……"表示并列关系,由此可知,"可以学习汉语"和"可以了解中国各方面的情况"两个分句地位平等,没有主要和次要的区分。再比如:

小娟<u>虽</u>然学习很努力,<u>可</u>是学习成绩不太好。

这是一个偏正复句,关联词语"虽然……但是……"表示转折的关系,前边的偏句先肯定一个事实,后边的正句说出对立、相反的意思。理解关联词语的作用是理解句子意义的关键。

(7) 根据关键词理解文章或段落的中心意思

一般的文章总是先有了主要观点,然后再根据这个观点把各种材料组织起来。要抓住语段的主要观点,很多时候要从抓主词开始。主词或主词组,是作者关注的重点,如人物、地点、事件……所以主词也可以说是语段的简要话题。例如:

新型的<u>人工心脏</u>比过去以空气为动力的心脏模型体积更小、更静,也更安全。过去人工心脏移植过程中困扰人们的感染和血液凝结的风险也能降低许多。患者无需再将自己绑在"发电机"旁边。相反,他们可以轻轻松松地在裤带上佩戴一个充电器,通过埋设在体内的线圈供应能量,充一个小时电就足够让病人去冲个澡或游个泳。

这段话的主词显然是"人工心脏",整段话介绍了"新型的人工心脏"的一些优点,尽管"人工心脏"一词只出现了两次,但其他文字、细节都是围绕着"人工心脏"这个主词展开的。

(8) 根据主题句理解语段意思

语段的主要观点常常是以主句概括,即主句往往简明扼要地表述了作者的主要观点。很多语段都有主句,而语段中除了主句以外的其他句子则围绕主句,提供有关信息和细节。因此,能够迅速地找到主句就等于掌握了语段的主要观点。在说明文、论说文或科学论文中,在一个段落里,主句通常是段落的第一个或最后一个句子;同样,文章的第一个段落和最后一个段落,常常是全篇中特别重要的部分,第一段常常会指出全文的叙述方向和内容范围,而最后一段则常常是全文的总结。例如:

明清时期的音乐种类以所用的乐器来划分,可分为"吹打"、"弦索"、"丝竹"三类。"吹打"以管器和打击乐器为主,这类音乐有陕西鼓乐、山西八大套、河北吹歌、潮州锣鼓等。它们之间虽然各有鲜明的风格,但也有共同点,那就是火爆热烈,喧闹欢乐。弦索乐所用乐器是琵琶、三弦、二胡、筝等弦乐器,风格轻柔典雅,配器较为细腻,在某些乐曲中,不但运用了变奏手法,还有意识地使用了对位手法。丝竹乐流行于江南地区,所用乐器有"丝"有"竹",风格明丽流畅,优美清新,深受当地人民的喜爱。

在这一语段中,主句位于段落的第一句,即"明清时期的三类音乐",段落的其他部分都是该主句的细节,分别介绍这三类音乐各自的特点。抓住主句的意思,就可以理解整个段落的大致意思。

(9) 归纳主要观点

当文章或段落没有现成的主句时,读者就必须在阅读的过程中判断、分析语段中的各种观点和细节,尽可能简练地把主要观点归纳出来。例如:

适当的赞美会使谈判双方在谈判时保持友好的态度,而不是像敌人一样。但是过度的赞美显得不真实,让人觉得你在说假话,反而不喜欢你。当跟你谈判的人赞美你时,你应该冷静地接受,然后也赞美他一下。一定要记住,不要在互相赞美中忘记了谈判的真正目的。

这段话一共有四句话,没有一句话是主句。但我们已经知道这是一段关于谈判策略的文字,我们还可以找出两个比较重要的词:"赞美"、"适当"。稍微组织一下,可以归纳出主要观点:适当的赞美是谈判策略之一。

3. 提高阅读速度并培养良好阅读习惯

(1) 培养推测能力

学生在阅读过程中,无论是对词语、句子的理解还是对篇章的理解,都采取了许多与推测(推论/预期/猜测)有关的策略。阅读过程中包含了一个"自上而下"的过程,读者根据所获得的语言提示,激活自己的已有图式,对阅读语料所要表达的意思产生预期,然后,一边推论猜测,一边验证修改。

因此,教师应时刻提醒学生,不要一遇到不懂的字、词就求助于词典,或纠缠在难句里,应鼓励他们建立假设,然后继续阅读,在更大的语境中验证自己的假设。

在讲解时,教师除了解释某些难字、词、句的意义外,更重要的是和学生一起讨论各种可能的推测方法,也就是说采取何种阅读理解策略,可以用"最低代价"即最少的精力和时间来有效地理解难点。

(2) 自觉进行理解监控

阅读中的理解监控(comprehension monitoring)是读者在阅读的同时,对自己阅读理解活动的一种评价和管理。监控分为评价、行动和检验三个部分。首先,读者要评价自己的理解,如果无法理解或理解不正确,则采取补救行动,最后检测自己的补救行动是否成功。例如,在同一篇文章里,专有名词"下丘脑"先后出现了三次,分别是"位于脑底的下丘脑部位"、"下丘脑区域的大小没有差别"和"下丘脑这部分肯定不是决定性别的全部根源"。某学生在遇到第一个"下丘脑"时,将其划分为"下丘/脑部位",并表现得犹豫不决。第二个句子出现了"区域",这对他也是生词,他继续保持了之前的划分,即"下丘/脑区域",并再次表现出犹豫。当读到第三个句子,"这部分"的出现解救了他,他马上做出一个新的划分"下丘脑/这部分",继而回头更正了前面的划分,并随之想起了"部位"这个词的意义,这使他进一步肯定了自己新的划分。由此,我们可以看到,由于学生始终在监控自己的阅读理解:先对自己的理解表示怀疑(评估),而后采取往下读的补救策略(行动),最后找到了解决问题的办法,并对此解决方案进行了检验。

在教学过程中,当课文内出现类似的情况时,教师都应该进行讲解或要求学生进行讨论,使全体学生都能够逐渐建立理解监控意识,培养他们的监控能力。

(3) 纠正不良阅读习惯

学生的不良阅读习惯往往产生于在阅读过程中理解失败(或担心失败)时采取的一种补救措施。对于以下学生各种不良的阅读习惯，教师应帮助他们及时纠正。

一是依赖工具书。有的学生一遇到生词就查词典，这样就中断了连贯的阅读过程。教师应该告诉学生在遇到生词时要跳过生词，利用各种阅读微技能估摸生词的大致意思，把文章先读下来。如果确实想要知道生词的确切意思，也要在阅读完毕后再查词典。

二是朗读、默读和"指读"。好的阅读者的视幅总是比较大。在阅读汉语时，除了要扩大视幅之外，还需要正确划分词界和意群界线。但即使是无法做到正确划分界线，大的视幅也有利于阅读理解。正如阅读以下句子"……必须要面对摔下山粉身碎骨的可能。即使是粉身碎骨……"，当学生遇到第一句时，往往会苦于无法正确划分"摔下山粉身碎骨"：是"摔/下山/粉身/碎骨"，"摔下/山粉/身碎骨"，还是……；但是，当学生看到"即使是"后面的那个"粉身碎骨"时，他们的难题就可以解决了。大视幅阅读的学生显然能比逐字逐句读的学生更早地找到解决问题的窍门。有的学生有朗读、默读或"指读"的习惯，这些习惯都会严重限制视幅，拖慢阅读速度。教师必须指出这种不良习惯的害处，要求学生自我控制。

三是纠缠于难点。好的阅读者一般总是先快速通篇阅读，理顺文章的脉络，再结合文章主要观点和理解题目，回到文章的重点部分，进行进一步的阅读。可是，很多学生一遇到生词、复杂的语法或表达方式，往往就滞留在那里，来来回回地读。此外，有的学生由于无法正确划分词界，常常找出一些"非词"，然后苦于无法理解这些"非词"的意义。种种情形，都会使他们无法在合理的时间内完成全篇阅读。因此，教师在课堂上要不断地提醒学生："别管这里，先往下读。"对理解监控能力的实验研究证明：继续读下去在所有理解失败的补救措施中是最为成熟、最为高级的一种策略。[1]

---

[1] 陈贤纯《外语阅读教学与心理学》，北京语言文化大学出版社，1998年。

四、教学环节与教学方法

在阅读课上,一篇课文的课堂教学时间一般都在 100 分钟左右,也就是两节课左右。阅读课的教学环节主要包括阅读课文和阅读技能训练。我们结合《中级汉语阅读教程》[①]作具体分析。

1. 阅读课文

对阅读课文的处理,教师不需要带着学生读整篇课文,而只需有针对性地处理课文。教师可以在导入后简要介绍课文的背景知识,或提出问题,让学生有针对性地进行阅读。教师在备课时,要对每个阅读材料的阅读目的做到心中有数,牢记阅读课的目的是提高学生的阅读能力,而不是详细了解阅读材料的内容。切忌把阅读课上成综合课,对课文中的生词、语法点、长句等进行详细的解释。对阅读课文的处理,要注意以下几点。

(1) 生词的处理

阅读材料里总会有一些学生不认识的生词,包括一些学生学过、但复现率低的词语,它们都会影响学生的理解。原则上,阅读课教师不讲解生词,因为大部分生词需要通过运用各种阅读技巧来理解。但有些生词或对于内容的理解十分关键,或对日常阅读很重要,这就需要我们在阅读前帮助学生理解。教师可利用课文中的上下文,在语境中讲解生词,如果课文中不能提供,教师应自己设计新语境。总之,阅读课上讲解生词应点到为止,不要占用太多的时间。

(2) 根据难度处理课文

如果一篇文章大部分内容都需要教师讲解,学生才能明白,那么,这种课文显然不适于作为阅读课文。如果教材中出现了这样的文章,建议教师不用。另一种处理方法是:教师首先把文章脉络理一理,写在黑板上,作为学生阅读时的一个参考背景。还有一种文章只是某一两个段落过难,那么教师可以口头介绍难度大的部分内容,使学生在意义连贯的基础上阅读全文。如果这些

---

① 周小兵、张世涛《中级汉语阅读教程》,北京大学出版社,1999 年。

段落不长,或涉及重要的语法点或句式,教师可引导学生逐句阅读。

例如第二课《中山装的来历》这篇文章,对于刚进入中级班的学生来说,这篇课文还是比较难的。教师可以根据课文,先把传统服装、南洋华侨的服装、西装的利弊各用一两个词语写在黑板上,进行简单的背景介绍,让学生对中山装出现的脉络有大致了解,再进入阅读就简单多了。

(3) 读前讲解

阅读前针对文章题目的讲解也非常重要。完整的讲解包含三部分:针对标题字面的讲解;针对其知识背景的讲解;针对文章体裁、风格的介绍。研究表明读者在阅读篇章时会采取一些宏观策略来理解篇章内容,如结构策略、背景策略、文化策略和标题策略等。读前讲解实际上就是帮助学生启动这些策略的好办法。总之,阅读前有效地讲解,不但能够引起学生对即将阅读的文本的兴趣,激活或建立其相关的心理图式,还能够帮助他们建立成功阅读所需要的阅读预期,建立阅读目标,并自然地引导出文章的内容关键词。

(4) 帮助学生寻找解决难题的办法

在做理解练习时,学生会遇到一些疑难问题,这时,教师要带着学生回到语料相关部分细读。这时,教师的任务是帮助他们找对地方,帮助他们理清语义或句法的线索。重点是告诉学生如何处理理解困难的地方:是跳过去继续读,还是使用某种阅读技巧进行有效推测,或是就几个关键词查字典等等。

例如,《海鸟是怎样发现食物的》这篇课文后有一道练习,要求学生判断"硫化物的气味跟浮游动物相同"的正误。要正确回答这道题目,学生必须看懂课文中的这个句子:

> 这些硫化物的气味跟那些植物性浮游生物被动物性浮游生物吃掉时产生的气味相同。

一般的情况是,大多数同学都知道这个句子就是正确回答的关键,但却觉得它很难理解。这时,教师可以指导学生把硫化物、植物性浮游生物及动物性浮游生物三个专有名词分别以 L、Z 和 D 来代替,学生们再读,发现这个句子其实是个结构很简单的句子,然后很快就找到了答案。类似的讲解重复几次后,学生们就能渐渐掌握阅读那些专业性较强的科普文章的有效方法了。

(5) 适当增加理解性问题

当教师认为课后练习不足以判断学生是否能基本理解课文意义时,应该针对练习没有覆盖的课文部分,另外提出理解问题,要求学生回答。

(6) 评估语料难度和自评阅读能力

阅读开始前和练习完成后,要引导学生正确评价阅读材料并评估自己的理解水平。也就是元认知策略中的"读前策略"和"读后策略"。这一点对于那些刚开始上阅读课的学生尤其重要,因为他们特别没有自信。在开始阅读前,告诉学生你对文章难度的评价,告诉他们难点、重点在哪里;在阅读后,尽量让学生明确他们的理解率是多少,是否达到了阅读的要求。

2. 技能训练

在进行阅读技能训练时,教师对涉及的语言知识,讲解要尽量简单直接,因为大部分语言点在综合课中都详细讲解过了,教师只需归纳性地总结一下。比如讲解"通过句法搭配关系推测生词"时,没有必要讲什么是句法搭配,更没有必要讲句法搭配的规则,只需要给学生两个句子:

大水淹了房子。

郝腾喝了一瓶香槟。

引导学生通过句子构成以及"大水"和"房子",推测出"淹"的词性和意义;通过"喝了一瓶"推测出"郝腾"和"香槟"为何物。

技能训练部分的语法知识讲解要明确,却不必太精确。例如,讲解长句理解时抽取主干的技能,教师只需要进行以下板书就能快速解决问题了:

- 他朋友的哥哥的孩子 考上了一所著名大学的经济学专业的 研究生。

　　　the last "的"　　　　　　　　　　　the last "的"

　　　　↘　　　　　　　　　　　　　　　↙
　　　　主＋谓语 V＋了/着/过/得/V＋　　宾

- 在介词结构中,"的"不是主谓宾

　　介词结构:……以前/以后/的时候

　　　　　　在/对/给/根据/按照……

请注意,这里的"主"和"宾"并不是严格语法意义上的主语和宾语,而是句子中接近主语和宾语的部分。例如：

> 清华大学刘天明老师编的介绍一般电脑知识和使用方法的科普读物《电脑入门》，受到广大读者，特别是文化水平不高的读者的广泛欢迎。

这里，只要学生能把"科普读物《电脑入门》"作为主语，"广泛欢迎"作为宾语来理解，就达到练习目的了。

简短的讲解后，以大量的练习去深化学生对这些知识的理解。这些练习大多需要学生进行分析、比较、根据系统再创造……开始时，一些习惯了被动吸收知识的学生会感到不适应，因此，成对或小组练习是一个值得推荐的课堂练习方式。合作、讨论有助于他们互相激发，互相帮助，减少学生对教师讲解的依赖。这也是阅读课与精读课根本区别之所在。例如，在第二次进行的抽取句子主干的练习中，有这样一道题目：

> 我的一位在南京工作的姐姐前几天给我的孩子寄来了一件她亲手打的浅蓝色的毛衣。

一个三人小组中，A 第一次没来上课，于是同桌 B 向她解释抽取主干的方法：先找到"了"，确定谓语是"寄来"，然后通过前面的"the last 的"来确定主语是"孩子"，后面的"the last 的"来确定宾语是毛衣。这时，同组的 C 提出了异议，他认为，主语应该是"姐姐"，因为，"我的孩子"前面有一个"给"。A 和 B 又认真地看了看板书，再读一读句子，最后表示赞同 C 的意见。

在这个过程中，教师必须始终强调训练目的：不是为了获得语言知识本身，而是为了提高阅读能力，例如：构词法是为了猜词，抓句子主干是为了更快地理解长句子。在以后的语篇阅读中，教师要随时提醒学生注意使用某些对应的阅读技能。

阅读基本上是一个输入的过程，但是，在阅读课中，无论是做阅读训练还是阅读技能训练，教师都要加入适当的输出，这对活跃课堂气氛很有帮助。例如，当对同一个问题产生不同答案时，教师可以启发学生进行简短的讨论，引导学生自己找出正确的答案。教师还可以布置学生完成课后作业，要求他们选择自己喜欢的、难度和长短合适的文章，仿照课本处理生词、编阅读理解题，交给老师修改后复印。上课时,教师拿出 10 分钟作为"××同学时间",把复印好的某同学选的文章发给大家,由那位同学当老师主持这篇文章的阅读讲解。

在阅读课上,教师还要注意合理安排阅读节奏,不拘泥于教材。教师必须通读全教材,然后适当安排每堂课读什么、先读什么、后读什么,避免教学单调沉闷。

附录:中级阅读课课堂教学示例

教材:《中级汉语阅读教程》第一册第十八课

本课基本情况分析:

1.阅读技能之"通过前边或后边的句子推测生词的意思"。

2.五篇阅读文章,其中通读三篇(第 3、4、5 篇),查读两篇(第 1、2 篇)。

授课学时:**2 课时(100 分钟)**

教学步骤:

第一节课

一、查读练习(5 分钟)

阅读1《97 张学友广州演唱会》

1.提问导入:张学友是谁? 你们爱听演唱会吗?

2.全体一起做查读。依次问课文前的理解问题,要求学生随问随查找,教师点名回答。

说明:刚开始上课,学生情绪未安定,用简单的阅读任务来进行过渡。

二、技能训练

1.讲解(3 分钟)

(1)板书:

　　小王每天晚上学到十二点,星期六、星期天也不休息,非常<u>勤奋</u>。

　　这电影真<u>沉闷</u>,我看着看着就睡着了。

(2)提问:

"'勤奋'是什么意思?"

"'沉闷'是什么意思?"

"你们根据什么知道这两个词的意思?"——通过前面或后面的句子推测出生词的意义。

2. 练习(30分钟)

分组练习,三人一组。

练习一:根据前后句子推测画线词语的意思,一共有 8 个句子,需要推测 8 个目标词。

第一步,学生分小组讨论句子的意思。

第二步,通过提问确定学生是否正确理解词义。

"你们在遇到什么情况的时候会<u>犹豫</u>?"

"<u>富豪</u>是什么人?"

"<u>冷漠</u>的反义词是什么?"

"<u>白痴</u>在学校里可能会怎么样?"

"<u>差劲</u>是什么意思?"

"我们班谁是<u>马大哈</u>? 你是吗?"

"王医生医术<u>精湛</u>,王医生是个好医生吗?"

"<u>噩耗</u>是什么意思? 什么消息算<u>噩耗</u>?"

练习二:根据上下文线索填上最可能出现的词语。

第一步,要求学生分组完成,提出比赛建议:"看哪个小组完成得最快、最好。"

第二步,当第一个小组示意完成时,可告知全班速度冠军的得主。待有三个小组完成时,可喊停。

请各小组报出答案,评价他们的答案是否合适。最后请大家评议哪个小组完成得最好。

三、通读训练(10分钟)

阅读 3《"退稿"的启示》

1. 题目讲解及阅读前准备。

(1) 运用讨论法和联想法进行词汇场演示：

"报纸/杂志"——"报社/杂志社"——"投稿/来稿/退稿"

(2) 板书需要学生注意的词汇：

脸色　和好　打印　扑哧

(3) 评价课文：比较难，跟前面讲的几个"稿"很有关系，要特别注意读第一段的后半部分。

2.开始阅读并完成阅读理解题目。

第二节课

一、继续完成阅读 3（10 分钟）

1.请学生看看自己做的阅读理解题。

2.提问检查完成情况。

3.通过提问请学生解释黑板上的四个目标词。

"妻子脸色难看，说明她怎么了？"

"吵架以后，应该怎么样？"

"打印是什么意思？"

"扑哧是什么声音？"（给学生讲讲其他关于笑的象声词，如"哈哈"、"呵呵"、"嘻嘻"。）

说明：要跟学生讨论猜测词义的方式或途径，尤其是已经在技能训练中学习过的。

4.请学生用自己的话讲讲，作者到底是用什么办法与妻子"和好"的。

说明：如果学生平均水平低，有可能需要教师结合课文讲解。

二、通读训练（15 分钟）

阅读 4《送礼送出问题》

1.阅读前讨论及准备。

(1) 提问导入：

"送礼"和"送礼物"有什么不同？——送礼一般是有目的地送礼物。

(2) 讨论：在你的国家学生给老师送礼吗？送什么？为什么给老师送礼？

（3）板书：

  一张小嘴又乖又甜 成绩掉下来

（4）评价本课文：比较长，但是比较容易，所以不用担心，速度应该快一点。

2.开始阅读并完成阅读理解题。

3.提问检查阅读理解题完成情况。

4.请学生解释板书的短句的意思。

5.阅读后讨论：同学们怎么看给老师送礼？

说明：本篇课文难度低，理解题目也容易，几乎不需要教师讲解。

三、通读训练（15分钟）

阅读5《金子》

1.阅读前讨论及准备。

（1）提问导入：

  关于"淘金"，在哪里淘金？怎么淘金？

（2）板书：

  河床 河畔 一无所获 富翁 坑 坑坑洼洼 肥沃 一丁点 真金

（3）评价本课文：比较容易，不过要注意黑板上的这些词语，课文后的阅读理解题目大部分跟它们有关。

2.开始阅读并完成阅读理解题。

3.提问并检查阅读理解题完成情况。

说明：理解题有一部分是要求学生正确选择黑板上目标词的词义。

4.请学生解释板书中的其他目标词的词义。

5.讨论最后一个目标词"真金"。

（1）初步讨论：突出课文想要表达的内涵："勤劳努力才是成功的根本"。

（2）深化讨论："同学们同意这个观点吗？"

四、查读训练（10分钟）

阅读2《钓鱼的最佳时间》

1.阅读前讨论及准备。

什么是钓鱼？你们喜欢钓鱼吗？什么时候钓鱼最好？

2.开始阅读并完成理解题。

3.结合课文内容进行简短文化介绍：中国的二十四节气。要求学生学习生词"农历"。

4.布置课后作业，请学生找出四个节气的名字，下节课检查。

说明：本教案时间安排非常紧凑，如果学生水平较低，可根据情况把一个通读训练或查读训练延迟到下一个课时进行。

第五节　汉语写作课

一、性质与特点

汉语写作课是一门汉语写作技能训练课。在听、说、读、写四种语言技能中，"听、读"属于语言的输入，"说、写"属于语言的输出。在语言输出的技能中，"说"是使用有声语言系统输出，"写"是在说的基础上，使用文字系统输出。根据语言学习和教学的规律，输入在先，输出在后。只有在大量输入的刺激后，才有可能输出。因此，一般来说，输出性的"说"和"写"分别要比"听"和"读"难。

"说"和"写"相比，"写"更难。"说"常用于日常的、直接的、口头交际中，不要求语言的严整，可以重复、补充、纠正，一般不要求成为结构完整的篇章，也没有固定的格式。同时，还可以借助手势、表情和动作等。写作常用于间接的书面交际中，它综合了字、词、句法、篇章等方面的知识，是语言综合运用能力的一种表现，在遣词造句、布局谋篇、文体修辞、书写格式等方面都有一定的要求。写作除了与语言能力相关之外，还和其他因素相关，如观察能力、思考能力、个人情感、文化修养、生活环境等。此外，汉语的文字系统跟印欧语系不同，不是拼音文字，跟口语的声音联系不密切，加上口语与书面语的差别较大，因此，训练学生汉语写作能力是一件困难的事情。

培养学生写作能力是非常重要的。现在许多外国的汉语学习者已经不满足于"听、说"等口头交际的学习。例如,与中国从事经贸活动、外交活动,需要书面交际,以书面的形式表情达意,进行有效的交际。这就需要提高学生的写作能力,以满足较高层次的交际需要。

另外,写作技能的提高可以促进其他语言技能的发展。由于"写"是更为复杂的语言输出形式,以"听、说、读"为基础,因此,写作技能的提高可以站在一个更高的层面上促进其他三种技能的发展。比如,写作技能的提高可以促进口头表达更完整;同样,写作技能的提高可以更好地理解文章的结构,从而推进阅读理解。从某种意义上说,写作能力的提高可以使学生的语言水平得到全面的提高。

第二语言的写作因为存在语言转化的问题,会出现很多用第一语言写作不会出现的问题,问题的出现就会促进研究的深入。比如,一个句子的结构是正确的,但是这个句子放在一定的语境中就不妥当,这就会促进对句型教学中语义和语用的关注;又比如第二语言写作中突出的指代不明确,句与句之间或段与段之间衔接不当等问题会推动对篇章的进一步研究。

二、教学目的与要求

培养学生运用汉语书面语进行写作的能力,是对外汉语教学重要的任务之一。对外汉语教学中的"写作"不等于汉语母语教学中的"作文"或"写作"。它是汉语作为第二语言教学的一部分,其目的一方面要有助于学生复习、巩固所学过的汉语知识,另一方面是要培养学生用汉语进行思维和书面表达的能力。

汉语写作能力的训练,在初级阶段,主要是在汉语综合课(或读写课)上进行的。主要是使学生在学会说话的基础上,学会写出简单的句子,或连贯的一组句子,解决学生书面表达中"对不对""通顺不通顺"的问题。在中高级阶段则单独开设写作课。

1.中级阶段

中级阶段写作课,主要是训练学生综合运用已学过的汉字、词汇、语法、书写格式、标点符号等谋句成段和谋段成章的能力,书面表达从"对不对"开始过渡到"好不好"。其教学目的是复习、巩固和实际运用学过的汉字、词汇、语法知识,通过学习范文扩大词汇量,学习不同语境下的各种正确表达方式及一般的修辞技巧,学习正确使用中文标点符号,掌握中文的书写格式,培养、提高运用汉语进行书面表达的能力。

在教学上,要求通过学习范文,练习写作、讲评、改错、分析、归纳、总结等,在第一学期结束时,能在两小时之内按题目要求写出一篇600字以上的记叙文,并达到以下标准:

（1）语法正确,全篇语法错误不超过5%。

（2）能正确使用虚词、句式、常用词组、成语,用词确切,错误率不超过10%。

（3）正确、熟练地书写汉字,错字率不超过5%。

（4）正确使用标点,熟练掌握书写格式。

（5）思路清晰,结构完整,条理清楚,表达明确,语言表达有变化。

第二学期结束时,在第一学期要求的基础上,语言运用要娴熟、流畅,词汇比较丰富,句式比较复杂,能使用一些修辞手法。

2.高级阶段

高级写作课主要是训练学生熟练写作各种文体的能力。写作训练既要注意语言运用的规范化,又要注意表达效果,即从写得"通不通"这一基本要求,过渡到写得"好不好""得体不得体"的较高要求,把侧重于"会用"转向"用好"。要继续克服母语的干扰,加强运用汉语的熟练度,扩大运用汉语思维的比例,进一步解决句子的连接、语意的照应、语气的配合等问题,熟悉并能运用各种文体和与之相适应的写作方法、语言风格,增强运用汉语交际的适应性,较为顺畅、得体地表达思想。

教学上的具体要求是:

（1）能写出1000字以上的议论文（读后感、观后感、评论、述评）,做到表达思想准确,运用汉语比较熟练、简洁、生动。

（2）掌握说明文、议论文、学术论文的写法和语言风格。

（3）认识修辞的重要性,树立起修辞意识。

(4) 掌握常用话题表述时汉语词语的习惯搭配与组合。

(5) 掌握基本的写作知识并能应用一些常用写作技巧。

(6) 了解学术论文的特点和基本类型、资料的收集与利用,以及撰写的程序与方法等。

三、教学任务与内容

主要包含传授写作知识与训练写作技能两部分,其中以训练写作技能为主。下面结合《汉语写作教程》①作具体分析。

1. 传授写作知识

写作知识的学习包括标点符号、书写格式、文体、修辞等语言知识,还包括叙述、描写、抒情、议论和说明等文章表达方式的学习。这些知识的获得一方面要依赖于其他课程的学习和平时的积累,另一方面要通过写作训练时教师的集中讲解。

写作知识的学习不应占课时太多,主要是引导学生在旧知识的基础上建立新知识,为下一步的写作实践做必要的准备。

例如,对于汉语的标点符号和书写格式,学生初学汉语时已有一些感性认识,在写作课上则需要巩固和加深以前的那些认识。教学导入时可以先找两个没有标点符号的长句,或因缺少标点符号而产生歧义的句子,请学生朗读。这样的句子读起来肯定有困难,学生自然就会意识到句子没有标点就无法理解。接下来,教师就可以给出汉语标点符号的有关知识。

知识的学习还应注意实用性的问题。学生之所以来上写作课,是想学到其他课上学不到的有关写作方面的知识,解决其他课型没有解决的问题:一方面是学习篇章写作知识、写作技能;另一方面通过文字的输出训练解决语言运用中的实际问题。因此,要注重词语、句式的语义解释和语用规律的归纳。

比如,记叙文的写作,在表达时间、事情发展的顺序时,通常使用"有一天,第二天,第三天"、"后来,从此以后"等词语来表达;而说明文的写作,反映某一

---

① 罗青松《汉语写作教程》,华语教学出版社,1998年。

事物发展过程的顺序,常常用"首先、其次、再次、然后、最后"等词语表达。应让留学生清楚地了解上述两种文体篇章在连接方式、表达方式上是有区别的。

2. 训练写作技能

技能的训练主要包括:

(1) 如何遣词造句表达某个既定的意思;

(2) 根据表达功能的需要选取恰当句式;

(3) 句群、语段的连贯和衔接;

(4) 各种文体的习作;

(5) 培养学习者具有借鉴和监控的能力。所谓借鉴是参考和运用母语的写作知识,模仿和运用目的语范文的写作方法。所谓监控,就是运用母语和目的语有关的语言知识和写作知识作为习作的规范,自觉地修改、润饰自己的作文。

任何一种语言技能都需经过反复的练习才能真正掌握。写是一种难度较高的技能,更需要及时、不断、反复地练习。本着讲练结合的原则,应该在课堂上练习写作。课堂上的写作练习要注意四个问题:

(1) 写的内容要具体或者有直观性,不要让学生在写什么的问题上浪费时间。

(2) 写的时间不宜太长,我们认为一次写作的时间以半小时左右为宜。一般写作课的教学是 2 个课时,花一节课的时间写作,学生会觉得写作课没意思,回家也可以写。

(3) 课堂上写作应该及时讲评。及时的讲评,可以激发学生写的兴趣,因为写作不仅仅是输出,也希望得到反馈信息的输入。

(4) 课堂上写作最好和课后写作相联系,比如课堂上写作是课后写作的一部分,学生会觉得课堂上的练习很有用。

比如学习《微型调查》这一课。

首先,引导学生注意这课的语言点:"在文章中引述别人的意见来说明道理的两种表达方式——直接引述和间接引述。"接着就这个语言点进行口头练习:让学生谈谈为什么来广州学习汉语?非典时期,你为什么没有离开广州?

你觉得留学生食堂的饭菜怎么样？一个学生说完他的观点,请另一个学生转述前面学生说的内容。

然后,指导学生阅读范文全文,了解文章结构的特点。布置课后作文:写一个微型调查。接着让学生把口头练习中的印象最深刻的一个观点写下来,注意观点明确,语句通顺。

最后,检查学生的书面练习并进行讲评。

这样,通过口头和笔头的练习,学生对直接引述和间接引述某人的技巧就比较清楚,自己的笔头练习和其他同学的笔头练习为微型调查的写作积累了素材,课后写起来就不太难了。

训练学生的写作技能时,应注意渐进性原则,即要切分教学点,考虑学习者的接受度。对母语非汉语的学习者而言,用汉语写作将面临词汇、语法、汉语思维、文化差异等诸多问题,一下子输入过多的知识根本没法消化;一下子就写一篇文章,会出现不知从何下手或者有千言万语却语不成文的情况。

文章是由语段组成的,我们可以把语段看成是一篇小文章。引导学生学习范文时,可以根据需要只学习某一段或其中的两三段,练习写作时先写语段,再把语段扩展成一篇文章。

比如教学生写游记,第一次上课挑范文中有关景色描写的段落学习,接着让学生练习描写某一处的风景。第二次上课让学生重点学习范文中不同风景点是通过什么路径游览的,即地点变换情况下的段落连接(处所词),接着让学生练习写参观某地的路线或从山脚爬上山顶的过程是怎样走的。第三次上课让学生再次通读范文全文,讲解游记的整体写作方法及注意事项,接着让学生写一篇游记。这时学生就不会觉得写一篇游记很难,而且游记中的两个重点——风景的描写和用处所词语连接不同的景点因为分别练习过,不会有很大的问题。

四、教学环节和方法

写前指导、写作训练、作文讲评构成写作课堂教学的三个主要环节。下面就这三个环节谈谈相应的教学方法。

1. 写前指导

写前指导包括语言知识的指导和范文的导读,主要目的是通过指导激活学生已存储的语言知识,注意新旧知识的联系,让学生理解怎样运用语言知识进行写作,为动笔练习作准备。

(1) 提问式

比如,教按照时间顺序记事的记叙文,要复习时间词的使用,可以以提问的方式导入对时间词的讲解。

问学生:今天你几点起床?起床后你干了什么?

学生会有不同的回答,但回答的共同点是,都涉及一连串的动作。教师会发现学生回答的困难在于,不会用时间词表示时间的推移,或者只用一个时间词进行表达。这时,就可以给学生提示一些时间词:"然后、以后、随后、于是、接下来"等等。让学生再把说过的语段说一遍。可以明显发现,加上时间词以后,动作有连续性,语义更明确。说明时间词有连接作用。接着,讲解不同时间词的表达和用法或引导学生阅读范文,并注意时间词的在范文中的运用。

一般用提问的方法不会让学生对已知知识的重复感到枯燥。

(2) 对比式

比如,教怎样写简历,可以先展示一份英文的简历,让学生分析英文简历的特点,然后展示这份简历的汉语版。将两份简历的格式、顺序、内容等各方面进行比较。

一般应用文的写作用对比法教授,容易引起学生的兴趣。

(3) 例证式

比如,教叙议结合的小议论文(先写一件事情,然后对这件事情发表看法、感叹),可以选取两三篇结构相同的短文给学生阅读,然后让学生总结文章的结构特点或表现手法的特点。

一般讲解文章的结构或表现手法等特点,用例证的方法较直观,学生容易理解,但例文的选择很重要。

(4) 引导式

比如,教篇章中代词的使用,步骤如下:

第一步,在黑板展示正确的句子:

我叫赖军义。

我是印尼人。

我在中山大学国际交流学院学习汉语。

我来广州一年多了,是去年二月来的。

第二步,把正确的句子连成一段话:

我叫赖军义,我是印尼人,我在中山大学国际交流学院学习汉语,我来广州一年多了,是去年二月来的。

第三步,让学生找出正确的句子连成一段话后的毛病所在——"我"太多了。

第四步,指出偏误的原因:过多地使用了代词"我"。

第五步,指出语用规则:在一般的叙述文中,同一个代词作主语,后面小句的主语常常省略,当表达新的一层意思时,第一个小句的主语趋向于用代词。正确的表达是:

我叫赖军义,是印尼人,在中山大学汉语中心学习汉语。我来广州一年多了,是去年二月来的。

一般讲解语篇、语用知识,引导的方法便于学生感悟、接受新知识。

2. 写作训练

写作练习指学生的笔头练习,主要目的是通过各种方式的写作实践,不断纠正运用中出现的错误,提高用汉语进行书面表达的能力。写作技巧训练应该从学生书面交际的实际需要出发,采用各种方法,训练学生从基础的字、词、句、段开始,进而通过一篇结构完整的文章,在书面上表达自己的观点、思想、感情等。

写作是综合运用语言能力的过程,遣词造句,谋篇布局,其目的是在书面上表达自己的思想感情。无论采取哪种方法进行训练,首先必须启发学生的写作冲动,让学生觉得有内容可写,不要把写作训练变成语法训练,这就要求教师在布置写作训练前很好地引导学生。以下是一些常用的写作技巧训练:

(1) 听后写

就是教师或某一个学生讲或者读一段话或一篇短文,之后让学生把听到的内容写出来。这样学生不用考虑"写什么",只要把听到的内容写下来就行。之后,学生可以对照听的内容(文字稿),检查自己写的情况。注意听的内容不宜过长,尽量不出现新的词汇和语法。听的时候内容不要中断,可以允许学生在听的过程中记下关键的词语。必要时可以让学生重复听。写的时候,只要求学生写下主要内容、主要情节,叙述方式可由学生自己定。

(2) 说后写

就是先练习说,说完以后,把说过的话写下来。说话过程的语音语调可以不作要求,因为说是为写服务的。

开始练习"说后写"可以说得比较简单,慢慢地要求说相对完整的语段,或者表达一个观点。像议论文的写作,论点一开始可能不是特别明确,论据可能不是特别充分,思路可能不是特别清晰,这都没关系。通过自己说、同学的提问、相互的讨论,就会使论点变得明确,论据充分,思路清晰。

这种先说后写的方式能有效地缓解学生害怕写作的紧张情绪,说得越多、讨论得越充分,写的时候就越容易。不过,教师要监控学生说的内容,如果说的过程中有语病,先纠正,这样可以减少写的时候产生的错误。此外,要注意"说"与"写"的矛盾,即口语与书面语的差别。尤其是议论文的写作,要求学生把经过讨论所罗列的观点按主次重新排列,尽量用书面语写出来。

(3) 看后写

就是借助于一些形象化的材料进行写作练习。这些材料可以是单张的照片、地图、数据表、漫画,也可以是多幅的画报乃至电视小品等。在写作前老师提出写作要求,让学生有重点地仔细观察,忠实描述。

这种训练表面上看似容易,但是,要让学生把视觉上具象的物体或活动用语言表达出来,学生有时会觉得无从下手。教师必须加以适当的指导,可以提供一些关键词语、句型,让学生根据这些词语、句型进行写作训练。

(4) 读后写

就是通过阅读,参照范文的格式和结构,让学生进行模仿写作。像应用文以及各种文体的写作。

"读后写"除了让学生模仿范文的格式和结构进行写作训练以外,还可以从内容入手,比如让学生阅读一篇情景交融的范文,经过教师的讲解后,让学生自行创作。

(5) 续写

就是给学生文章的开头,让学生接着写。续写可以以全体学生参与的方式进行,即一个人写一句地续写;也可以分组进行续写;还可以以个体的方式进行,即各人写各人的。

老师要根据当前写作课的要求提供文章的开头,学生续写时必须按照一定要求(如文体、语体等)保持全文的一致性。

(6) 情景创作

老师粗线条地提供故事的人物、时间、地点,让学生发挥想象力自行创编故事。比如教师布置:黄昏时一个男人和一个女人在公园的一棵大树下会面。至于这两个人的年龄大小、模样美丑、会面的原因等等,由学生自行创作。

(7) 做后写

组织学生活动,如爬山、参观等,之后写有关活动的情况。

3. 作文讲评

作文讲评就是对学生作文中出现的各种问题进行分析、讲解,主要目的是通过信息的反馈,促使学生书面语的表达更加规范。

(1) 肯定式

在作文讲评中肯定、表扬学生作文中用得好的词语,表达得体的句子,通篇语句通顺的作文,或立意新颖的作文。教学实践证明,肯定和表扬可以激发学生写作的热情,提高学生写作的兴趣,因此,这是每一次作文讲评不可缺少的讲评方式。可以采取教师在黑板上板书作文中用得好的词语、句子,或请学生朗读写得好的语段或全文,或将写得好的句子、语段或作文印发给学生等方法对学生进行鼓励。

(2) 归类式

对学生作文中的偏误进行归类讲评。因为写作是个体性行为,每个学生作文出现的偏误都不一样,归类讲评可以更有针对性地解决大部分学生存在的问题。归类可以依据语言划分,比如以英语为母语的学生的问题,韩国或者日本学生存在的问题;也可以根据语言项目的教授突出对某一类的偏误进行讲解。

为了让学生容易发现并注意避免偏误,就要突出某项偏误,而不是照搬学生原文,教师有必要对学生作文进行有目的的修改——改正次要、零散的错误,只保留某项准备讲解的主要偏误,便于教学示范、讲解,也便于学生点滴吸收,综合运用。

(3) 类比式

将主题相近的作文进行比较、分析,比较的作文可以是外国学生之间作文的比较,也可以是外国学生和中国人作文的比较。由于主题相近,类比更容易让学生发现自己作文的不足之处。

(4) 讨论式

教师挑选一篇有代表性的学生作文,印发给学生,让学生讨论该作文好在哪里,不足在哪里,应该如何修改。需要注意的是,对学生原文应该做一定的技术处理,比如删掉作者的名字,对作文中出现的小偏误进行修改,文章输入电脑,打印后发给学生。

(5) 自改式

教师只在学生的作文中做评改的记号,不直接将修改的结果写出来,让学生根据符号的提示重新思考,修正。学生再将修正的结果给老师看,看有没有改对;如果学生不明白为什么错,可以请教老师。老师再根据学生修改的情况,对疑难点在全班进行讲评。这种方式的讲评对强化学生语言运用的规范非常有效。

(6) 互评式

学生之间互相评改作文。评改之前教师要将评改的项目,如:词语的运用、段与段之间的衔接、文章的开头和结尾等细列给学生,让学生有所依据地评改作文。学生在评改中有问题可以请教老师。然后,可以选择一两个学生,让他们在全班讲评。最后,老师对学生的讲评作小结。这种讲评活动可以促进学生对写作的整体把握。

附录:汉语写作课教学示例

教材:《汉语写作教程》第三单元第十一课

学时:4学时(每学时45分钟)

本课基本情况分析及教学重点:

  1.本课写作技能的训练重点是介绍处所、描写景物。写作知识,主要学习存现句及表示空间转换的语句。

  2.共有范文四篇。第一篇最简单,自然地根据空间的转换介绍环境——"我家的房间布置"。第二篇是一篇文字优美的散文,使用了一些存现句。第三篇以空间变化为顺序描写景物。第四篇则以季节变化即时间的推移为主要线索描写景物。

教学步骤:

第一讲(2课时)

第一节课

一、写前指导(1)

1.复习上一次课练习的被动句。(10分钟)

用PPT展示学生在写作中所使用的被动句,让学生判断对错。

提问:什么情况下我们会使用被动句?

2.学习范文一《我家的房间布置》。(20分钟)

第一篇范文介绍家庭的房间布置,内容简单,结构清晰,容易引导学生学会使用表示空间转换的语句。

(1)学生每三个人一组,阅读范文,要求:找出范文中所介绍的处所和表示空间转换的语句,并注意作者的视点。

(2)小组代表就阅读要求发言,互相补充,教师板书:

    一进门,迎面就是……

经过左边的房间进入里间

　　南窗前　办公桌　→　办公桌右上角　→　办公桌左边　→
　　　　　　　　　　　　　左上角　　　　　　　右边

　　房门右边　壁橱　→　壁橱下面　沙发　→　沙发中间　→
　　　　　　　　　　　　　　　　　　　　　　右边

　　房间正中　→　靠后墙

作者视点：静的　一个点

（3）根据板书，学生朗读，教师引导学生说出处所词后面的动词，进一步了解介绍处所时所用词语，提出存现句的概念，让学生认识存现句。

二、写作训练（1）——课堂写作训练（10 分钟）

教师通过 PPT 展示事先设计好的一个房间的平面图（房间布置情况与范文不同）。

写作任务：学生用 10 分钟时间根据平面图描写这个房间。要求：使用表示空间转换的语句，把房间的摆设介绍清楚，尽可能简单。

第二节课

一、讲评写作训练（1）（约 10 分钟）

首先让学生两人一组互相修改上节课写好的短文，找出空间转换的语句，找出作者的观察点，发现使用中出现的问题。

然后让学生把找到的问题拿出来全班一起讨论；若有特别优秀的，让作者当众宣读。

二、写前指导（2）

1.教师朗读范文一，要求学生注意存现句以外的其他语句，想想看：如果没有这些语句，这篇文章怎么样？（约 5 分钟）

2.学生发言，在教师指引下，一起找出存现句以外的描写性语句（包括很多含有多重定语的句子）。

让一个学生朗读删去描写性成分后的范文，对比删改后的范文跟原文的差别，讨论。在讨论中教师引导学生发现文章中的描写性成分的重要地位，指出描写性成分在作文中所起到的修饰作用、所带来的丰富个人感情色彩,强调在写作过程中,运用丰富的描写性成分的重要性。(约 15 分钟)

3.再次展示、讨论刚才的房间平面图。(约 8 分钟)

教师:刚才大家写的这个房间,是不是你的房间?

学生:不是。

教师:怎样加工一下刚才的短文,把这个房间变成"你的"?

学生讨论、发言。

通过师生问答再次引导学生思考使自己的文章变得丰满生动的方式之一——带有丰富个人感情色彩的描写性成分。

三、写作训练(2)——布置课后写作训练(约 3 分钟)

1.要求学生课下把课堂写下的短文进行扩充,发挥想象,运用尽可能多的描写性成分,写成一篇带有丰富个人感情色彩的文章。

2.阅读第二篇范文,找出范文中的存现句。

第二讲(2 课时)

第一节课

一、讲评写作训练(2)(10 分钟)

讲评上次的作业,顺便复习表示空间转换的语句以及存现句,表扬写作中的优秀作文,让作者宣读。

二、写前指导(3)(20 分钟)

1.请学生说出范文二出现的存现句,加深对存现句的认识。

2.学习范文三《灯火辉煌的南京路》。

这篇范文跟第一次课的范文一采用了不同的视角,是一种移动的视角,文中存在观察点的变化,可以跟上次的范文互相对照,引导学生发现介绍一个小的空间跟介绍一个大的空间时的不同。

(1)学生分组阅读范文,找出表示空间转换的语句和作者的视点。

(2)小组代表发言,互相补充,教师板书:

站在……只见……

→沿着……往东走，只见……

　　　→沿着……往西走……一路上……

　　作者视点：变化的　　三个点

（3）教师带领学生一起学习文中出现的成语，体会成语带来的修饰效果。

三、写作训练（3）——口头作文（10分钟）

让学生分组讨论，如果从中山大学南门一路走到北门，怎么有条理地安排写作的视点？怎样使用空间转换的语句？

第二节课

一、口头作文（约18分钟）

接上节课的讨论，让每组派一个代表进行口头作文，组员可以补充，各组互相点评。

二、写前指导（4）（约20分钟）

学习范文四《家乡的小河》。

这篇范文中有不少带有动态的存现句，可以对比前两篇范文中静态的存现句，加深学生对存现句的认识。另外，这篇范文按照时间推移来安排的景物描写，也是本课的学习点之一。

（1）学生分组阅读，找出范文的写作顺序。跟前两篇范文对比。

学生阅读时，教师板书下面的句子：

　　A.水面上溅起一朵朵雪白的浪花。

　　B.小河披上了白纱，两岸的土地也盖上了厚厚的"棉被"。

（2）阅读结束，学生发言，教师板书写作顺序：

　　白天→晚上

　　春天→夏天→秋天→冬天

（3）教师引导学生学习板书的带有动态的存现句A、B，并进行造句练习。

三、写作训练（4）——布置课后作业（约2分钟）

半命题作文：美丽的_____（地名）

要求：使用视点转换顺序，或者时间推移顺序来安排景物描写，恰当地使用存现句,注意描写性成分的使用。

思考与练习

1. 什么是语言技能的教学？它与语言要素的教学有什么关系？
2. 综合课的教学内容和任务是什么？
3. 综合课的教学环节有几个？每个环节可以使用什么教学方法？
4. 结合教学实践,谈谈实施综合课(或读写课、精读课)教学的体会。
5. 口语课的教学内容和任务是什么？
6. 各个阶段口语课的要求是什么？
7. 口语课的教学环节是什么？可以采用什么方法提高每个学生的开口率？
8. 结合实践,论述听力课的教学环节。
9. 听力课学生遇到的最大困难是什么？如何解决？
10. 结合听力课实践和自己学习外语的经验,谈谈在阅读教学中如何解决培养阅读技能和学习语言知识的矛盾。
11. 论述阅读课的主要任务和教学环节。
12. 学生汉语写作水平的高低是否跟母语写作课水平的高低成正比,为什么？
13. 写作课的写前指导跟综合课(精读课)有什么区别？写作训练和作文评改有哪些方法？

第五章 语言测试与成绩分析

语言测试是评估学习者语言能力和语言教师教学效果的重要手段,也是语言研究,尤其是二语习得研究的重要工具。作为一位语言教育工作者或语言研究者,必须了解和掌握语言测试的一般原理,以及有关测试结果的科学分析方法。

第一节 测试的性质和特点

一、测试性质

语言测试,是对被试者的语言能力做出科学评定的一种测量。无论是小型的课堂测验,还是大型的标准化考试;无论是集体笔试,还是单个进行的口试,所有语言测试,本质上都是对被试者的语言能力做出客观准确的测量。

对外汉语测试是一种以语言学、对外汉语教学、心理测量学、教育测量学理论为基础,结合汉语的特点而设计的,以考查第一语言非汉语者汉语交际能力为核心、兼顾考查汉语知识的语言测试。

二、测试特点

对外汉语测试具有一般语言测试所具有的客观性、科学性、目的性等特点。由于测试对象的复杂性,测试内容的特殊性,学习目的的多样性,使得它还具有如下一些特点。

1. 针对性

首先,要体现汉语本身的特点。世界上有几种较为通用的语言,如英语、俄语、法语、西班牙语、阿拉伯语。汉语跟这些语言的关系比较远,在语音、词汇、语法,尤其是文字方面有突出特点。这些特点正是第一语言非汉语者学习的难点,也是对外汉语教学和测试的重点。因此,相关测试应根据汉语语音特点设计听力试题,根据汉语结构特点设计语法试题,根据汉字特点设计汉字试题。例题 1 就体现了汉语语法中词序的特点。

例 1　在每一个句子下面都有一个指定词语,句中 A、B、C、D 是供选择的四个不同位置,请判断这一词语放在句中哪个位置上恰当。

我已经 A 开始 B 做 C 饭 D。

了

(转引自《HSK 备考训练》[①](模拟训练·语法结构)191 页)

其次,要体现被测者的特点。当前把汉语作为第二语言/外语的学习者,人类众多,分布广泛,对象各异:有国内国外的区别,成人与少儿的区别,华裔与非华裔的区别。对外汉语测试必须针对不同的测试对象进行。如对少儿的汉语测试,可以更多利用图画:

例 2　听一听,想一想,哪张图是对的? 每个题你会听到两遍。

A.　　　　　　B.　　　　　　C.

(转引自《少儿汉语考试大纲》二级样卷听力部分第 2 题)

此外,除了通用汉语之外,专用汉语(如商务汉语、旅游汉语、文秘汉语、医科汉语、法律汉语等)的特点也要体现。例题 3 就带有鲜明的商业气息。

---

① 快捷汉语系列教材编委会《HSK 备考训练》,世界图书出版公司,2003 年。

例3 每段文字后面有一到几个试题,请选择最恰当的答案。

```
酒楼转让
位于中心大街,人流量大,客源稳
定,面积400平米。现转让。转让
费面议。
                13648795433
```

酒楼主人:
A.要增加客源   B.不想再经营
C.要扩大面积   D.定好转让费

(转引自《商务汉语考试大纲》①阅读样卷第54题)

2. 规范性

规范性首先体现为对外汉语测试有规范标准的命题依据。表5—1说明了汉语水平等级标准与对外汉语教学年级、HSK等级的关系。给各年级学生出试题时,应该参考这些关系。

表5—1 汉语水平等级标准与对外汉语教学年级、HSK等级的关系

教学年级	HSK等级	汉语水平等级标准	词汇等级大纲	汉字等级大纲	语法等级大纲
一年级	HSK（初等）	一级标准	甲级词 1033个	甲级字 800个	甲级语法 129个项目
		二级标准	乙级词 2018个	乙级字 804个	乙级语法 123个项目
二年级	HSK（中等）	三级标准	丙级词 2022个	丙级字 601个	丙级语法 400点
三年级	HSK（高等）	四级标准	丁级词 3569个	丁级字 700个	丁级语法 518点
四年级		五级标准			

(转引自《汉语水平等级标准与语法等级大纲》②11页)

---

① 国家汉办、北京大学商务汉语考试研发办公室《商务汉语考试大纲》,北京大学出版社,2006年。
② 国家汉办《汉语水平等级标准与语法等级大纲》,高等教育出版社,1996年。

其次，对外汉语测试试卷中，无论是试卷说明的语言，还是正式题目中所选的语料；无论是教师自己编写语料，还是从真实生活中或者报刊杂志中选取语料，都应符合普通话的语言规范，不能使用社会方言和没有收入《现代汉语词典》的地域方言，更不允许出现带有语病的语料。

3. 系统性

首先要求对外汉语测试内容既要包含汉语的语音、词汇、语法和汉字四大语言要素体系，也要包括汉语的听、说、读、写四大语言技能体系。在传统的HSK考试中，不论是初中等HSK，还是高等HSK，都有完形填空即汉字考查这一项目。新版初中等HSK的最大改进之一，是增加了口语（说）、写作（写）两大技能的考查。

其次，即使是在某一语言要素或语言技能考查中，也同样具有系统性的特点。如语法测试应包括：常见的量词、方位词、能愿动词、副词、介词、连词、助词、动词、形容词、名词重叠、补语、定语、状语、语序、比较的方式、提问的方式、常用词组和习惯用语、常用复句等，而不能仅仅局限于语序或虚词。

再次，某一级语言项目，应该限制在同级的语言要素范围之内。如同一级语法要与同一级词汇、同一级汉字相一致。即考查某一级语法项目的用词用字应该限制在同一级词汇和汉字范围之内（可涵盖前一级或前几级）。

第二节 测试的目的和类别

一、测试的目的

目的性是语言测试的主要特点之一。对外汉语测试的目的，概括地讲，就是为考查汉语作为第二语言的应试者是否具备完成某项特定任务所需的汉语能力。

不同类型的测试有着不同的测试目的。如潜能测试的目的，在于预测汉语作为第二语言的学习者是否具备学习汉语的潜在素质，即看他是否具有学习汉语的潜力和天赋；成绩测试的目的，在于衡量学习者对某一汉语课程内容的掌握程度;水平测试的目的,则是考查学习者的汉语能力是否达到了规定的标准和要求。

二、测试的类别

依照不同的分类标准,可以划分出不同的测试类别。其中最主要的划分标准是测试目的。

1. 测试目的

(1) 成绩测试(Achievement Test)

成绩测试是考查学生学习某一汉语课程一段时间后,对所学课程内容掌握程度的测试。成绩测试的突出特点是测试的内容不超越教学大纲、教学计划及所使用教材的范围,教什么,考什么。如各类汉语学习班的期中考试、期末考试、结业考试、毕业考试等,都是典型的汉语成绩测试。它不但可以用来检测汉语学习者自身学业成绩的优劣,而且可以用来评估不同地区的汉语院校、同一汉语院校内平行班级的教学效果,从而为提高对外汉语教学质量提供反馈信息。

(2) 水平测试(Proficiency Test)

水平测试与成绩测试刚好相反,其测试内容和范围不受某一课程教学大纲、教学计划和所使用教材的限制,也不考虑不同学习者学习时间、学习地点、学习程度的不同。它主要关心的是学习者现有的汉语熟练程度能否保证他在未来完成特定的汉语交际任务。汉语水平测试的内容一般比汉语成绩测试的内容更为广泛,涉及汉语的语音、词汇、语法、汉字等各语言要素和汉语听、说、读、写等各项技能。如汉语水平考试(HSK)是当前规模最大的一种汉语水平测试,它包括的 HSK(基础)、HSK(初中等)、HSK(高等)三个主干考试,以及 HSK(少儿)、HSK(商务)、HSK(文秘)、HSK(旅游)各个专项分支考试,都属于权威性的汉语水平测试。

(3) 分班测试(Placement Test)

分班测试又称为安置测试或分级测试,指在学习者入学时进行的,用来考查其当时的实际水平,以便安排他们进入不同层次学习班的测试。比如,一些大学的留学生教学班分有初级上、初级下、中级上、中级下、高级上、高级下等班级，一名新来的学生适合进入哪个班级学习，通常根据其汉语分班测试的成绩来确定。分班测试的目的是为了尽量让汉语水平相同或大体相当的学习者组成一个班，这样，既便于教师施教，也利于学生学习。

（4）潜能测试（Aptitude Test）

潜能测试又称学能测试、性向测试，指用来预测学习者是否具有学习汉语的潜力和天赋的一种测试。这种测试既不以某种教学大纲或教材为基础，也不关心汉语学习者目前的汉语水平，有时考生可能从未学过或从未接触过汉语。测试的目的只是为了了解汉语学习者是否具有学习汉语的潜在素质。

这种测试可以为世界各地的汉语学习者选择专业或报考何种汉语水平证书提供各种参考和帮助。比如一位留学生来中国后，是学习汉语言，还是学习中医，可以参照自己的汉语潜能测试成绩来作出决定，以发挥个人的特长和优势。

（5）诊断测试（Diagnostic Test）

诊断测试指用来检查汉语教学进程中，教和学两个方面所存在的问题，以便弥补缺漏的一种测试。诊断测试的内容十分自由，可以考查单个汉语语言项目，也可以考查综合性的汉语语言项目；测试的方式非常灵活，可以采用口试，也可以采用笔试，还可以将口试与笔试相结合；测试的时间也没有统一要求，可以是几十分钟的纸笔测试，也可以是几分钟的课堂提问。例如，教师教了汉语助词"了"的用法后，为了考查留学生是否掌握了"了"的用法，学生在使用"了"的过程中存在哪些困难，以及"了"与哪些词语容易发生混淆等问题，教师就可以出一些题目让学生做，以获取反馈信息，进行有的放矢的指导。

2. 测试命题方式

分离性测试（Discrete-Point Test） 指将汉语分离成语音、词汇、语法、汉字等各个构成要素，把语言技能分离成听、说、读、写等分项技能，逐一进行测试。通常一道试题只测试一种语言要素或一项语言技能。如原版汉语水平考试（HSK）（初中等）的第二部分"语法结构"就是典型的分离测试，该部分共有30个题目，每个题目一般分别测试一个虚词或一种句型。

综合性测试（Integrative Test） 指将各种汉语知识和语言技能综合在一份试卷或一个试题中，以全面地考查汉语学习者的语言能力的一种测试。如汉语水平考试（HSK）（高等）的作文和口试都属于综合性汉语测试。

这两种汉语测试都有各自的优点和不足。前者的优点在于考查的汉语项目和分项技能多，测试的成绩容易进行量化分析，测试的结果能准确反映学生的具体困难，便于教师对症下药，有针对性地帮助学生克服具体困难；其不足在于孤立地考查汉语学习者的某一项汉语知识或技能，难以反映他综合运用汉语的水平，特别是汉语交际水平。后者的最大优势是可以比较全面地考查汉语学习者的语言能力，尤其是综合运用汉语的能力；其不足在于评分标准不好掌握，实施过程费时费力。因此，我们通常将二者有机结合起来。

3. 判卷评分方式

主观性测试（Subjective Test） 指试题的答案比较灵活，可能不止一个，评分时需要评卷人对考生的作答情况做出主观性判断的测试。如留学生汉语期末考试中的写作测试、口语测试等都属于主观性汉语测试。

客观性测试（Objective Test） 指试题有固定的标准答案，评分客观可靠，不受评阅人主观因素影响的测试。留学生平时汉语测验常用的多项选择题和判断题，就属于典型的客观性汉语测试。

这两种汉语测试也各有利弊，前者的优点在于：便于深度性的汉语考查；命题方便，题量少，耗时短，利于防止猜测得分。缺点在于：考查的范围受到限制；评阅工作量大；评分结果难以达到高度一致。后者的优点在于：试题覆盖面广；评分客观、精确，不受阅卷人员主观因素的影响；阅卷方便快捷，省时省力。其缺点在于：难以排除猜测得分；不利于深度性汉语考查。因此，一般的汉语测试将二者有机结合起来进行。

4. 反映成绩的方式

常模参照性测试（Norm-Referenced Test） 指对被测者进行汉语成绩测试时，不是直接给出其卷面的分数，而是将被测者的原始分数与常模进行对照比较后，用比较得出的结果作为各个被测者的成绩。这里的常模指用来解释被测者测试成绩时的一种参照值，或者说是标准值。一般用当次考试全体被测者的平均分与标准差作常模。

标准参照性测试（Criterion-Referenced Test） 指评定被测者测试成绩时，参照一个事先规定好的标准，看被测者是否达到了这一既定的标准或达到既定标准的何种等级。与常模参照测试刚好相反，参加标准参照测试的汉语学习者所得分数的多少，与参加同一次测试的其他人得分多少没有关系。

这两类汉语测试的相同点是：都以一定的标准来解释被测者的测试成绩，二者的区别在于：一是参照物的性质不同。前者用的是当次考试的全体被测者的平均分与标准差；后者用的是事先规定好的标准。二是用途不同，前者广泛地用于选拔性、择优性的招生考试、录用考试等等；后者常用于职业考核和等级证书考试。

以上测试的种类是根据不同的标准划分的，它们之间并不是截然分开的，而是相互交叉融合的。如一次成绩测试，可能既包含客观性测试试题，也包含主观测试试题；既包含综合测试试题，也包含分离测试试题。

第三节 测试的功能和原则

一、测试的功能

对外汉语测试的作用，主要体现在以下几个方面：

首先，它是检查和评估对外汉语教学效果、教学质量的重要手段和依据。通过汉语测试，学习者可以更好地了解自身的汉语水平，检查学习效果，改进学习方法，确定努力方向；教师可以更好地了解学习者汉语知识及其应用技能的情况，以查找教学缺漏，改进教学方法，提高教学质量；学校和教学行政主管部门可以更科学地对各汉语教学单位进行有效的督导和管理。

其次，它是测量学习者汉语实际水平的主要标尺，是公平公正地为全世界汉语学习者发放各类各级汉语水平证书的主要依据，也是世界各国用人单位甄别、遴选汉语作为第二语言职业人才的主要参考。如韩国很多公司在招聘本国人才时,就把应聘者是否持有汉语水平考试(HSK)等级证书和持有何类、何等级别的汉语证书作为重要条件之一。

再次,它是对外汉语教学研究人员开展汉语本体研究、汉语作为第二语言习得研究等工作的重要工具。比如要比较两种对外汉语教学方法的优劣,对汉语学习者进行汉语词汇学习策略培训有没有效果,教材中某一个汉语语法项目的排序是否科学等,都需要通过相应的实验性汉语测试,在统计比较实验组和对照组学习者的测试成绩,或者同一组学习者实验前后的测试成绩基础上,才能得出科学的结论。

二、测试的原则

对外汉语测试要真正实现上述功能,就必须遵循如下原则:

1. 公平性与可行性相互结合原则

公平性要求任何对外汉语测试,不论其规模的大小、时间的长短、级别的高低,对于来自不同国家、不同母语背景、不同职业类别、不同汉语水平的汉语作为第二语言学习者来说,都应该能得到平等的对待。

首先,测试的组织和实施,必须保证每一位被试者享有同等的客观应试条件。比如汉语听力测试,应该让不同考场、不同地区的被试者,在相同的环境下听取相同质量的录音材料。如大型的HSK考试中,不能因为条件限制,让部分被试在标准的语音教室戴耳机听,而让部分被试在一般教室中用录音机播放磁带听。测试实施前,就应该考虑到测试条件的可行性。

其次,测试成绩的评定,必须做到公正合理。为此,一般学校的留学生各门汉语课程的期末考试,都采用多人流水作业的方式进行评卷。大型的HSK考试,非口语和作文部分都采用机器自动化评卷。

此外,如果是大型的水平测试,内容必须多元化。测试语料的选材应该广泛,尽量涉及政治、经济、社会、科普、文化、历史、地理、文艺、体育等各个方面;语料体裁必须多样,争取涉及新闻、政论、小说、散文、戏剧、广告、请柬、通知、信函、产品说明、商务合同、景点介绍等各种文体;考查的汉语知识和技能必须全面,应包括汉语语音、词汇、语法、汉字等各个要素和听、说、读、写各项技能。尽量使不同母语背景、不同职业类型、不同爱好的被试者得到公平的检测。

在讲求公平的同时,无论是试题制作者还是测试组织者,都应该考虑各项保证公平措施的可行性。如口语测试,为了保证多人流水作业就要考虑采用录音的方式。采用机器自动化评卷,就要制作统一的答题卡,以及研发计算机测试自适应系统。

2. 科学性与真实性相结合原则

该原则首先要求所有的对外汉语测试都必须以科学的测试理论作指导,以便测试出被试者的真实汉语水平。当前比较科学的测试理论为以考查语言交际能力为主,兼顾语言知识和各项语言技能全面测评;测试方式以综合式为主、分立式为辅。例如 HSK 试卷,总体上是综合性的,包括了汉语听、说、读、写等各项语言技能的考查;微观上是分立式的,每一部分,主要考查某一种语言技能。充分体现这一科学测试理念在对外汉语测试中的应用,也使 HSK 测试能更真实地评测出汉语学习者的汉语水平。这一做法也值得各对外汉语教学院校在组织留学生平时成绩测试时借鉴。

其次,真实性要求对外汉语测试试题在题型设计、选材和命题时,充分体现汉语在实际使用过程中所表现出来的交际性、互动性和真实性的特点。用于测试试卷中的语料应来源于真实生活中实际使用的自然语言,但又不是真实生活中实际使用的自然语言的直接翻版,而是经过一系列科学的提炼加工后的干预语言。

3. 主观性与客观性相结合

从宏观上说,对外汉语测试题,应该包含主观性试题和客观性试题两大类型,将二者有机结合起来进行。新改版的初中等 HSK 试卷,增加了口语和作文两类主观性题型,整个试题体现了测试主观性与客观性相结合的原则。

从微观上讲,客观性试题要求答案的唯一性,排除选择答案的模糊性和主观性因素。题干和选项用词要准确,表述要清楚,不能模棱两可。下面例 4 这道客观性试题中,"了"既可以放在 B 的位置,也可以放在 D 的位置,违反了客观性试题答案唯一性的要求。

例 4 在每一个句子下面都有一个指定词语,句中 A、B、C、D 是供选择的四个不同位置,请判断这一词语放在句中哪个位置上恰当。

我 A 吃 B 饭 C 去 D。
了

客观性原则,还要求一道汉语题目的答案不能因为被测对象文化观念、生活习惯等方面的不同而可以随意选择。特别是读(听)后"感觉"之类的题目,要尽量立足于材料本身,让考生别无选择地去寻找蕴涵在原材料中的思想、观点和弦外之音。例题 5 就忽视了这一点。

例 5 据有关资料,全世界每年沙漠面积扩大 5—7 万平方公里,地球上森林面积已由 19 世纪的 55 亿公顷减少到现在的 28 亿公顷。……日益严重的水污染和大气污染,更加重了人类居住环境的恶化。……

问:读这段文字使我们感到:

A.气愤　　　　B.不安

C.兴奋　　　　D.不在乎

(转引自《汉语水平考试研究》[①])

命题者原始的答案是 B"不安"。虽然一般人员读了这段话后心情会感到沉重,即"不安",但是,如果某个考生在读了这段话以后,对那些造成水源和大气污染的行为感到"气愤",也不能说他不对。

第四节　测试质量分析

对外汉语测试能否达到预期的目的,关键是看测试试题的质量如何。本节主要讨论分析对外汉语测试试题质量所需的主要分析项目、分析方法和分析指标。

---

① 刘英林主编《汉语水平考试研究》,现代出版社,1994 年。

一、分析的项目

体现对外汉语测试质量的项目主要有：

1. 测试的题型

一份综合测试试卷应该包括主观试题和客观试题两种题型，比例要合理。

对外汉语测试题目有许多具体形式，如多项选择、完形填空、是非判断、回答问题、朗读材料、情景（人物）介绍、自由说话、定题作文、提供材料作文等。其中多项选择、完形填空、是非判断、回答问题几种题型最为普遍。它们既可以用于汉语语音、词汇、语法、汉字等各项汉语要素的考查，也可以用于听力、阅读、口语、写作等各种汉语技能的考查。

（1）多项选择题

例6 每个句子中都有一个画线的词语，A、B、C、D四个答案是对这一画线的词语的不同解释，请选择最接近该词语的一种解释（在答卷上的字母上画一横道）。

你为什么把人放走了？我不是告诉过你这个人无论如何也<u>得</u>把他留住吗？

A.能　　　　　　　　B.会

C.要　　　　　　　　D.想

（转引自《中国汉语水平考试大纲》（初中等）[①]样题阅读部分）

该题既考查了被试者的阅读技能，也考查了他的语法知识。类似地，前面例题1，主要考查被试者的汉语语法知识；例题2，既考查被试者汉语语音知识，也考查听力技能；例题3，主要考查被试者的汉语阅读技能。

（2）完形填空题

例7 每段话中有若干个空儿，请根据上下文的意思在每一个空格中写一个恰当的汉字。

本周五下午两点，在国际文化交流学院报____厅，举办外国留学生汉

[①] 北京语言大学汉语水平考试中心《中国汉语水平考试大纲》（初中等），现代出版社，2006年。

语演讲____赛。欢迎广大留学生积____报名参加。

（转引自《HSK 备考训练》）

这道完形填空在考查被试者汉字水平的同时，也在考查他的汉语词汇水平，同时在一定程度上也考查了他的阅读技能。听力测试中，也可以采用完形填空的方式。

(3) 是非判断题

例 8　听下面的对话，判断下列句子的对和错。

小明很聪明，虽然没有在学校读过几天书，可是他一直喜欢看书，多少年来一直坚持自学。

在中文电脑使用还不太多的时候，他靠自学学会了中文电脑。

中文电脑最容易的一种输入方法是"汉语拼音"，可是小明没学过。聪明的小明选择了用字形输入方法。他没有参加什么学习班，也没有请人教，自己买了一套软件，看着说明书一步一步地学。

一年以后，他学成了。现在他可以用电脑帮助自己工作。

A. 小明上学的时间不太长。　　　　（　　　）

B. 小明请人教他学会了电脑。　　　　（　　　）

C. 短文主要讲小明自学电脑的故事。　　（　　　）

是非判断题，既可以用作客观性测试题型，也可以用作主观性测试题型。如上例中的 A、B 两小题，只要被试者听后获取客观信息就可以了，这基本上属于客观性测试题型；而其中的小题 C，要求被试者听后对整个短文进行主观性概括和推理，这基本上属于主观性测试题型。是非判断题不仅可以用来考查被试者的汉语听力技能，也可以用来考查被试者的汉语阅读技能。

(4) 问答题

例 9　听下面的对话，然后回答问题。

女：麦克，你的旅行包借我用一下儿，行吗？

男：行。你做什么？

女：明天我和王丽去西安旅行。

男：坐火车去吗？

女:坐飞机去。

男:明天我去机场送你们吧。

女:不用。王丽的爸爸开车送我们去。哎,这几天我不在北京,你替我买报纸,行吗?

男:行。

A.女的找麦克做什么?

B.女的跟王丽去做什么?

问答题既可以用于考查被试者的听力技能,也可以用于考查其阅读技能,还可以考查语言表达能力。

2. 试卷的结构

指一份测试试卷中,不同的测试项目的比例构成情况。从题型上看,包括主观性试题和客观性试题的结构比例;从语言技能上看,包括听、说、读、写之间的结构比例;从考查范围上看,包括基本知识、理解能力、综合应用之间的结构比例。下表是汉语水平考试(HSK)(高等)试卷结构情况。

表5—2 汉语水平考试(HSK)(高等)试卷构成

题　　型	试题数量	答题时间	标准分
一、听力理解	40	约25分钟	100
二、阅读理解	40	40分钟	100
三、综合填空	40	40分钟	100
四、作　　文	(1)	30分钟	100
五、口　　试	(2)	10分钟准备 10分钟录音	100
总　　　计	120+(3)	155分钟	500

(转引自《中国汉语水平考试十年(二)》)[①]

3. 试题覆盖面

指一份汉语测试试卷包含的题目所涵盖的考查范围。试题覆盖面可以从

---

① 刘英林《中国汉语水平考试十年(二)》,《汉语学习》1996年第5期。

纵横两个方面去考虑。

横的方面,指试题的内容应该尽量涉及需要检测的各个语言项目。例如:汉语水平考试(HSK)的语法部分试题,预期测试的内容应该包括:动词、副词、介词、连词、助词等各类词性;比较句、"把"字句、被动句、"是"字句等各类句式;并列、转折、选择、条件等各类复句,以及其他各类语法点。但是一份试卷卷面只能有30个题目,如果这30个题目有10个是考被动句的,那么该试题覆盖面就有问题。

纵的方面,指试题的内容应该尽量覆盖同一语言项目在不同层次(等级)上的内容。如制作初中等汉语水平考试(HSK)试卷时,所使用的汉字和词汇应该覆盖《大纲》中甲、乙、丙各个等级的汉字和词汇,而不能只用某一个等级的汉字和词汇。当然,这种覆盖不是平均分布,而要比例适当。

在平时的班级成绩测试中,一门汉语课程的测试试题应该覆盖本课程大纲和教材所规定的全部内容。并根据大纲和教材所包括的重难点,进行合理的分布。

二、分析的方法

汉语测试试题质量分析的方法比较多。这里主要介绍总分对比法和内外比较法。

1. 总分对比法

其具体操作过程是:先把所有考生的总分成绩按照从高到低的顺序排列出来,再来考查每道试题分别在高分组考生和低分组考生中的得分情况。如果一道题,高分组考生做对的多,低分组考生做对的少,则说明这道试题的质量可能比较好。相反,如果一道题,高分组考生做对的少,而低分组考生做对的多,则说明这道试题的质量可能存在问题。如果一道题,高分组和低分组考生都做对了,或者都做错了,也说明这道试题的质量可能存在问题,试题的区分度不好,未能将水平高的水平低的考生区分开来。

2. 内外比较法

这里又包括两种情况。如果是成绩测试,就把考试成绩和学生的平时成绩进行比较。如果平时成绩好的学生考试成绩也好,平时成绩差的学生考试成绩也差,说明试题没有多少问题。否则,试题可能有毛病,需要修改。

如果是能力测试,就把考试的成绩和考试后考生用目的语进行交际的实际情况进行比较。例如某个考生在汉语水平考试中达到了某一个等级,按规定可以入系和中国学生一起学习某个专业。如果该学生的汉语真的能应付后来的学习,说明这个测试的效度比较好,质量比较高;反之,则说明试卷缺乏效度,质量比较差。

三、分析的指标

一份汉语测试试卷质量的好坏,可以从以下几个指标进行定量分析。

1. 信度(Reliability)

语言测试的信度,指考试结果的可靠性和稳定性。如果用同一份试卷,或用另一份具有相同难度、相同考查内容和相同形式,而只是包含了不同具体测验题目的等值试卷,对同一组学生实施两次或多次测试,每次测试的结果基本一致,测试中得高分的考生,总是得分高,得分低的考生,总是得分低,就说明该测试的信度较高。反之,则说明试卷的信度差。

测试的信度可以采用如下三种方法进行估算:

(1) 再测信度(Test-Retest Reliability)

指用同一份试卷,在相同的条件下,对同一批考生在间隔一定的时间后进行第二次测试,如果两次测试的分数基本相同,则说明试卷的可靠性高。

(2) 等值复本信度(Equivalent-Form Reliability)

也称平行试卷信度,是用两份在格式、内容、难度和数量等方面都基本一致(即等值)的试卷,在最短的时间内,对同一批考生进行测试,如果两套试卷测试的分数大致相同,则说明试卷的可靠性高。

(3) 分半信度(Split-Half Reliability)

指将一份试卷的全部题目,按照奇、偶题号或前后位置,分成两个相等的部分,如果每位考生在两部分中的得分大体相等,则说明试卷的可靠性高。

可靠性指标系数是一个 0—1 之间的数,最小不小于 0,最大不大于 1。越接近 1,可靠性就越高;越接近 0,可靠性就越低。不同目的、不同性质的测试对可靠性的要求也不相同。标准化测试一般不低于 0.90,如托福考试的可靠性系数是 0.95。常用的课堂测试只要求在 0.70—0.80 之间。不同科目的测试信度要求也不一样。如语法、词汇、阅读的可靠性系数比较高,通常在 0.85—0.98 之间;听力次之,通常在 0.8—0.89 之间;口语、写作评分的主观性比较强,可靠性系数也最低。

2. 效度(Validity)

效度指测试的有效性,即测试是否达到了测试的目的,在多大程度上完成了预期的测量任务。例如试题要考什么,有没有考出要考的东西。评价测试效度的高低主要从以下几个方面去考察:

(1) 内容效度(Content Validity)

指试题范围应该包括需要测试的内容,即考试的内容是否具有代表性和综合性。例如,汉语水平考试(HSK)(高等)试卷,应该包括作文、口试试题,不能只有听力、阅读、综合试题,否则,就不能比较全面地考查学习者的汉语水平。

(2) 标准效度(Construct Validity)

指根据特定的标准来设计试题,看学生是否达到这一标准。无论是各类各级 HSK 命题,还是各院校的留学生分班测试或者学期成绩测试的命题,都不同程度地以《汉语水平等级标准和等级大纲》、《汉语水平词汇与汉字等级大纲》、《汉语水平等级标准与语法等级大纲》为标准来进行的。

(3) 共时效度(Concurrent Validity)

指用两种不同方法对同一种内容进行测试,所得结果相关程度高,就具有较高的共时有效性。如用两种方法测试考生的阅读能力,看考试结果是否一样,有多少差距。

(4) 预测数度(Predictive Validity)

指测试的结果显示学生未来发展能力的准确性。如,学能测试结果显示一个考生语言学习能力很强,以后几个月以至一两年该考生的语言发展证明了这一点,说明这一测试有较高的预测有效性。

3. 难易度（Facility Value）

指测试题目的难易程度，是评价测试质量的另一个重要指标，常用 P 来表示。难易度的计算方法为：用答对题目的人数除以考试总人数，用公式表示为：

$$P=\frac{R}{N}=\frac{试题答对人数}{考生总人数} \qquad (公式 5—1)$$

公式中：P 为试题的难度指数，如例 10 中的计算结果 0.67；

R 为试题的答对人数，如例 10 中的答对人数 12；

N 为考生总数，如例 10 中的总人数 18。

例 10 某班一次留学生汉语阅读考试中，共有 18 名考生参加，某道题有 12 个人答对，那么该题目的难度值为：

$$P=\frac{R}{N}=\frac{试题答对人数}{考生总人数}=\frac{12}{18}=0.67$$

即该题的难度值为 0.67。

控制一份试题的难易度，包括单个试题难度值的大小，同一份试卷中不同难度值题目的比例及其分布。

一般来说，单个试题难度值在 0—1 之间。题目越容易，难度值就越大，最大可以达到 1，表示所有人都做对了；题目越难，难度值就越小，最小可达到 0，表示所有人都做错了。试题的最佳难度值一般为 0.5 左右，如果题目的难度值低于 0.2 或高于 0.8，则要进行调整和修改。

同一份试卷中，不同难度的题目分布要合理。正常情况下近似正态分布，即两头小，中间大。开头的题目很容易，结尾的题目很难，它们的题量比较少，中间的题目难易程度中等，题量比较多。试题一般按照很易→较易→中等→较难→很难的先后次序编排。这样做，既符合一般考生的心理认知规律，又便于适当拉开考生的档次。

4. 区分度（Discrimination）

指用来测试的题目对不同被试者之间语言能力差异的区别程度。如果一次考试，被试者的语言能力本身差异很大，而测试的成绩却很接近，比如最高分只有 81 分，最低分也有 78 分，则该测试题目的区分性差。反之，则题目的区分性强。

计算题目区分度的主要方法是高低分组法。即先将一次测试所有考生的成绩按分数高低排列,然后用高分组中答对题目的人数,减去低分组中答对题目的人数,除以高分组或低分组人数。常用符号 D 表示。计算公式为:

$$D=\frac{H-L}{n} \qquad (公式5—2)$$

公式中:D 为区分度指数;

H 为高分组答对题的人数;

L 为低分组答对题的人数;

n 为一个组人数(高分组人数或低分组人数)。

例 11 某次 HSK 考试中,有 5000 人参加,其中一道听力题,高分组考生有 1200 人答对,低分组考生只有 210 人答对,则该题的区分度为:

$$D=\frac{1200-210}{1350}=0.74$$

即该题的区分度为 0.74,有很强的区分性。

注意高分组指分数高,排在最前面的考生,人数占考生总数的 27%,同样,低分组指分数低,排在最后面的考生,人数占考生总数的 27%。

试题区分度在 $-1—1$ 之间,数字越大,题目的区分力越强,最大为 1;数字越小,题目的区分力越弱,最小为 -1。测试的目的不同,对区分度的要求也不一样。如随堂测试,教师更关心的是学生对某一知识点的掌握程度,而不是区分学生水平的高低,因而不关注试题的区分度;诊断测试,重在检查学生在语言学习过程中的不足,同样也不重视区分度;分班测试,目的在于把学生按水平高低区分开,因此要求较高的区分度;水平测试,则更强调区分度。

第五节 测试成绩分析

本节主要阐述如何借助统计学的有关知识,对测试成绩作进一步的定量分析,用概括性、标志性的统计数字,对成绩的分布规律和表现特征进行精确的描述,以便客观评价每一位被试者成绩的高低,准确比较不同留学生班级或不同地区的汉语教学效果,科学解释汉语作为第二语言习得实验研究的结论。反映测试成绩分布规律的统计量数,一般包括集中量数和差异量数两种。

一、集中量数——反映分数集中趋势的统计量

集中量数,是代表一组数据(或分数)的一般水平或集中趋势的统计量,它反映了一组数据(或分数)中,大量数据(或分数)向某一点(或数值)集中的情况。

例12 一次留学生汉语口语测试中,一个班的全部测试成绩如下图,则该班的大部分分数都集中在全班平均分数79的周围,这个平均分数79,就是一种集中量数。

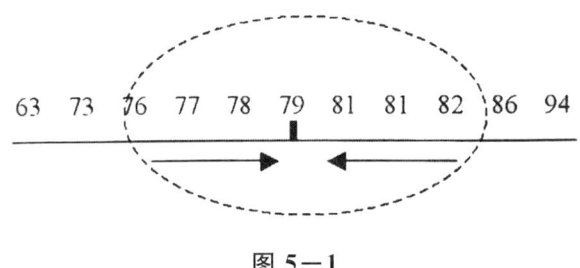

图 5—1

描述数据集中情况的统计量有多种,其中主要包括算术平均数、中数和众数。

1. 算术平均数

算术平均数是用所有观察值(分数值)相加所得的总和,除以观察值(分数)的总个数所得的商,简称为平均数、均数或均值。其计算公式表示为:

$$算术平均数 = \frac{所有分数值之和}{分数总个数} \quad (公式5-3)$$

如例12,这个班测试成绩的平均数

$$= \frac{63+73+76+77+78+79+81+81+82+86+94}{11} = 79$$

平均数计算简便,反应灵敏,统计数据中任何一个分数值或大或小的变

化,在计算平均数时,都能反映出来。但它易受极端数据的影响,当一组数据中出现极端数据时,就不能用它来代表该组数据的集中趋势。如例12中,如果最低成绩不是63分而是0分,则全班平均成绩会急剧下降到73.4分,这个平均分不适于代表该班口语的平均水平。见下图。

```
0   73  76  77  78  79  81  81  82  86  94
        73.4
```

图 5—2

为此,我们引入中位数和众数另外两个反映数据集中趋势的统计量。

2. 中位数

中位数又称中数,是指把一组数值按从低到高或从高到低的顺序排列后,处在中间位置的那个数。用符号 M_d 表示。中位数可能是数据中实际存在的某一个数,也可能不是原有数据中实际存在的一个数。中位数的计算方法分为以下两种情况:

(1) 数据总个数为奇数

当全部数据的个数 n 为奇数时,位置序号为 $\frac{n+1}{2}$ 的数值 $X_{\frac{n+1}{2}}$ 就是中位数 M_d。用公式表示为:

$$M_d = X_{\frac{n+1}{2}} \qquad (公式\ 5—4)$$

公式中:M_d 表示中位数,如例14的计算结果85;n 表示所有数据的个数,如例13的11名学生的11个成绩。

例13 一个有11名学生的汉语学习班,汉语听力期末考试的分数如表5—3,求该班汉语听力成绩的中位数。

表 5—3

学生序号	1	2	3	4	5	6	7	8	9	10	11
分数	76	79	81	82	84	85	88	89	90	91	93

解:利用公式5—4计算得出:

$$M_d = X_{\frac{n+1}{2}}$$
$$= X_{\frac{11+1}{2}}$$
$$= X_6$$
$$= 85$$

即位置处于第 6 号的分数 85,就是本班成绩的中位数。

(2)数据总个数为偶数

当全部数据的个数 N 为偶数时,则取中间两个序号分别为 $\frac{n}{2}$、$(\frac{n}{2}+1)$ 的数据之和除以 2,所得的商,即为中位数。用公式表示为:

$$M_d = \frac{X_{\frac{n}{2}} + X_{\frac{n}{2}+1}}{2} \qquad （公式 5—5）$$

公式中:M_d 表示中位数,如例 15 的计算结果 85;

　　　　n 表示所有数据的个数,如例 14 的 12 名学生的 12 个成绩。

例 14　如果一个留学生班的人数是 12,汉语听力期末考试的成绩如表 5—4,求该班汉语听力成绩的中位数。

表 5—4

学生序号	1	2	3	4	5	6	7	8	9	10	11	12
分数	76	79	81	82	84	85	88	89	90	91	93	95

利用公式 5—5 计算得出:

$$M_d = \frac{X_{\frac{n}{2}} + X_{\frac{n}{2}+1}}{2}$$

$$= \frac{x_6 + x_7}{2}$$

$$= \frac{1}{2}(85+88)$$

$$= 86.5$$

这时,全班成绩的中位数就不是原来成绩中的实际存在的某一个数,而是位置处于第 6(85)和第 7(88)的两个成绩的平均值 86.5。

3. 众数

指一组数据中出现次数最多的那个数值。常用符号 Mo 表示。

例 15 一个人数只有 9 人的留学生班，一次汉语阅读的考试成绩见表 5—5，求该班成绩的众数。

表 5—5

学生序号	1	2	3	4	5	6	7	8	9
分数	61	75	76	**83**	**83**	**83**	89	91	94

凭观察，直接就可找出该班阅读成绩出现最多的值是 83，故 83 是该班成绩的众数。

二、离散量数——反映分数差异性的统计量数

要全面客观地揭示一组数据的本质特征，还需要考虑数据的分散情况，即数据总体内部的变异状况或差异情况。如考查同一个年级中，几个教学班某门课程的成绩时，常会遇到有些班级平均成绩相同，但不同班级内，学生成绩之间的差异程度不同。这时，如果只比较平均分数，就不能真实地反映这些班级在该课程中教学效果的差别。

例 16 一个学校有 A、B 两个平行的留学生初级班，两班汉语读写课的考试成绩如下：

A 班：71　74　76　77　77　│78│　79　80　81　82　83

B 班：50　65　68　75　77　│78│　80　85　88　92　100

运用前面的知识，很容易计算出这两个班的平均数和中位数都为 78，但不能据此就简单认为两个班学生总体汉语水平和教学效果是一样的。要想切实比较 A、B 两班之间总体汉语水平和教学效果的优劣，就必须借助离散量数。离散趋势的统计指标，比较常用、比较简单的有全距、四分位差等。

1. 全距

又称极差，是一组数据（分数值）中最大值 X_{max} 与最小值 X_{min} 之间的差

值,因为它是全部数据中两个极端值之间的差距,故又称全距。常用符号 R 表示,R 越大,说明数据分布越分散,即学生之间的成绩差别较大,教学效果相对也较差;反之,R 越小,说明数据分布越集中,即学生之间的成绩差别较小,教学效果相对也较好。

全距的计算方法为:先将所有数据由小到大排列,然后用最大数值减去最小数值,用公式表示为:

$$R = 最大分数值 - 最小分数值 \quad (公式 5—6)$$
$$= X_{max} - X_{min}$$

如上面例 16 中 A、B 两班成绩的全距分别为:

$$R_A = A 班最大分数值 - A 班最小分数值 = 83 - 71 = 12$$
$$R_B = B 班最大分数值 - B 班最小分数值 = 100 - 50 = 50$$

很显然,B 班成绩的全距 50,远远大于 A 班成绩的全距 12。这说明 B 班学生之间成绩的差别,远远大于 A 班学生之间成绩的差别。因此,我们可以得出 A 班学生的总体读写水平(或教学效果)好于 B 班。

2. 四分位差

四分位差是另外一种可以用来反映一组被试者成绩之间差异大小的统计量。其计算方法是:先将一组数据(分数)从小到大排列,然后把总的数据(分数)个数分为相等的四等份,得出 3 个分割点 Q_1,Q_2,Q_3,分别称为第 1 个四分位数、第 2 个四分位数、第 3 个四分位数。再用第 3 个分割点 Q_3 的值,减去第 1 个分割点 Q_1 的值所得之差,除以 2,就是该组数据(分数)的四分位差,常用符号 Q_D 表示。计算公式为:

$$Q_D = \frac{1}{2}|Q_1 - Q_3| \quad (公式 5—7)$$

公式中:Q_1 表示第 1 个四分位数,如例 17 中的 65.5;

Q_3 表示第 3 个四分位数,如例 17 中的 85;

Q_D 表示四分位差,如例 18 中的计算结果 9.75。

应注意 Q_1 与 Q_3 为分界点上的数据,它们可能就是数列上本来存在的一个数,也可能不是数列中本来存在的数值。Q_D 越大,说明该组数据离散趋势越大；Q_D 越小,说明该组数据离散趋势越小。

例 17 一个班 16 名学生的汉语写作测试成绩为:90,86,72,71,89, 63,58,67,84,71,70,64,55,81,76,93。求该班写作成绩的四分位差。

解：

①将所有数据(分数)按从小到大的顺序排列：

55,58,63,64　67,70,71,71,72,76,81,84　86,89,90,93；

②将所有数据(分数),平均分为四等份,得到三个分割点 Q_1,Q_2,Q_3；

| 55,58,63,64 | 67,70,71,71 | 72,76,81,84 | 86,89,90,93 |
| | Q_1 | Q_2 | Q_3 |

③求出第 1 个四分位数 Q_1 和第 3 个四分位数 Q_3 的值；(这里 Q_1 与 Q_3 都不是数据中本来就有的数)

$$Q_1 = \frac{1}{2}(64+67) = 65.5 \qquad Q_3 = \frac{1}{2}(84+86) = 85$$

④代入公式计算出四分位差 Q_D

$$Q_D = \frac{1}{2}(Q_3 - Q_1) = \frac{1}{2}(85 - 65.5) = 9.75$$

思考与练习

1. 举例说明语言测试的针对性特点。
2. HSK 是属于什么性质的语言测试？
3. 进行语言测试时,应该遵循哪些原则？
4. 怎样评价一次语言测试的优劣？
5. 举例说明测试中,如何控制试题的区分度？
6. 举例说明测试成绩数据统计中"平均数"、"中数"、"众数"、"全距"、"四分位差"的含义、作用和计算方法。

第六章　第二语言习得

第二语言习得研究始于 20 世纪 60 至 70 年代,它很快成为狭义应用语言学(语言教学)中最有影响的领域。它跟以往外语教学研究的最大区别,表现在研究对象和方法上。从研究对象看,第二语言习得研究把学生习得过程中不断变化的语言作为一个实在的语言体系,考察它的组合聚合规则和发展规律;并注重研究第二语言习得的特点、过程和规律(跟母语习得对比);同时研究学习者的心理过程和特点。从研究方法看,它一方面借鉴本体语言的研究方法和范式;另一方面,借助心理学的理论、研究方法和考察分析统计等手段。

目前,作为第二语言被学习和使用最广泛的语言是英语。据 1985 年的统计,全世界 47 亿人口,只有 3.25 亿人第一语言是英语,但有 14 亿人将英语作为第二语言。因学习人数多,英语作为第二语言的习得研究最成熟,成果最多。

本章简单介绍第二语言习得的研究方法、主要问题和相关成果。

第一节　对比分析

第一语言对第二语言习得会产生巨大影响。不少人将第二语言习得描绘成克服第一语言影响、逐步用目的语特征取代第一语言特征、大致接近目的语母语者言语的动态过程。对比分析在第二语言习得研究开始前就存在,但到了 20 世纪中叶,它才成为一种跟理论密切结合的系统方法论。对比分析是第二语言习得研究的重要方法之一。

一、对比分析的心理学基础和流派

1. 心理学基础

对比分析的心理学基础是行为主义心理学。首先介绍两个重要的概念。

(1) 习惯(Habit)

心理学家华生(Watson)的古典行为主义认为,刺激诱发反应。刺激达到足量的频率,反应就形成习惯了。心理学家斯金纳(Skinner)的中期行为主义理论认为,反应比刺激重要。反应发生后,若有一个特定行为强化它,就可能促进习惯的形成。习惯可通过模仿或强化来形成,即根据学习者反应的适当与否,给以奖励或惩罚,直到只发生适当反应为止。

第一语言习得过程是儿童模仿成人话语,获得相应的奖励或指正,并借此构建习惯表达,进而掌握第一语言。第二语言习得与之类似,刺激—反应联系构成了第二语言习惯,模仿和强化是重要手段。

(2) 偏误(Errors)

旧习惯会对学习新习惯产生干扰。当两种语言用不同形式表达同一意思时,学习者将第一语言认知机制迁移到第二语言中,就会出现偏误。比如,英语母语者在学习汉语时受英语后状语影响,会说出"我去了学校昨天"这样的错句。学习第二语言,必须克服类似的负迁移。

当第一语言的某些语言点跟第二语言相同时,会出现正迁移,促进学习。如一些简单动词谓语句,在汉语和英语中表达顺序和语法结构相同,如:"我学习法语。I study French."类似情况下,可以把第一语言的形式转移到第二语言中。

概言之,语言迁移的发生不可避免。在第一语言和第二语言的不同点上会出现负迁移并导致偏误。而在第一语言和第二语言的相同点上会产生正迁移,促进学习。

不少人认为偏误可以避免,并尝试通过对比学习者的母语和目的语来认定二者区别,预测偏误可能出现的范围,在这些地方进行适当的课堂练习,避免学习者第一语言负迁移。

2. 流派

"对比分析"(Contractive Analysis)有两派:强硬派和温和派。强硬派宣称:第二语言所有偏误都可以通过对比目的语和母语来预测。温和派认为,并非所有偏误都源于母语干扰;对比分析需要跟偏误分析共同进行;偏误应来自学习者的语言;对比分析可以证实哪些偏误是由第一语言和第二语言的区别引发的。显而易见,温和派的观点更符合实际,也更具有可操作性。

二、对比分析的内容和步骤

1. 内容

对比分析的语言学基础是结构主义语言学。它强调对一种语言进行细致描述,描述基础是组成句式的不同范畴。对比分析更重视语言差异,多数对比研究基于语言表层的结构特征。

下面是第二语言习得研究者埃利斯(Rob Ellis)提出的对比分析的差异等级(degrees):

(1) 第一语言和第二语言的某个语言项目没有差异。如法语的缩略形式 j'ai 和英语的缩略形式 I've 对应。

(2) 第一语言的两个语言项目等于第二语言的一个语言项目。以英语作为第二语言为例,德语中的 kennen 和 wissen 对应于或并入英语的 know。

(3) 第一语言中的某个语言项目在第二语言中不存在。如德语中从句的语序跟主句不同,但在英语中两种句式的语序一样。

(4) 第一语言中的某个语言项目在第二语言中的等值项有不同的分布。如,在许多非洲语言中,ng 出现在词首,但在英语中,它只出现在词中或词尾(如,singer 和 thing)。

(5) 第一语言的语言项目和第二语言没有相似之处。如在西班牙语中,否定词在动词之前(如 no se),而英语中,否定词在助动词之后

（如 I don't know）；此外，英语否定式要用助动词系统，而西班牙语不用。

（6）第一语言中一个语言项目，在第二语言中有两个或多个语言项目与之对应。以法语作为第二语言为例，英语中的 the 分化为法语的 le 和 la。

在汉语作为第二语言的习得中，也存在这六种差异等级。以下是这六个差异等级在汉语作为第二语言习得中相应的实例：

（1）许多语言都有辅音[s]，汉语中也有发音相同的辅音。不少语言跟汉语一样，含有动词的句子语序为 SVO（如：我学习汉语。I study Chinese.）。

（2）越南语的 mười、mươi 对应于汉语的"十"。

其中，mười 是基数词，如：

  Anh ta năm nay *mười* tuổi.（他今年十岁）

词译： 他 年 今 十 岁

  Tôi chỉ còn *mười* sáu đồng（我只剩十六块）

词译： 我 只 剩 十 六 块

mươi 是位数词，如：

  già Kỳ đã bảy *mươi* lăm tuổi（祁老太爷已经七十五岁）

词译： 老 祁 已 七 十 五 岁

汉语中的"十"单独出现时是基数词；跟其他数词共现时，它也是位数词。作为基数词，它跟后边的基数词是相加关系，如"十六"是"10＋6"。作为位数词，它跟前边的基数词是相乘关系，如"七十"是"7×10"。

（3）英语定冠词、韩语敬词、泰语表示说话人性别的成分，汉语普通话中都没有。

（4）英语及不少语言的被动句，跟汉语的被动句，在分布上有相同之处也有不同之处。如：

  The bowl has been broken into pieces. 碗被打得粉碎。

  The plan has already been drawn up. 计划已经拟出来了。

  More highways will be built here. 这里要修更多的公路。

可以看出,英语的有标志被动句比汉语要多一些;有些跟汉语中有形式标记的被动句大致对应,有些跟汉语非被动句对应。

(5) 汉语的个体量词(如"一棵树、两盏灯"),名词动词形容词重叠式,在许多语言中没有。

(6) 英语 or 及许多语言中的相应成分,在汉语中大致对应"或者"和"还是"。"或者"一般出现在陈述句中,"还是"大多出现在疑问句中。不少语言的 2,大致对应汉语的"二"和"两"。

上述语言差异可以跟学习难度联系起来,排列出难度等级(hierarchy of difficulty)。如上述(1)到(6)构成的难度等级从 0 级逐步升到最高级的 5 级。

对比分析假说对第二语言教学有积极的指导作用,可以预测出不少学习难点和偏误。我们在教学中看到,第二语言习得者常常出现滥用"被"字句的偏误,不会使用汉语的个体量词和重叠式,分不清"二"和"两","或者"和"还是"。如:

*衣服被洗得很干净。

*你去北京或者上海?

*我昨天去打打网球。

*墙上有二张画。

这些学习难点和偏误,主要是由学习者第一语言和第二语言的区别造成的。前边讨论的对比分析,基本可以预测这些偏误的出现。

2. 步骤

一般来说,对比分析有四个步骤:

第一步,对学生的母语和目的语进行准确、清晰的描写。这种描写以一定的语法体系为依据。

第二步,选择一定的语言项目、规则或结构进行对比。

第三步,找出两种语言关系中的特殊点。这要依靠参照点的有效性——即可比性。

第四步,对学习中可能出现的错误和难点形成预测。

其实,以上步骤是从总体上来说的。对于从事对外汉语教学的教师和研

究者来说,对比分析可以使用如下更为实用的步骤:

第一步,在教学中发现值得进行对比研究的语言点。一般来说,学习者在输入(理解)、输出(生成)中出现问题最多的语言点,如"了"的使用,往往就是最值得研究的。

第二步,区别对待发现的问题。有些跟母语关系密切,需要进行对比研究;有些跟母语无关或关系不大,无须进行对比研究。选择的过程就需要进行初步的对比。此外,如果一些语言点前人已有很成熟的对比成果,也不必重复研究。

第三步,对比与解释。通过细致的描写,精心的对比,找出某些语言点的异同;并能够解释学习者偏误的生成原因。

第四步,通过差异等级、难度等级认定,结合教学实践,找出该语法点的最佳教学方法。即用什么方法手段帮助学习者更好、更快地掌握该语法点,减少、避免偏误产生。

3. 对比分析的发展

随着研究的深入,对比分析不断发展、改进,具体表现在以下两个概念的提出和论述。

(1) 回避

回避(avoidance)指学习者故意不使用某个语言形式。英语包含定语从句的句子(如,This is an English-Chinese dictionary which is useful for you.),对汉语、日语母语者很难,对波斯尼亚语、阿拉伯语母语者不太难。因为汉语、日语没有近似句式,而波斯尼亚语、阿拉伯语有近似句式。但调查发现,在生成此类句式时,汉语、日语母语者偏误很少,波斯尼亚语、阿拉伯语母语者偏误很多。这跟对比分析假说矛盾。但考察发现,在最应该使用此类句式时,中国和日本学习者经常故意回避,而母语为波斯尼亚语和阿拉伯语的学习者很少回避。

在印欧语系中,很少有跟汉语"把"字句对应的句式。按传统对比分析,学习难度应该比较高。但统计显示,母语印欧语系的学习者开始学习"把"字句时,生成偏误也不很多,因为他们极力回避该句式的使用,用"把"字句的频率比汉语母语者低得多。

这表明,在生成和理解第二语言时,第一语言影响确实很大,但并非都引发偏误。对比分析预测偏误的作用可能不那么大,但它可以成功预测理解性偏误和回避。

(2) 相似等级

相似等级(digree of similarity)指两种语言中对应的语言点表面相似,实际上有一些区别。两种语言间存在这种"决定相似度"(a crucial similarity measure),干扰更可能出现。

印欧语没有声调,越南语有声调。越南学生初学汉语时比较容易大致发出汉语声调。但一直到高级阶段,仍有不少学生发第四声时降得不到位。原因是越南语有两个声调是降调,一个32,另一个是331。不少学习者以为它们跟汉语第四声一样,就照搬到中介语里。

前边讲到对比差异等级的第四级(第一语言某语言项目在第二语言中等值项有不同的分布),有对应关系的语言点,既有相同之处,又有不同之处。学习者只看到相同点和表面的不同点,忽略了细微的差异,最容易出现偏误。

三、汉外对比分析及其在汉语教学中的使用

1. 宏观

如语言学家吕叔湘对英汉语法的整体异同进行考察,概括出三种情况:

第一种,彼此不同。疑问句和非疑问句,英语语序不同(相同只是偶然),汉语语序相同,如:

  你在看什么? What are you reading?

第二种,一对多。英语一而汉语多,如英语没有"我们"和"咱们"的区别。汉语一而英语多,如:

  你要看什么?What would you like to read?

  我想看点什么?I should like to read something.

  我不想看什么;我什么都不想看。I don't want to read anything.

第三种,彼此有无。句中一个成分,英语要说,汉语可以不说,甚至不能

说,如:

>He asked me whether *you* would be there. 他问我你去不去。
>
>He asked me whether *I* would be there. 他问我[ ]去不去。
>
>He asked me whether *I* would be able to be there. 他问我[ ]能不能去。

汉语可以重复,英语不能重复,如:

>买书卖书。Buy and sell books.
>
>看书看报。Read books and newspapers.

2. 微观

微观研究指对一些具体语言项目的考察,比如对某个语法点的研究。

"了"是汉语语法的学习难点。语言学家赵世开、沈家煊对英译汉、汉译英材料中跟"了"相关的语料进行统计后发现,跟英语一般过去时和完成体互译的"了"分别为715句和313句,只占总数的75%,说明"了"还有其他一些功能。有学者对个别母语英语者的习得进行考察发现,初中级学习者基本上将"了"跟英语一般过去时和完成体等同,凡是过去发生的都用"了",经常回避"了"的使用,如:

>*我是上星期回来了。
>
>*明天我们吃饭以后再谈吧。

汉语补语是第二语言学习的难点。有学者将汉语补语跟外语中的相应成分对比,概括出下列几种情况:

第一,相同的语义,汉语用补语表达,外语用其他句子成分表达。如汉语"动词+时量补语"经常对应于韩语的"时量状语+动词",导致一些初学汉语的韩国人出现"我三年学习汉语了"这类干扰性偏误。

第二,某一个意思,汉语用补语表达,外语融合在动词里边。如"动词+结果补语"的"打破"对应于英语的一个词 break,导致一些英语母语者出现类似"我破了杯子"的偏误。

第三,某一个意思,汉语用补语的一部分表达,外语不表达。如"走进教室来"和"走进教室去",复杂趋向补语的一部分"来、去"在有些语言中无法在一个小句子内用一个成分表达。于是,一些学习者倾向于将补语放在一起,说成"走进来教室"。

汉语"已经"和"了₁"在越南语中的对应形式都是时间副词 dā,构成对比差异等级 6 级,难度等级 5 级;越南学习者不知道汉语何时用"已经",何时用"了₁",何时二者共同使用,容易出现以下偏误:

＊昨天晚上,京珠公路上<u>已经</u>发生一起撞车事故。

四、对比分析与语言普遍性

目的语的特征是否具有普遍性,会影响习得难度。大多数语言都具有的性质,比只有很少语言具有的性质要容易学。普遍性研究有助于预测语言间的哪些差异会导致困难,哪些不会。

1. 语言普遍性与标记性、层级

（1）语言普遍性

生成语法学的代表乔姆斯基（Chomsky）认为,普遍语法制约着个别语言可能采用的语法形式。儿童的母语知识,是由普遍语法所决定的语法规则（核心语法规则）和不能借助普遍语法学习的语法规则（外围语法规则）组成的。

（2）标记性

与语言普遍性相关的问题是语言的"标记"。无标记语言点是最常见、最普遍、最自然的,属于核心规则。有标记语言点是不那么常见、不那么普遍、不那么自然的,属于外围规则。"大、长、快、宽、重"等词语可以出现在陈述句中,也可以构成特指问句的谓语（如"衣服多长?"）,是无标记的;"小、短、慢、窄、轻"等,一般不构成特指问句,是有标记的。陈述句是无标记的,疑问句是有标记的。

（3）层级

语言类型学的代表格林伯格（Greenberg）提出"层级"的概念。层级的意思是,一种特征的存在,说明所有比它层级高的——而不是层级低的——其他特征也存在。如清辅音的层级比浊辅音高。如果一种语言存在浊辅音,那一定存在清辅音。相反,一种语言存在清辅音,不一定存在浊辅音。

再看颜色词的例子。多种语言中的颜色词可以构成如下的系列:

白、黑＜红＜绿、黄＜蓝＜褐＜紫、粉红、橙、灰

下表是这些颜色词在不同语言中存在的情况:

表 6—1

类型	颜色词数	颜色词	语言
1	2个	白/黑	茄莱语(Jale)
2	3个	白/黑/红	蒂夫文语(Tiv)
3	4个	白/黑/红/绿	哈奴诺语(Hanunoo)
4	4个	白/黑/红/黄	伊博语(Ibo)
5	5个	白/黑/红/绿/黄	策尔塔尔语(Tzeltal)
6	6个	白/黑/红/绿/黄/蓝	泰米尔语(Tamil)
7	7个	白/黑/红/绿/黄/蓝/褐	内兹佩尔塞语(Nez Perce)
8	8—11个	白/黑/红/绿/黄/蓝/褐/紫/粉红/橙/灰	英语(English)

一种语言中的颜色词,如果存在"蓝",一定存在"白/黑/红/黄/绿",如泰米尔语,内兹佩尔塞语和英语。相反,存在"白/黑/红/黄/绿",不一定存在"蓝",如策尔塔尔语。

2. 语言普遍性和语言习得

儿童习得母语的无标记规则,比习得有标记规则要容易。如乔姆斯基调查过的例句:

  A. John asked Bill to leave.(约翰要比尔离开。)

  B. John promised Bill to leave.(约翰答应比尔离开。)

A 句遵循了普遍语法(核心)规则,是无标记的,儿童先习得。B 句只是跟外围规则相配,是有标记的,儿童后习得。

成人和儿童在第二语言习得上表现出相似的发展途径。普遍语法的原则也适用于成人第二语言习得。关于中介语发展中语言普遍性的作用,有三种假设:

(1)中介语像其他自然语言一样,受语言普遍性的制约。

(2)普遍语法可用于预测第二语言项目在中介语里的出现顺序。

(3) 学习者先习得无标记(或弱标记)特征,再习得有标记(或强标记)特征。

对多种语言的调查显示,"否定+动词"句式(动词前否定)是最常用的、使用地域最广的。因此,它是无标记或弱标记的否定形式。母语为德语者学习英语时,也会出现动词前否定的句式,尽管这种句式在德语和英语中都不存在。

简单问句是弱标记的,嵌入问句是强标记的。相对来说,"他去北京吗?""他去不去北京?"都比较容易学;嵌入问句的习得就难一些,生硬地套入就可能出现偏误,如:

*我不知道他去北京吗。// 我不知道他去不去北京。

再如汉语"是"字句。"我是学生"使用频率高,形式简单,语义上中和,属于无标记语言点,比有标记语言点"我最喜欢的是汉语"难度要低,因而先习得。

上述研究表明:语言普遍性对中介语有制约作用,语言习得也许遵循着特征层级性次序,无标记/弱标记特征先于有标记/强标记特征习得。

3. 标记性与母语迁移

标记理论有助于解释为什么有些母语和目的语之间的区别会增加学习难度,而有些不会。以下是标记理论和第一语言迁移的两个原则:

(1)第一语言中的无标记形式容易迁移到中介语里;

(2)第一语言中的有标记形式不容易迁移到中介语里。

先看韩语많이(多)和汉语的对比:

나는　　많은 옷을　　샀다.

词译:我_{话题标记}　多的　衣服_{宾格标记}　买了

句译:我买了很多衣服。

韩语많이(多)可自由修饰名词,跟多数语言一样,是无标记的。汉语"多"要加"很"一类词语(有时还要后加"的")才能修饰名词,是有标记的。不少韩国人(也有其他国家的人)常会将母语无标记语言点搬到中介语里,说出"我买了多书"这样的错句。

再看韩语祈使句的否定式和汉语的对比:

가지 말다.

去　别。

韩语否定词말다在动词后,是有标记的。汉语祈使句否定词在动词前,是无标记的。韩国人学习汉语时极少将"动词＋否定词"的语序迁移到中介语里。

两种(或多种)语言中大致对应的语言点常常有差别,但在相互学习中,有的迁移不是双向的,而是单向的。如汉语说"<u>三个半月</u>","半"在单位词前;英语、越南语分别说" three months and a *half*"和"ba(三) tháng(月) *rưỡi*(半)","half/*rưỡi*"(半)在单位词后。英语和越南语母语者学习汉语时常出现如"三个月半"的偏误;而汉语母语者学习英语、越南语时却极少出现" three *half* months"或" ba *rưỡi* tháng"的偏误。为什么呢？因为"三个半月"是有标记的,"半"在时间单位词前,语义组合不符合一般认知规则。英语、越南语的表达法是无标记的,符合普遍语法规则。

汉语、越南语特指问句,疑问代词放在被代替词原来的位置上(如"他住在<u>哪里</u>？——他住在<u>广州</u>。"),体现语言的普遍性,是无标记的。英语的特指问句,疑问代词要提到句首,大多要在它跟主语之间加助动词(如:Where does he live? ——He lives in Guangzhou.),体现英语的特殊性,是有标记的。英语母语者学习汉语、越南语特指问句,很少出现母语迁移;相反,汉语、越南语母语者学习英语特指问句,常常出现母语迁移。

第二节 偏误分析

传统的偏误分析跟对比分析结合使用,服务于教学,做法是收集常见错误并进行分类。随着习得研究的深入,人们发现偏误不仅跟母语干扰有关,还跟目的语规则泛化有关;偏误分析成为中介语研究、习得顺序研究重要的组成部分。

一、偏误分析的步骤

偏误分析一般有六个步骤,以下以语法偏误分析为例:

1. 语料收集和选择

语料有自然语料（作文、对话录音等）和非自然语料（语音、词汇、语法练习等）。要考虑样本的大小、类别（如口语还是书面语，随意语体还是谨慎语体）、一致性（学习者年龄、母语、学习阶段）等因素。

2. 偏误识辨

第一，要区分"失误"（lapse）和"偏误"（error）；后者是缺乏语言能力造成的，前者是一时疏忽引起的。区分二者的标准有两条：一是出现频率的多少。偶尔出现，可能是失误；出现较多，可能是偏误。二是生成者能否自己纠正。可以自纠是失误，不能自纠是偏误。偏误分析的对象主要是后者。

第二，要区分"显性异常"（overtly idiosyncratic）和"隐性异常"（covertly idiosyncratic），也可称为"显性偏误"和"隐性偏误"。显性偏误在形式上违反句法规则，如"他破了杯子"、"这双鞋子一点大"。隐性偏误从一个句子内部看可能没有语法毛病，但放在上下文或语境里就有问题了。"我不比他矮"没有错。但在"他一米七，我一米八。我不比他矮。"中，我们就知道，说话者想表达的应该是"我比他高"。再如，"他去了两个小时了，怎么还不来？"后一分句单看没有句法错误，但看了前一分句，就知道后一分句应改为"怎么还不回来"。

3. 偏误点的确定与纠偏

以语法为例。偏误句可能包含多个句子成分，多个实词和虚词。偏误点是指引发偏误的具体成分，或者具体的词语。偏误点的确定跟偏误纠正密切相关。如以下两句：

　　A. *我等着他在图书馆门口。　　B. *釜山是在韩国第二大城市。

A 句偏误点是"着"还是"在"字结构？通过其自我纠正为"我在图书馆门口等着他"，可以看出偏误点是"在"字结构错位，而不是"着"的问题。B 句应改为"釜山是韩国第二大城市"，而不宜改为"釜山在韩国是第二大城市"。偏误点是"在"的误加，而不是所谓的"在"介词结构错放在了动词"是"后边。

4. 形式分类

形式分类有两种方法。第一，从传统的语法范畴（词类、句子成分、句式）等入手进行分析。如："我旅行中国。"是不及物动词带宾语导致的偏误；"我一年学了汉语。"是把补语"一年"错用作状语了。"我把这本书没看完。"是"把"字句否定词错位。

第二,从标准数学范畴入手,对比偏误形式跟正确形式,概括二者区别。这一般分为五类:误加(如"那篇文章<u>被</u>修改完了")、遗漏(如"他在广州住了六〔个〕月")、错位(如"小王<u>比较跑得快</u>")、误代(如"小李<u>通常</u>迟到")、杂糅(如"他们的日子过得<u>更加幸福多了</u>")所谓"杂糅",是指两个句式混在一起,如最后一句,是"……更加幸福了"和"……幸福多了"的杂糅。

偏误分类大多是上述两种方法的结合,如先用语法范畴分类,再使用数学范畴方法。

5. 偏误探源

主要是解释偏误产生的心理原因。详见下文"二、偏误类别"。

6. 偏误评估

评价每一个偏误对教学影响的严重程度。从严重程度看,偏误可分成两类。局部性偏误(local errors),只影响句中某一个成分,不影响整句理解,很容易纠正。整体性偏误(global errors),影响整句结构,理解困难,不容易纠正。如:

A. *天气很冷,冷风刮,有时下雪。

B. *天气暖和,很多人去河边或者去公园看樱花。入学、参加工作等,这个季节也是新生活开始的季节。

A句只是个别相邻词语的顺序有错,不影响句子理解,纠正也非常容易("冷风刮"改为"刮冷风")。B句整体结构有问题,理解困难,难于纠正。经考察发现,该句受作者母语日语中主题句的影响,"入学、参加工作等"是跟"新生活"相关的内容。这句可改为:

天气暖和,很多人去河边或者去公园看樱花。这个季节也是<u>入学、参加工作等</u>新生活开始的季节。

二、偏误类别

偏误可以有不同的分类。如,从语言要素看,有语音、词汇、语法、汉字、篇章等几大类。从数学模式看,有误加、遗漏、错位、误代、杂糅五类。这里主要从偏误产生的原因来考察,将偏误分成三大类。

1. 语际偏误

语际偏误(interlingual error)就是由母语负迁移引起的偏误,又称"干扰性偏误"或"对比性偏误",是对比分析的重要内容。如不少英语母语者受母语干扰,把汉语不送气清塞音 b、d、g 发成浊塞音。再如,初学汉语的英语母语者,受"I learn Chinese every day."的语序影响,可能说出像"我学习汉语每天"的错误句子。有关分析方法前面已详细讨论过,此不赘叙。

2. 语内偏误

语内偏误(intralingual error)指第一语言内部的发展偏误,又称"目的语规则泛化偏误"、"发展性偏误"。如,初学汉语者往往会把第三声发得类似第二声。原因是学习者先学调值为 35 的第二声,后学调值为 214 的第三声。受第二声的影响,把第三声的升调部分发成了 35。

有学者把汉语作为第二语言习得中语法方面的语内偏误分为以下几类:替代(如"从早上到晚上地工作"),类推(如"我的错误比你的多得很"),回避(如"代表团在机场受[到]热烈欢迎"),简化(如"他丢了眼镜,连眼前的东西也没看见[看不见]"),诱发(如"他离开了他家,他国家……")。

再举几个语内偏误的例子。学会上声之后,将连续的几个上声都读成全上声。以为"很"在任何时候都能修饰形容词,类推出现偏误:

    他很高──→*他比我很高。

未掌握是非问句不能在否定动词后当宾语的规则,出现下面的偏误:

    他在家吗?──→*我不知道他在家吗。

以为"不管"和"尽管"一样,生成出错误的句子:

    *不管他很努力,还是发不准这个音。

语内偏误,不但第二语言习得者会出现,第一语言习得者也会出现。

3. 训练偏误

训练偏误指因为教科书、词典编写不恰当或教师讲解不好而引发的偏误。

如,一些教材说相连的两个数词表示概数。一些留学生据此产生偏误:

  *他的孩子十五十六岁。

  汉语教科书常常使用英文注释,但如果注释不够周到,就会出现以下偏误:

  *王林觉得他自己受了亲人的爱。[王林觉得他自己得到了亲人的爱。]

  *我热爱我的男朋友。[我爱我的男朋友。]

  "受"和"热爱"的英文注释分别是"to receive"和"to love";但"受"很少单用(如"大受欢迎"),"热爱"一般修饰比较抽象的人、物或行为(如"热爱祖国、热爱劳动")。教材没有解释清楚这些词语的用法和它们的使用条件,导致学习者出现上述偏误。

三、汉字偏误分析

  由于汉字系统跟世界上其他文字系统有极大的区别,汉字成为非汉语母语者学习汉语的一个难点。对汉字偏误进行分析,也是汉语作为第二语言习得研究的一个重要内容。

  汉字的书写偏误,从部件上看可分为三类:(1)部件的改换,如把"顺"的右边写作"见"。(2)部件的增加和减损,如把"迎"中的"卬"写作"留"的上部。(3)部件的变形与变位,如把"笑"字的竹字头"⺮"写成 kk。这些偏误生成的原因,大都跟类推、同化、上下文的诱导有关。

  日本目前约有 2000 个汉字还在使用,但是它们跟中国正在使用的汉字有一些区别。因此,日本学生书写汉字时也会出现偏误。有学者考察了日本学生书写汉字的偏误,概括出三类,分别是:误将日语汉字当作汉语汉字,占 7.9%;别字,占 53.3%;错字(非汉字),占 38.8%。这些偏误出现原因是学习者汉字认知上的种种障碍。

  还有学者考察了留学生给形声字注音时的偏误,概括出三类:(1)直接注声旁,如"轨"注音为 jiǔ。(2)类比错误,即按同声旁的熟字来给生字注音,如"跌"注音为 tiě(铁)。(3)形似字混淆,如把"洒"注音为 jiǔ(酒)。

四、偏误分析的作用

1. 深化汉语习得研究

考察偏误产生的原因和途径,是第二语言习得研究的重要内容。学生为什么会出现"我昨天见面了老师"这样的偏误?最少有三个原因。第一,母语迁移。英语可以说:I *met* my teacher yesterday. 不少语言(法语、韩语、日语、越南语等)中相同意思的动词都能带宾语。第二,目的语的规则泛化。汉语可以说"我昨天见了老师/我昨天看见了老师。""见、看见"和"见面"有相同的语素;这三个词对初学者来说,意思差不多。"见、看见"可带宾语,自然会让学习者产生类推,认为"见面"也可以带宾语。第三,教学误导。不少教材、词典将"见面"用英文注释为"meet"。学习者会误认为,meet 可以带指人名词做宾语,"见面"自然也可以。

偏误分析要找出偏误出现的种种原因,探索学习者产生偏误的心理机制,必然会推动第二语言习得研究。

2. 促进对外汉语教学

偏误分析,就必然涉及对偏误的解释和纠正。这种解释和纠正,可以让学习者了解偏误产生的原因,更好地掌握汉语语言规则,减少偏误出现。根据偏误出现点和频率,教师可以有针对性地进行教学;编写者可以编纂出更符合学习者需要的教材和词典。

跟学生讲解汉语规则,只结合正确的语音、词汇、语法去解释,是一种方法。而结合学生偏误来讲解汉语规则,在某种意义上,更为有效。就好像对没有任何病痛的人讲卫生、保健知识,和针对某些人的病痛讲解卫生、保健知识相比,后者的效果往往比前者要好。

3. 推动汉语本体研究

要对学习者的偏误进行全面、准确的解释,就必须弄清楚相关的语法规则。以往的本体研究往往从本族人的视角看问题,从符合汉语语法的语言现象里去找问题。这种视角是单向、狭窄、静态的。偏误研究,必须从外国人外族人的角度看汉语,从多语对比的层面看汉语,从不符合语法规则的中介语现象里去找问题,用发展的眼光纵向观察中介语。这种视角是多向、宽广、动态的。全新的视点,自然会促进研究理论、方式、程序、手段的创新,促进汉语本体研究的突破。

以前不少词典说,"反而"表示转折。一些留学生据此造句,结果出现偏误"我去了车站接她,她反而没有到。"为解释学生偏误,语法学家马真研究发现,"反而"并非简单表示转折,它的使用需要条件。如:

以为进入九月会凉快了,想不到不但没有凉快,反而更热了。

条件有:A. 某情况发生;B. 按常理,A 会导致另一情况发生;C. 另一情况没有发生;D. 出现了跟另一情况相反的情况。"反而"出现在 D 项;A、B、C 三项往往可以省略其中的一到两项。

以往对"除"字句研究不够深入。有学者结合留学生语法偏误(如"除爬山外,他们都游泳了。"),将"除"字句和英语句式进行对比,发现加合式、排除式的区别,英语靠介词标示,汉语靠副词及其他手段(如周遍性词语)标示:

Other persons in the class left *besides* him.

除了他,班里其他人也走了。(加合式)

Other persons in the class left *except* him.

除了他,班里其他人都走了。(排除式)

All rooms are occupied *except* this room.

除了这一间,全住满了。(排除式)

汉语和外语的上述异同,给学习造成困难,是引发学习者生成偏误的原因之一。

可见,基于偏误分析的研究,对汉语语法的本体研究有重要的启发;偏误研究及整个对外汉语教学的需求,是推动汉语语法研究的动力。

第三节 中介语及其发展过程

偏误分析只是研究从目的语规则来看属于偏误的那部分,既没有考察习得者的语言全貌(系统)和发展过程,也没有全面考察第二语言习得的环境因素。中介语研究在这两方面比偏误分析进了一大步。中介语研究将第二语言习得者的语言作为一个跟母语和目的语既有相同点又有不同点的语言系统,注意研究这一语言系统的可变性,尤其是它的发展途径和习得顺序。

一、中介语

中介语(interlanguage)是学习者在第二语言习得过程中构建的、既不同于母语又不同于目的语的一种语言知识系统。它是逐步接近目的语的一种发展阶段。这一概念是第二语言习得专家赛林格(Selinker)于1972年提出来的。它是学习者在某个发展阶段建构的语言系统,是一系列相交的语言系统,形成学习者的内置大纲(又叫"中介语连续体")。在赛林格之前,有人用"接近系统"、"个性化语言"、"过渡能力"等术语探讨这一语言系统。

中介语有三个特征:

1. 可塑性

可塑性是指中介语的语言规则不断修正。如印欧语系学生学习汉语形容词谓语句时,可能出现几个阶段:

*他是高。——? 他高。——他很高。

通过修正规则,中介语不断变化,逐步接近母语者的语言。

2. 动态性

中介语的规则是以渐进方式逐步扩展的,并总是处于这种状态中。如留学生学习汉语特指问句有一个较长的过程,疑问代词是逐步扩散的,一般分为三个阶段:

第一阶段:"怎么样、什么"(你怎么样? 这是什么?);

第二阶段:"多少/几、哪里、谁、怎么+动词"(多少钱? 去哪里? 他是谁? 怎么去?);

第三阶段:"多+A"(多长、多高)。

3. 系统性

中介语的语音、词汇、语法都有一套规则。学习者出现的中介语现象并不是偶然的,也不是随心所欲的。中介语规则不能只用目的语的术语来进行评估。从目的语语法规则来看,不少句子是偏误句,但它们可能符合中介语的规则。如"他是高",虽不符合汉语语法,但对于把汉语作为第二语言的学习者来说,它符合中介语的规则,是习得过程中必然要出现的语言现象,有很强的系统性。

二、中介语的变异

变异在自然语言中存在,在中介语中同样存在,只是在程度和范围上有所不同。

1. 社交情景变异

由于社交情景变化导致的变异,跟母语使用者的风格变异相似。如对10个日本大学生在9个月内发/z/音的考察。考察场合有三类:自由交谈;朗读对话;朗读词汇表。发现/z/的发音正确率在朗读词表时最高,自由交谈时最低。

对汉语作为第二语言学习者的考察发现,"着"、"不"、"没"等词语的使用,在口语表达中的偏误较多,在书面语表达(描述情景)中的偏误较少,在书面语法练习中最少。

社交情景下的中介语连续体可以用下图表示:

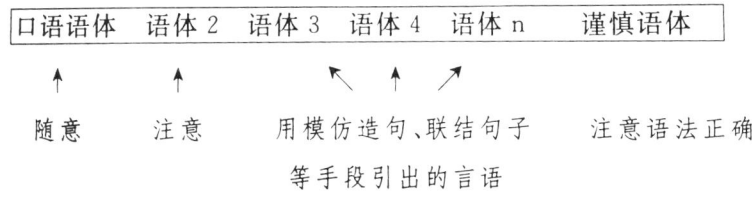

图 6—1

2. 语境变异

语言的内部语境的变化导致学习者在本该使用同一种语言形式时使用了多种不同的语言形式。

先看语音。/z/的发音跟相邻元音或辅音有密切关联。当它后边是元音时(如 zoo),学习者的发音每次都正确。但当它后边没有其他音时(如 buzz),

它就会有三个变体,其中只有一个是/z/。韩国人学习汉语语音,前鼻韵尾 n 和后鼻韵尾 ng 常常混淆,而混淆的发生常常跟前边的元音有关。一般情况下,前边是开口度比较大的元音,如 a,韵尾不太容易混淆;前边是开口度比较小的元音,如 i,韵尾比较容易混淆。

再看"也"在主语前的偏误。经过一段时间学习后,学习者一般情况很少出现此类偏误,但在以下几种情况下容易出现:

　　* 昨天下午也我去买东西。
　　* 在网吧里也她在上网。
　　* 小明也半个瓜吃完了。
　　* 电脑鼠标坏了,也屏幕不行了。

上述句子主语前都有其他成分(如时间、处所状语;主谓谓语句大主语;前一复句)。这些成分就是诱发"也"错位的语境。

在社交情景和语境中,我们应该更注意语境。中介语变异的社交情景基本相同,但内部语境却各不相同。找出中介语发生变异的语境,可以概括语言规则,揭示习得规律,便于有针对性地进行第二语言教学。

语境和社交情景会产生交互作用,具体可以用下图表示:

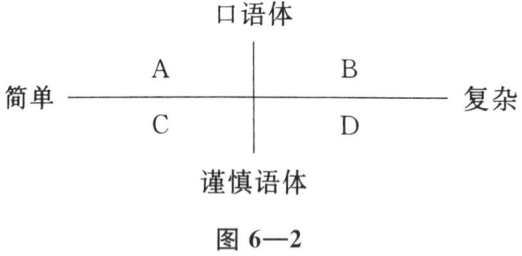

图 6—2

三、中介语变异与第二语言习得研究

中介语变异常用变项规则来描述。它的主要作用是,考察、确定在不同的社交情景或语境中,多种语言变体的出现频率。

如:WH(特指)问句何时倒装,何时不倒装?学习者可能在不同阶段出现以下句式:

	单句	包孕句
第一阶段：	*Where he is?	I don't know where he is.
第二阶段：	Where is he?	*I don't where is he.
第三阶段：	Where is he?	I don't know where he is.

单句和包孕句是否倒装的条件,学习者开始没有掌握。在第一阶段,学习者不知道将动词或助动词倒装到主语前,单句不倒装,出现偏误;包孕句碰巧对了。第二阶段,知道动词或助动词要移位到主语前,单句对了;但包孕句却错了。第三阶段,知道了倒装的条件,两种句式都对了。

扩散模式(difusion model)也很常用。它将中介语的发展分为两个阶段：习得阶段(两个自由变体无规律交替使用);取代阶段(在一种语境中只用一种形式,在另一种语境中两个形式混用——→在不同的语境使用不同的形式)。

如英语作为第二语言的学习者开始时使用两个否定形式：

(1) not＋动词　　(2) don't＋动词

下表是中介语的发展过程：

表6—2

阶　段		语　境	
		陈　述	祈　使
习得阶段	1	(1)	(1)
	2	(1)(2)	(1)(2)
取代阶段	3	(1)(2)	(2)
	4	(1)	(2)

在习得阶段1,学习者只会使用形式(1),不管是在陈述语境还是在祈使语境。在习得阶段2,他学到了句式(2),但是看不出(1)和(2)的区别,随意将二者混用于陈述语境和祈使语境。在取代阶段3,他知道在祈使语境中只使用句式(2),但在陈述语境中还是两种句式混用。到了取代阶段4,学习者最终学会了在不同的语境使用不同的句式。

再看汉语概数"多"的习得情况。"多"在汉语里有时放在数词和度量词后

边,有时放在数词和度量词中间;而英语、越南语等相应词语放在前面,如:

三公斤<u>多</u> // *more* than three kilograms // hơn(多)ba(三)cân(公斤)

三十<u>多</u>公斤 // *over* thirty kilograms // hơn ba mươi(十)cân

母语为英语、越南语的一些学习者学习汉语时,可能出现三个阶段:

第一阶段:*多三公斤　　*多三十公斤

第二阶段:三公斤多　　*三十公斤多 // 三十多公斤　　*三多公斤

第三阶段:三公斤多　　三十多公斤

第一阶段是母语负迁移阶段,中介语的变异基本由母语迁移引发。第二阶段是目的语规则泛化阶段,学习者知道"多"要放在数词后边,但不知道何时放在数词和度量词中间,何时放在最后。到了第三阶段,学习者最终掌握了相关规则。

四、第二语言习得的自然发展途径

不少学者认为,第二语言习得遵循一种共通的途径,不受年龄、学习环境及母语背景等因素的影响。第二语言习得顺序相对固定的关键原因是人所共有的、跟母语习得相同的语言机制。这种观点的理论基础,是强调学习者内在因素的学习理论。

第二语言发展过程实际上跟中介语发展的连续体大致相同。有两个概念要区分:一是大致发展顺序(sequence of development),指学习阶段的先后,有普遍性,所有学习者都要经历。二是具体发展次序(order of development),指学习具体语法项目的先后。

1. 横向研究

横向研究常常调查语法点的习得顺序。步骤为:(1)用双语句法测量手段诱发学习者生成口头语或书面语;(2)识别分析其中的语法点;(3)根据语法点使用准确度排列习得顺序。

有研究结果表明:第二语言习得跟母语习得近似。下表是英语作为第二语言习得的四个阶段。

表 6—3

阶段	语法项目习得情况	
1	格(主格/宾格)	词序
2	单数系词('s/is) 复数助动词(are)	单数助动词('s/is) 进行体(-ing)
3	不规则动词过去式 长音复数(-es)	would 所有格('s) 第三人称单数动词(-s)
4	have	-en

所有被观察者的大致发展顺序一致。只是在每一阶段内部，具体发展次序可能因人而异。

有学者使用中介语数据库进行统计发现：母语为英语的学习者较早习得汉语的"了$_2$"，等经过一段时间以后，掌握了相当数量的基本动词和类似"昨天、上星期、两个月前、去年"等时间词语后才会习得"了$_1$"。这是横向研究的成果。

中介语发展的横向研究也可以使用扩散模式(difusion model)。有学者使用中介语语料库对"不"和"没"的习得过程进行考察，发现四个过渡期：第一，只用"不"的单一否定期(该用"没"时也用"不")。第二，"不""没"混合期，即二者都用。偏误主要表现在两方面：该用"没"时误用了"不"；该用"不"时误用"没"。第三，以"没"泛化为主的偏执期(该用"不"时也用"没")。第四，分化、整合期，正确使用"不"和"没"。

2. 纵向研究

纵向研究能提供不同发展期的语言素材，描述整个习得过程。下面展示几个研究成果。

(1) 否定

调查对象目的语为英语，母语为日语、西班牙语、德语、挪威语；年龄层次不同，包括儿童、少年、成人。通过调查，发现不同母语不同年龄的人都按以下四个阶段习得英语否定式：

第一阶段——外否定： No very good. / No you playing here.

第二阶段——内否定： Mariana not coming today.

I no can swim. / I don't see noting mop.

第三阶段——情态动词否定：I can't play this one. / I won't go.

第四阶段——基本掌握规则：He doesn't know anything.

I didn't said it. / She didn't believe me.

(2) 疑问

汉语疑问句外国留学生习得顺序可分为三个大阶段：

第一阶段："吗"是非问、"怎么样"问、"什么"问。

第二阶段："多少/几"问、"怎么"问、"X 呢?"、嵌入问句、"助不助"问（包括"有没有 VP"）/"哪儿"问/"A 不 A"问、"为什么"问、"吧"问/"谁"问、正反附加问/是非附加问、"V 不 V"问。

第三阶段：特指反问句、"多 A"问、是非反问句。

英语疑问句的习得可以分为四个阶段：

第一阶段——语调问句： I am colouring?

Sir plays football today?

I writing on this book?

What's this?

第二阶段——不完全 Wh-问句： What you are doing?

What "tub" mean?

What the time?

Where you work?

第三阶段——主语—动词倒置问句： Are you a nurse?

Where is the girl?

Do you work in the television?

What is she's doing here?

第四阶段——嵌入问句（又分为两步）:I don't know where do you live.

⟶I don't know what he had.

(3)"了₁"和"了₂"

有学者追踪调查母语为英语者学习汉语"了"的情况,语料通过录音获得。概括出四个阶段。

  第一阶段——"了₂"句： 我到中国了。/星期六我看足球比赛了。

  第二阶段——"了₁"句： 星期日我看了足球比赛。/前年他去了香港。

  第三阶段——混淆期： 问：你在新西兰滑过冰吗？

           答：滑冰了。滑了冰。

  第四阶段——分化、整合期：上个星期我去了广州。/我到北京了。

第四节 输入与互动

一、自然情境下的输入和互动

1. 输入的外国式语言

外国式语言是某种语言的母语者对非母语者说的话语。输入的外国式语言有两个特点：

(1)语法规则范围内的简化。如跟外国人说汉语时,中国人会减慢语速,小心、清楚地发音,会使用简单的词汇,会更多选用是非问句、选择问句等。

(2)不合语法的简化。如,跟刚学汉语的外国人说话时,我们会说"昨天你买[ ]一本书吗？"不说句中的"了",因为外国人根本不懂。

为了理解和被理解,母语者常常要进行多种类型的互动调节：

第一,确认性的检查：

  外国留学生：我去银行了。

  中国学生：银行？

第二,理解力检查：

  中国学生：周老师出差了。——你听懂了吗？

第三,重复：

  外国留学生：我去北京路了。

中国学生：哦，你去北京路了。

第四，补充和纠正：

外国留学生：昨天他<u>不</u>去上课。

中国学生：哦，他昨天<u>没</u>去上课。

外国式语言跟保姆式语言相似，具有促进交流和作为隐性的教学方式的功能，主要目的是为了让非母语者理解母语者的话语。

交流时，母语者主要通过三种方式调节言语：一是退化，无意识地退回到儿童期习得语言阶段；二是相配，估价学习者语言系统，模仿其中的语言形式；三是意义澄清，根据学习者的反馈（如，迷惑的神情，问"什么意思？"）来简化、解释话语，避免交际失败。

2. 话语

话语研究主要考察学习者和母语者共同参与的语篇。因为学习者接受的输入不仅由母语者决定，还受学习者的影响。学习者的反馈影响了母语者后来的输出。

在母语者的话语中，修正策略使用普遍。如简化词汇，本来应该说"桌子上有几本杂志"，却说成"桌子上有几本书"，因为害怕对方听不懂。还有附加身势、翻译或转入外国式语言。如"我看了一本书，一本 magazine"。母语者常常会帮助对方表达。如：

学习者：天上的那个，很好看。

母语者：天上的<u>云</u>，很好看。

母语者常使用澄清意义的策略和手法。如放弃对话题的控制（如"你说吧！"）；选择突出的话题（如"新疆，你知道吗？"）；检查理解度（如"有问题吗？明白吗？"）；请求阐明（如"你说什么？"）；转换句子结构和问话点（如"你来中国多长时间？→你什么时候来中国？"）。

其他手段如放慢语速，重复话语，强调关键词（如"他觉得不舒服，不舒服。"）等。

意义澄清是双向的，学习者也需要起一定作用。他应该给出明确信号，表示对母语者的话语理解还是不理解。最重要的是不轻易放弃,通过各种假设,通过意义澄清,使母语者的输入变得可以理解,从而使会话有效地持续下去。

二、课堂情境的输入和互动

课堂输入和互动是正规教学环境下影响第二语言习得的主要因素。

1. 教师语言

教师对第二语言学习者教学使用的语言被看作是一种特殊的语体,有特定的形式特征和互动特征。教师的教学语言有双重特征:既是教学媒介语,又是学习者的目的语。作为前者,它承担着传授知识、培训技能的任务;作为后者,它要求清楚、准确,给学习者一个很好的示范。但限于学习者汉语水平,教师教学语言又有受限性,在语音、词汇、结构、语篇等方面要根据学习者水平做许多调节。随着课程的进展,学生水平的不断提高,教师输入语言必须不断变化,体现出动态性特征。

语言课的教师语言有以下特点:

(1) 在所有语言层次上都产生形式调节。发音调节:跟汉语水平低的学生说话时用较准确、规范的发音。词汇调节:用语义普遍词语替换语义狭窄词语,如用"(打)球"代替"(打)羽毛球"。语法调节:缩短句子平均长度,将一个长句化为若干短句。

(2) 在语法规则内进行调节。极度简化会在某类课堂互动如自由讨论时出现。如要表达"这件衣服我买不起",但怕学生听不懂否定式的可能补语,老师会说:"这件衣服很贵,我的钱不够。"

(3) 常出现重复、鼓励、刺激、扩展等。指导式问题如"你是学生吗?""墙上有钟吗?"比自然环境下多。理解检查比较频繁,但确认检查和阐明的请求却很少出现。这是因为课堂上单向交流占优势,教师控制谈话,学生说话机会较少。

专业课的教师语言跟语言课相似,如,语法简单,速度慢,停顿较多较长,重复较多。但是,词汇调节在专业课的教师语言里很少出现。因为专业课内容的讲述,很难回避专业术语。

课堂教师语言大多是一对多,学习者水平不同,但教师只能得到来自少数学生的有限反馈,教师调节语言,比一对一要困难。这就需要教师测出班级学生的总水平,将调节放在平均层次上。

2. 话语分析

课堂话语分析常常会关注一个特殊形式——三段话语,即教师引发(initiates)、学生反应(responds)、教师反馈(feedback)组成的交流,可以缩写为IRF。如:

老师:墙上有一个钟吗?(引发)

学生:墙上有一个钟。(反应)

教师:很好,墙上有一个钟。(反馈)

此结构可缩写为IRF,它在语言课和专业课上都会出现,有时可能出现变化:

老师:你每天早上做什么?

学生:我早上跑步。

老师:你每天早上跑步。

学生:我每天早上跑步。

结尾出现了学生的自由反应。学生认为,教师在给出一个语句模型后要求自己进一步反应。这个扩充的结构可以缩写为IRF(R)。

IRF不是唯一类型。有时教师发出指令,要学生做出行为反应。这样的互动十分适合初学者。如:

教师(指桌上的词典):大卫,请你把那本词典给我。

(大卫把词典拿给老师)

课堂话语的分析阐明了教师和学生的共同作用,有助于清楚地显示在课堂上下文里,意义如何澄清,输入如何适应学习者语言加工机制的要求。

三、输入与互动在第二语言习得中的作用

输入和互动通过以下方式促进第二语言习得。

1. 提供套语以供记忆和分析

互动为学习者提供了现成的话语语块(称为"罐头语言"),让学习者把它们作为不用分析的整体来记忆。如在初级口语课的教学中,"认识你很高兴/你身体好吗"等等,就是作为一种套语被零起点的学生学习和记忆的,学习者并不明白每一个词的意义和词与词组合的结构特点。

随着水平的提高,学习者会慢慢把套话按结构分开,如,"他身体好吗?""你学习好吗?""你工作好吗?"通过这种方式,扩充自己的中介语系统。

2. 建立垂直结构

垂直结构(vertical structures)指在语流中,学习者从前面话语中借用一些语块构成的话语。如:

老师:这是什么?(指图画)

学生:杯子。

老师:对,一个杯子。

学生:一个杯子茶。

最后一句话是通过垂直方式建立的,即从上一句借来"一个杯子",加上"茶"构成的。第一语言习得和第二语言习得中都有大量类似的结构。如:

母语儿童甲:来这里。

母语儿童乙:不来这里。

通过垂直结构,可以看出第二语言输出受到输入、互动的明显影响。在看到上述对话之前,人们可能不明白"一个杯子茶"的来源。可见,输出的一些特征,是由学习者对前面话语的处理不同形成的。因此,学习者的输出应放在话语中考察。

教师可通过对话,让学生通过垂直结构,建立意思、形式完整的水平结构句式。如:

老师:那是什么?

学生:马。

老师:马在干什么?

学生:在吃草。

老师：什么在吃草。
　　学生：马在吃草。
通过垂直的方式，学生建构出了最后一句意义、结构完整的句子。

3. 提供高频率的语法形式

接触最多的语法形式一般最先习得。如汉语的是非问句是留学生最早接触、接触最多，也是他们最先习得的问句形式。但输入和输出频率的关系是不确定的。显著的相关性可能只反映了某些结构比其他结构常用。

4. "i＋1"原则

"i＋1"原则，即提供比学习者水平稍高一点的可理解性输入。

第二语言习得研究专家克拉申（Krashen）强调：第二语言习得依赖于学习者得到的可理解输入。输入应该大部分是可理解的，小部分是新知识或新的语言形式。按自然习得次序，这些新的形式应该在下一阶段被掌握。因此，输入应该是"i＋1"。"i"是学习者完全可以理解的东西，"1"是新的语言形式。从 i 阶段上升到 i＋1 阶段的必要条件是习得者能理解"i＋1"的输入。

这种输入是如何被理解呢？有以下几种途径：

（1）利用学习者已经学过的结构和词汇。但因为没有提供新的语言材料，它只有复习作用，不能促进学习者的进一步发展。

（2）利用"此时此地定向"，使学习者能够利用言内知识和言外环境去理解还没学过的语言知识。如下面这段话：

　　李铭宿舍的锁坏了，他的钥匙打不开门，他进不了宿舍。他找了一个工人来修锁。锁修完了，门打开了，工人走了。李铭睡觉的时候发现，门又锁不了了。

对于学生来说，"锁"和"钥匙"是生词。学习这些生词，可以通过上下文内容来猜测意思（利用言内知识）；也可以由教师利用教室的门、锁和自己的钥匙进行演示教学（利用言外环境）。这称为"此时此地定向"。

（3）通过教师调节会话的互动结构。如初级读写课教学时，教师通过身势语和重复，利用周围的真实情景，使学生明白指令性语言"请大家打开书、看黑板"等。再如在说话课教学时,教师利用表示过去时间词以及以前学的语法知识,通过"以前你来过中国吗?什么时候?来中国以前你学过汉语吗?"这类句子,让学生明白动态助词"过"的意义。

第五节 学习者个体差异

第二语言学习者在个性、动机、学习方式、能力倾向和年龄等方面存在不同,这些不同对第二语言习得可能产生影响。

一、年龄

年龄不会改变习得顺序。有学者考察了6—15岁孩子和成人学习者,发现他们对20个语言点的习得顺序一样。

但年龄对学习速度有明显影响。跟儿童和成人相比,青少年第二语言习得的进步最快。年龄只影响词汇和句法的学习速度,对其他方面的习得没有影响。接触第二语言的时间越长,语言越地道。时间对产出性语言技能(说写)的影响大于对接受性语言技能(听读)的影响。开始习得时年龄越小,发音越地道。但开始习得时间的早晚,对语法的掌握使用没有什么影响。

关于年龄为什么对习得有上述影响有多种解释:

1. 临界期假说(Critical Period Hypothesis)

10—12岁前,大脑的可塑性好,学习能力强,因为左右脑共同运作语言。10—12岁以后,大多数人的语言功能逐步转移到左脑,语言学习的能力减退。研究显示,如果右脑损伤,儿童的语言问题比成人要多。如果左脑损伤,儿童不会发生言语混乱,而成人几乎都会出现语言丧失的现象;儿童很快会恢复全部的语言控制能力,而成人不可能全部恢复。

2. 认知解释(Cogntitive Explanations)

成人大多通过有意识地掌握语言规则来学习语言,以一个形式系统来理解语言。如,这个词是名词,名词有什么相应的规则;那个词是动词,动词的规则是什么。由于已经系统掌握了第一语言,不容易自然地习得第二语言,成人常常通过翻译的方法、形式和意义对应的方法来学习第二语言。

儿童学习语言只是模仿,只是自然地、无意识地习得,不太注意规则性、系统性。儿童大多不知道语言是什么,语言能做什么。他们在认知上对其他语言是开放的,没有意识到第一语言跟第二语言有什么系统的区别。

到了少年阶段,抽象思维开始形成,学习者开始具有元意识(meta-awareness),即意识到语言是一个形式系统,第二语言跟第一语言有系统的形式区别。这种元意识会成为自然习得语言的障碍。当然,元意识也可以促进学习效率。少年时期,学习者一方面跟儿童相似,还可能自然地"拾获"第二语言;另一方面又跟成人相似,可以用理性学习、规则掌握来辅助学习。跟儿童比,少年学习者发音较弱,因为发音最难为意识所操纵,而少年已经开始进入有意识的学习阶段。少年比成人学得好,是因为他们的记忆力比成人好,自然习得的能力比成人强。

3. 情感解释(Affective Explanations)

情感随年龄变化而发生转变。第二语言习得与语言文化适应阶段有关。文化适应有四个阶段:(1)初始的兴奋与陶醉。(2)文化冲击导致与目的语文化的冲突。(3)文化压力逐渐解除。(4)同化或接受新文化。儿童在社会文化方面可塑性较大,容易接受异文化,不像成人那样容易被母语文化束缚。

二、性别

在英语中,sex 指生理性别,gender 指社会性别。社会语言学家和语言习得研究者倾向于使用后者,因为社会性别着重强调男性和女性的社会建构和属性。

1. 第二语言习得中显示的性别差异

有关语言习得过程中言语的性别差异,社会语言学家已经确认了两点:

(1) 男人使用非标准形式的频率高于女性。

(2) 相对多数语言变化,女性用新形式的频率高于男性。

这两个观点表面上看有些矛盾。但是都表明女性在第二语言学习方面可能胜过男性。

一些研究表明,总的来说,女性在语言学习方面胜过男性,女性的学习态度明显比男性积极。在学习策略的使用上,也有性别差异。如在使用第二语言互动交际过程中,男性语言输出的频率多于女性,而女性语言输入的频率多于男性。不少初学者在说第二语言之前先在脑海中默念一下,女性使用这种方法的比率多于男性。此外,男性在交际时使用翻译策略多于女性,而女性对理解监测较多,即通过多种方法,检测自己是否真的听懂了对方的话语。

对于这些差异可以解释如下:女性职业期望较高,而语言对她们更具有职业价值;女性比男性更重视合作,而掌握第二语言有助于交往与合作;女性更多地承担教育子女的义务,包括语言教育的任务;女性听力能力天生比较好,对语言输入比较敏感;女性倾向于使用比较积极的学习策略。

不少学者指出,应该从两方面考察性别差异在语言学习中的表现:第一,学习者已有知识的多少;在这方面女性优于男性。第二,学习者在不同情境下对知识的运用;在这方面男性优于女性。

2. 个案分析

有学者研究"着"的习得。让初级班来华留学生(男5人,女5人,学完"着"一段时间)描述以下两个情景:

  A. 桌子上放着两本教材。

  B. 教师在椅子上坐着看书。

结果获得包含"着"的句子15个。描述情景A的如:

  桌子上放着两本书。

描述情景B的如:

  老师看着书。老师在椅子上,坐着看书。

回避"着"的句子如:

  桌子上有两本书。老师在椅子上看书。

考察性别发现,所有女生都用了有"着"的句子,总量10句。男生3人用了有"着"的句子,2人未用,总量5句。女生用"着"的比率明显高于男生。男生更多使用较早学习的"有"字句等,回避"着"字句。这说明女性对新语言形式更敏感。

对中级班来华留学生"着"习得情况的考察,结果跟初级班相似。

三、智力与语言能力

1. 智力(Intelligence)

一般学术或推理能力称为智力,具有普遍性,是掌握和使用学术技能的基础。

考察表明,智力只影响习得速度和效果,不影响即时语言运用显示出的习得顺序。

2. 语言能力(Aptitude)

语言能力是一种特殊认知特性,语言能力分为两类:一是认知能力,如学习语法、词汇的能力和阅读理解、默写、自由写作能力。二是基本的交际技能,如口语表达的流利度和使用语言的能力。

认知能力,又可分为以下小类:

语音编码解码能力(感知记忆新发音的能力)。如初学汉语的日本人能否辨别汉语声母中送气音与不送气音的区别。

语法敏感性(理解语句能力)。如初学英语的中国人输入"a student"和"an apple"时能否辨别出两个不定冠词的区别以及理解选用不同冠词的原因。

推导能力(注意、判定语法形式和意义的异同的能力)。如汉语作为第二语言的学习者能否看出"三所小学的老师"和"三位小学的教师"在层次上的区别,能否看出"照顾孩子的妈妈"有两个意思以及歧义产生的原因。

语言能力的强弱,会影响不同学习者所达到的语言水平。

四、认知方式

认知方式(cognitive style)指对信息的感知、定义、组织和记忆方法,大致分为场依附型和场独立型两类。表6—4是这两种认知方式的比较。

表 6—4

场依附型	场独立型
人际取向(靠外在架构处理信息)	非人际取向(靠内在架构处理信息)
整体(把场视为整体,各部分与背景融合)	分析(分别感知场的各部分,部分与背景分离)
依附(个人见解源于他人)	独立(独立的身份感)
社交触觉(较强的人际关系和社会关系技能)	较弱的社交意识、人际关系和社会关系技能

场依附型的认知方式,对自然习得,对说话流利度的学习,相对更有用。场独立型的认知方式,对课堂学习,对语法、写作能力的培养,相对更有用。

五、态度与动机

态度(attitude)指为目标努力时表现出来的持久性。态度包含三个方面:(1)对目的语社会和人的态度;(2)对正在进行的语言学习的态度;(3)对一般语言和语言学习的态度。

动机(motivation)指行为的整体目标和方向。对动机有不同的分类,一种较为流行的分类是将动机划分为融入型和工具型。融入型(integrative)指希望获得操第二语言集团的文化身份认同,又称结合型。工具型(instrumental)指通过考试、求职、辅助其他学科学习等目标。融入型和工具型的区分更多地是一个连续体的反映,不是非此即彼。

不少调查和实验性研究,证明了以下几点:

(1) 态度与动机是决定学习者达到的语言能力水平的重要因素。

(2) 动机或态度的影响与能力倾向的影响无关。最成功的学习者二者兼备。

(3) 某些情况下,融入型动机有效;另一些情况下,工具型动机有效。如对于在加拿大、美国的法语学习者,融入型动机更有帮助。而对于菲律宾的法语学习者,工具型的动机更加重要。这是由于目的语角色不同。目的语作为外语,在课堂外对学习者不重要时,工具型动机更有帮助。目的语作为第二语言,在课堂外有广泛的交际时,融入型动机更有用。

(4) 动机的类型和水平,往往受到学习者社会环境的影响。

六、个性

个性(personality)是由一系列个人特性集合成的个体性格。通常包括一系列的对立因素,如:冷漠/热情,害羞/大胆,不自信/有统治欲,内向/外向,神经质/稳定,等等。下面介绍几个关于学习者个性对第二语言学习影响的研究:

(1) 个性内向或外向影响第二语言口语的流利程度。一般假设是:性格外向的学习者较容易跟使用目的语的人接触,因而可以接受更多的目的语输入。研究显示,口语的流利程度与内向或外向的性格相关,性格外向者第二语言的口语流利程度比性格内向者要高。

(2) 与个性密切相关的社交技能影响第二语言的使用。研究表明,性格外向者的社交技能普遍优于性格内向者,而社交技能决定了接触第二语言的总量。社交技能强的学习者更容易跟目的语母语者进行交际,因而能更多地使用第二语言。学习第二语言的时间越长,学习者在第二语言使用上的差距就越明显。经过一段时间以后,社交技能好的学习者也许已经可以轻松自在地使用第二语言交谈了,而社交技能差的甚至几乎还不会使用第二语言。

(3) 内向、害羞的个性导致压抑(inhibition),对第二语言学习产生负面影响。压抑是个体的一种防御外部伤害,保护自我的心理屏障。压抑使学习者在学习、使用第二语言时小心翼翼,害怕出错,不敢大胆说话,因而阻碍第二语言学习进步。帮助学习者减少压抑,可以使他们在口语课堂上和口语测试中大胆地开口说话。

第六节 学习者的策略

策略指学习者在第二语言学习中有意无意使用的方法和手段。一般来说,知识有陈述性和程序性两类。陈述性知识指"知道是什么";程序性知识指"知道怎样做"。后者由学习者处理第二语言语料所使用的策略和程序组成。

一、学习策略

1. 套语

套语是指那些不能分析而作为整体学习的语言单位,运用于特定的场景。如打招呼序列。它在第二语言习得中很常见,尤其是开始阶段。比较典型的套语如:

I don't know.   //   Can I have a ＿＿＿?   //   What's this?

每个套语都与特定交际目标相关,可以最大限度发展学习者的交际能力,减轻学习负担。

习得套语的策略与学习创造性话语的策略不同。学习套语由大脑右侧控制,而学习创造性话语由大脑左侧控制。大脑右侧一般是进行完整的形象活动。学习者超越由部件组成整体的过程,使用"模式记忆"策略,把整个套语作为一个完形感知,而不是一个个的构件成分。这些完形模式使用率高,与交际功能紧密相连,储存在大脑右侧,在接收和生成时随时都能使用。

套语是创造性话语发展的基础。早期,学习者把套语当成一个整体,不论位置前后:

That one *I don't know*.   //   *I don't know* what's this.

后来,学习者逐渐明白,套语由分离成分构成,这些成分根据不同规则可以与别的成分结合。如 I don't 和 know 可以分解、被其他成分替换而表示相同或不同的意思:

I don't understand.   //   *I don't* like.

I *know* this.   //   You don't *know* where it is.

分解套语需要识别保留成分和替换成分的能力。学习者会逐步注意到套语结构随情景变化而变化。

2. 创造性话语

创造性话语是第二语言规则的产物。规则构成了学习者的中介语系统,反映出语言发展的自然顺序。它们是可变的,允许学习者根据语言需要与情景要求进行调整。

建构中介语规则的策略可以分为两种基本的相关过程:假设建构与假设检验。

(1) 假设建构

中介语规则的假设建构是通过两种方式形成的:一是运用已有的语言学知识(第一语言知识、已有的第二语言知识、别的语言知识);二是从输入的语料中归纳新的规则。这些过程跟两种总的策略(简化与推断)相符合。

A. 简化

早期中介语研究发现,学习者总是通过各种方法减轻学习负担。简化,指学习者对假设范围进行控制的尝试。在中介语发展的任何一个阶段,学习者都努力把假设建构限制在相对容易形成和有利于交际的范围内。

比如,学生能听懂"我买不起那件衣服",但他不会表达,或难以用这种句式表达,于是就采用简化的方式,说:

那件衣服太贵,我不买。

再比如,有学生掌握不好"能"类助动词,就会回避使用"能":

这个方法[ ]提高汉语水平,[ ]了解中国。

B. 推断

推断是学习者依据语言输入形成假设的手段。如母语为日语的汉语学习者,有时会出现以下偏误:

*我都写了十个生词。

原因是通过输入和不完全的理解,学习者误以为只要所指不止一个,就可以用"都"。当学习者有了大量正确的输入,并对这些输入有了正确理解之后,就可以自行推断,修整原来的规则,知道"都"的总括对象一般在前,说出以下正确句子:

我十个生词都写了。

推断来自三种因素:一是语内因素,如来自第二语言的形态学与句法学的线索。二是语际因素,如来自不同语言之间形式相似的线索。三是非语言或语境因素,如依据客观世界规律进行预测的线索。有学者对猜词需要使用的知识进行了研究。让一个母语为日语,第一外语为英语的汉语学习者阅读下句：

　　高层建筑破坏了城市的和谐,给人以一种恐怖的感觉。

然后让他猜测其中"和谐"的含义。以下是研究者和学习者的对话：

　　学习者：城市环境的和……城市环境的和……合适。

　　研究者：为什么是"合适"？

　　学习者：高层建筑破坏……破坏城市环境的……噢,给人一种恐怖的感觉,这是那个,后边的那个,啊,怎么念？和……

　　研究者：xié。

　　学习者："和谐"的"谐",是那个汉字"谐"的音谐(谐音),也可以说"音谐"(谐音),那个 balance,所以说 balance 是那个和谐。

这名学习者在推断"和谐"的含义时,使用了目的语知识(尤其是词汇知识),第一外语英语的知识,和对世界的一般性认识。

(2) 假设检验

学习者一旦产生一个假设,总会通过各种途径来检验这一假设。假设方式有：

A. 接受性的(学习者在注意第二语言输入时,把自己的假设与语料提供的信息相比较)；

B. 生成性的(学习者在生成第二语言话语时,就已包含了他所形成的有关第二语言规则的假设,根据他所获得的信息反馈来评估假设的正确与否)；

C. 元语言知识(学习者通过向操母语者、老师请教,通过查阅语法书、词典等来建构有效的假设)；

D. 相互作用的方式(学习者通过调动谈话对方的修正来进行假设检验)。

假设检验是使用以上一种或多种方式的结果。不断变化着的中介语规则系统正是学习者在语言实践中不断修正有关假设的结果。

(3) 自动化过程

在假设检验后进行的形式操练和功能操练,使语言规则达到自动化的程度。

二、交际策略

1. 交际策略的定义

交际策略被看做是学习者克服交际难题的方法。使用它,是因为学习者缺乏合适的语言资源来表达自己的意图。交际策略是交际能力的一部分,母语者和第二语言学习者都会使用。

2. 交际策略类型

交际策略可以分为两大类:缩减策略和成就策略。

(1) 缩减策略

这是一种逃避问题的策略,包括对部分交际目标的放弃。如:

我下午打……我下午运动。

我们今天去了……一个地方。

因第二语言知识不足,只能用上位表达法代替具体运动项目,用"一个地方"代替具体地点。

(2) 成就策略

这是学习者为实现交际目标而对不足的语言手段采用的补救措施。可分为三小类。

第一小类是借助第二语言。如:

首尔地铁座位木头的,容易火,危险。广州地铁座位钢铁的,不容易火。

不会"着火",就用名词"火"代替。使用成就策略,从形式上看不完美,不准确,但达到了交际的效果。

第二小类是借助第一语言。如:

我们去北京,坐…… airplane.

第三小类就是直接求助于目的语母语者。遇到不懂的,就直接问目的语母语者如何表达。

3. 实证性研究

有四种方法很常用。(1)早期研究是比较学习者分别用第一语言和第二语言完成的语言行为(如讲故事)。研究者认为只有了解学习者第一语言的基本序列,才能识别出第二语言的交际策略。如,第一语言中已存在的情况在第二语言中发生就不能称之为回避。(2)比较一组说母语者与第二语言学习者在完成相同任务时的言语行为。(3)考察对一些特别语法项目的使用,可以通过完成看图说话的任务来进行,也可以让被试标示图画,或者把第一语言翻译为第二语言。(4)分析录像中使用母语者与使用第二语言者的对话,如英语母语者和以英语为第二语言者的对话。

根据现有研究结果可以看出不同变量对交际策略的影响。

(1) 语言熟练程度的影响

熟练程度较差的学习者往往选择缩减策略。学生在早期选择缩减类策略,但在发展中逐渐增加成就类策略的使用。有学者使用看图说话方式,考察学习者口语表达使用的交际策略,发现学生水平越低,越倾向于采用缩减策略,回避一些信息点;水平越高,越倾向于采用成就策略,设法将注意到的信息点表达出来。

此外,程度高的学习者比程度低的学习者更多使用基于第二语言的策略。

(2) 学习者个性的影响

如讲故事时,一个学习者无论用第一语言或第二语言都讲得很快,缺少细节。另一个则讲得很详细并不断请求帮助。这与他们不同的个性有关。个性因素可能与策略的选用相关。

(3) 学习环境的影响

交际策略在教室里使用较少(尤其当教学重点集中在对第二语言的纠错上),在自然环境中使用较多。学习环境也可能影响到策略选用的类型。

学习者常常使用多种交际策略。先尝试一种,然后又转向另一种来弥补第一种选择的不足,如果失败了就再尝试。

总之,交际策略应该对交际起促进作用。最好的策略运用者应该会调整所用策略以适应表达意义的需要。基于第一语言的策略作用最小,会导致部分以至整体的不理解。非语言策略作用也不显著。基于第二语言的策略最有效。

思考与练习

1. 中介语的变异主要体现在哪些方面？请举例说明。

2. 你觉得第二语言的发展过程是否具有普遍性？为什么？

3. 在第二语言习得过程中，我们应如何从输入与互动的方面来促进第二语言习得？

4. 影响第二语言习得的个人因素和一般因素分别有哪些？

5. 以你自身的学习经历为例，说说在第二语言习得过程中你都使用了哪些交际策略，这些交际策略对你的第二语言习得有什么影响。

6. 外国人习得下面几个语言点时，哪些可能是他们的难点，哪些不是？容易出现哪些偏误？试用对比分析假说进行说明和解释（括号里是学习者的母语）。

　　(1) 汉语拼音声母"c"和"s"的习得（英语）。

　　(2) "（累）一点"和"有点（累）"的习得（韩语）。

7. 英语、法语、韩语母语者在学习汉语时常常出现"他喝了多啤酒"的偏误，而汉语母语者在习得英语、法语、韩语时却很少将"很多＋N"的格式迁移过去，请解释原因。

8. 系统分析以下偏误句，内容包括：指出偏误点，改正句子，说明相关语法规则，形式分类，尝试解释偏误生成的原因（括号里是造句者的母语）。

　　(1) 他把书本放在桌子。（多种语言）

　　(2) 那条裙子有点好看。（韩语、英语）

　　(3) 昨天我见面他了。（英语）

　　(4) 她买了二件衣服。（法语）

　　(5) 老师站讲课，我们坐听课。（越南语）

　　(6) 院子里都种了十二棵树。（日语）

　　(7) 国庆节他再去了许多地方旅游。（英语）

　　(8) 除了小王，全班人去了西藏旅游。（英语）

　　(9) 她又不是广州人，哪有资格教别人广州话的道理呢？（德语）

9. 给以下汉字偏误分类，并说明原因：

(1) 把"舒"的右边写作"子"或"了"。

(2) 把"腔"注音为"kōng"。

(3) "馆"的右下角写作"B"。

(4) "玻"注音为"pō"。

(5) "看医生"写成"看一生"。

(6) "学"的上边少一点。

(7) "风"写作"气"。

(8) "玻"注音为"wáng"。

10. 分析以下各例,说明学习者使用了哪些策略,哪些策略对第二语言学习、交际更有效,并从策略的使用说明学生的学习阶段:

(1) 他昨天买了一个打扫地板的工具,下边有布的,用水的。

(2) 报纸上有一个 news,说一个飞机(做手势),在地上,很多人死了。

(3) 我小时候看很多书,大的书,有很多画的,字不多。

(4) 昨天去了老师家,他的儿子很……turbulence。

(5) 广州地铁的椅子很钢,我不胖,但是这里(指着臀部)很疼。

(6) 我星期天去王府井,买了两个……东西。

(7) 甲:你觉得广州的交通怎么样?

乙:……车很多,但是燃料站很少。

(8) 甲:你在韩国的时候不用上学,那平时喜欢玩什么?

乙:我喜欢打(做打高尔夫球的手势)运动。

第七章 教材编写与使用

教材是教师组织教学、学生课堂学习的基础和依据,是连接教和学的桥梁。它不仅在很大程度上决定着教和学的质量和效能,而且集中体现教学目标、原则和内容,是教学大纲得以实施的根本保证。

教材的研究、开发和使用,可以检验教学大纲,促进课程建设和教学改革,提高教学质量。教材的编写和评估在整个学科建设中具有重要价值,是教材研究中互相关联的两个重要方面。对于不参加教材编写的教师来说,如何选择和使用教材,也是教学中不可回避的问题。

第一节 教材分类

教材可以根据不同的需要,从不同的角度来进行分类,把具有某种共同特点的教材归为一类,把具有另一种特点的教材归为另一类。对教材进行科学分类,可以认识和把握不同教材的性质、特点、用途,加强和完善教材体系建设;可以促使教师科学选择、合理使用教材。

教材分类是多角度、多层次的。我们从以下三方面探讨:课程类型,组织结构,系统参照。

一、按课程类型分

课程设置是教材分类的基本依据。根据国内外第二语言教学的实际情况,课程设置可以分为技能类课程和知识类课程。相应的,教材也可以分为这两大类,前者以培养学生交际技能为主,后者以教授学生知识为主。

1. 技能类课程教材

汉语技能包括通用汉语和专用汉语。技能类课程的教材也相应分为两类。

(1) **通用汉语教材**

通用汉语技能包括听、说、读、写、译几种。其中听和读是输入性技能,说和写是输出性技能,译是综合技能。听、说和现场翻译(同声翻译)是有声语言的输入输出,读、写和字面翻译是书面语言的输入输出。由于技能的类别不同,各类教材的编写也有很大的不同。

课程设置和教材可以分为两大类:综合技能训练、专项技能训练。前者有综合型教材、精读类教材、读写类教材、听说类教材;后者有口语、听力(视听)、阅读(报刊阅读)、写作、翻译类教材,等等。

综合型教材在一本书中涵盖了语音、词汇、语法、汉字要素和听、说、读、写技能,主要用一套课本培养学习者的语言知识和言语技能。此类教材海外使用得比较多。专项技能教材的使用有两种情况:一种是以一本教材或读写或听说为主干,其他各本相配合;一种是几本平行教材同时使用,使每项技能得到充分训练。专项技能教材中国国内使用较多。

(2) **专用汉语教材**

专用汉语又叫"特殊用途汉语"。可以分为两类。一类是专业汉语,为了让学习者用汉语学习某个专业,如医科汉语、科技汉语、人文汉语、社科汉语等。此类教学在基础汉语基本完成或进行到某一阶段时进行。另一类是职业汉语,为了让学习者从事某一个特定职业,如商贸汉语、旅游汉语、法律汉语。

专用汉语教材跟通用汉语教材的主要区别在于词汇。专用汉语教材,无论是专业教材还是职业教材,都收入大量的专门词汇。此外,教材中还有大量使用这些词汇的句式、语境和场景。

不同的是,专业汉语更重视输入性的听力、阅读技能训练,以方便学习者跟中国学生一起用汉语学习某个专业(主要是听课、看专业书)。职业汉语则需要听、说、读、写多项技能,以方便他们用汉语从事某个职业。而对于其中部分学习者,听说技能更为重要,因为他们只需要用有声语言交际,至于阅读和书写,可以让翻译、秘书去做。

2. 知识类课程教材

知识类课程可以分为:语言知识、其他知识。知识类课程教材也相应分为两类。

(1) 语言知识教材

语言知识教材可以分为两类:基本的语言要素教材和语言专业知识教材。前者如语音、词汇、语法、汉字等教材,一般用于汉语预备教学、进修教学或汉语本科教学的初中级阶段。后者级别较高,如汉语概论、现代汉语、古代汉语、汉语习惯用语、语言学概论等教材,一般用于汉语进修的高级阶段,或汉语言专业本科的三、四年级。

(2) 其他知识教材

其他知识包括文化知识和专门知识。文化知识教材有三小类。第一,概况性的教材,如中国概况、中国国情等。第二,分类的文化知识教材,如中国文化、中国历史、中国文学、中国艺术、中国风俗等。第三,文化对比与跨文化交际教材,如中外文化比较、跨文化交际等。

专门知识主要是专业知识和职业知识。前者是为了学习某个专业(如文学、哲学、历史、管理、计算机科学、临床医学等)并获取相关证书;后者是为了从事某个职业、某项工作(如经贸、导游、文秘、律师等)。

二、按组织结构分

教材组织结构是指教材内容的展开顺序,前后内容之间的关联,某一具体单元的设置等等。教材的内在组织结构,是教材分类的重要依据。

1. 按纲目分

指教材编写以什么内容作为主线,贯穿整个教材。具体可以分为:

(1) 结构为纲

以语言结构为纲,根据语言点的情况来安排教学内容。有的是先从语音结构安排教学内容;语音部分结束后,根据语法或句型结构的难易程度和词语的分布安排教学内容及其顺序。有的则是综合考察语音、词汇、语法几个部分。还有的是只突出某一个部分,如汉语常用句式100句,以常用句式为纲。

(2) 功能为纲

功能指打招呼、询问、感谢、道歉、表扬、批评、肯定、否定等交际项目。此类教材根据交际功能项目、交际任务的常用度来安排教学内容和顺序,不考虑或较少考虑语言结构的先后。以功能为纲,比较适合口语教材,不太适合综合技能教材或读写、精读教材。

(3) 结构—功能为纲/功能—结构为纲

语言结构与交际功能相结合。前者以语言结构为基础,同时考虑到结构所表达的交际功能,使结构应用于一定的功能。后者交际功能占支配地位,在一定的功能项目下教语言结构。

(4) 话题为纲

话题是指会话或文章的内容,如天气、家庭、职业、爱好等。此类教材以不同的话题内容为纲来安排教学内容,在话题中融入一定的交际功能和语言结构。

(5) 场景为纲

以交际场景为纲安排教学内容。场景指教室、运动场、食堂、宿舍、饭店、银行、商场、车站、机场等。在不同的场景里,融进交际功能、语言结构等内容。

(6) 课文为纲

课文作为语言教学内容的主体,以讲授课文为主,通过课文学习语言结构和词语。此类教材注重课文选择,不太重视语言结构(语音、词汇、语法、文字)在教材中的编排。

(7) 文化为纲

把文化知识分为若干个文化点来组织教材。在介绍文化知识的同时,安排一些在文化介绍中出现的语言点进行教学。

上面讨论了七种纲目,值得注意的是,不少教材是从多方面考虑的,并不单单以某一种内容为纲。目前比较流行的教材是从语言结构、交际功能、文化知识等几个方面考虑;还有的教材是课文以话题或场景为主线,以语言结构或交际功能为副线;还有的教材同时考虑多种因素,但以其中一种为主。

2. 按单元分

一般分为单课制和单元制两种。

单课制的编排方式是一课一个单元,几课以后有一个综合复习。

单元制是由几课内容或几种技能训练组成一个单元,一本书分若干单元。划分单元可以按语言结构分,也可以按内容或话题分。

3. 按推进模式分

一般分为直线式和螺旋式两种。可以从语法结构或话题内容排列的方式来考虑。

直线式安排就是将某项内容分为若干部分,一课教一个部分,由易到难地直线排列。比如说,将语法点或句型按难易排列,一课教一个或几个语法点,直到最后一课。或者按话题内容分类,一课教一个话题(如入关、到学校报到、上课、购物……),一直排列到最后几课(如告别、出海关)。

螺旋式安排是将话题或句型结构根据交际需要并适当照顾难易度分成几个圈,每个圈都将主要话题和句型结构出现一遍,而圈与圈之间又逐步加深难度,呈螺旋式上升。比如说,将话题分为个人、亲属与朋友、学校、社会、世界等五大类。第一个循环分五课,先学最简单的五个话题;第二个循环难度增加一些,一直上升到最高级别的循环。

三、教材编写的系统参照

系统参照包括教材编写的多种外围因素,如:教学环境、教学对象、教学期限、教学形式、教学类别等等。

1. 教学环境

主要指有无目的语环境。在中国国内学习汉语,下课后可以在汉语环境里生活,是第二语言的教学。在海外学习汉语,一般来说,下课后大多是在学生母语环境里生活,是外语环境。

这两种环境的教学在教材编写和使用上有很大区别。比如说,在某一个国家学习汉语,教材编写应该考虑本土化的问题,即如何适应学生所在国的教育体系,如何展示、介绍某个国家的国情、文化,如何对比学生母语和汉语的异同。教材中有汉语和所在国语言的对比,可以在教学中合理利用正迁移,防止负迁移,加快学习速度,提高学习效率。而在中国学习汉语,许多国家的学生在一起,教材编写很难逐一考虑不同语种及其文化的情况。

2. 教学对象

教学对象不同,对教材的要求也不同。一般来说可以从两方面考虑。

根据年龄不同,可以分为少儿教材和成人教材。前者要充分考虑少儿的生理、心理特点。比如儿童教材,可以大量使用图片等教具,编排各种适合儿童的游戏,通过活动、游戏来习得汉语。

根据学习起点和汉语水平的不同,可以分为初级、中级、高级教材。

3. 教学期限

可以分为短期班教学、长期班教学。所谓长短期班教学主要是汉语进修教学内部划分的。

长期进修一般指半年或更长时间的教学,此类教材参照本节第一部分"课程类型"。

短期进修主要指一周到两个月的教学,学习者大多学过汉语。中国国内的短期进修学习者,大多在国外学过一段时间汉语,利用假期在中国的目的语环境里进修,以达到全方位体验汉语、培养语感的目的。此类短期进修教材应充分利用目的语环境的优势,重视听说能力的培养,以及中国文化的感知。

4. 教学形式

可以分为班级教学和个别教学。班级教学的教材,要考虑学生之间的互动,尤其是在练习的形式上。而个别教学,基本上只考虑一个教师和一个或几个学生之间的互动。

5. 教学类别

国内对外汉语教学有汉语预备教学、汉语进修教学、汉语本科(含多个方向)教学等。预备教学是为留学生用汉语学习专业知识做准备的,有基础的通用汉语教学,也有专业汉语教学(如科技汉语、医科汉语等)。汉语进修教学主要是通用汉语教学,时间从几周到三年,主要学习汉语交际技能。汉语本科教学通常为四年,一方面学习汉语交际技能,一方面学习相关知识(含汉语、文化和相关的职业知识)。

海外汉语教学,也有进修教学和汉语本科教学。此外,还有非常重要的,就是普通教育。普通教育主要指中小学中开设的以汉语为外语的课程。如美国 2007 年开设的 AP 中文课程,是在高中开设的选修课,课程学分可以直接带到大学。

教学性质主要从系统性方面影响教材编写。至于具体教材的区别,更多的还是体现在课程类型、组织结构和教学环境、对象、期限、形式上面。

以上分类是多角度、多层面的,有些部分是有重叠的。其中,第一点的课程类型是核心,可称为"基本内容分类"。第二点是结构分类,可称为"组织结构分类"。第三点是外围的,可称为"系统参照分类"。

第二节 教材编写

教材编写,必须依据一定的原则。所谓原则,就是指教材编写所依据的规律和标准。一般具有普遍性,适用于各类教材的编写。我们从五个方面讨论教材编写的一般性原则。

一、科学性原则

科学性,就是要符合第二语言/外语学习和教学规律;要由易到难,适合学生的实际水平,方便教师教,方便学生学。科学性原则可以从几方面考虑。

1. 语言点的选择、排序和频率

语言点包括语音、词汇、语法等。其选择、顺序和出现频率,要精心设计,合理安排;要充分考虑由易到难、适合学习的原则。具体有四点。

第一,要明确语言点的难度等级。不同的语言点,有难度等级上的区别。比如说词汇。1992 年出版的《汉语水平词汇与汉字等级大纲》,把 8822 个词语分为四级,甲乙级是初级词(甲级第一学期学,乙级第二学期学),丙级是中级词,丁级是高级词。2002 年出版的《教学大纲》,把 8042 个词语明确分为初、中、高三级。初级教材主要教学生掌握难度较低、出现频率较高的初级词汇,不能过多出现越级词汇(中、高级词汇)和超纲词汇(对外汉语教学词汇大纲以外的词汇)。

第二,要先出现比较容易的语言点,后出现比较难的语言点。如声母教学,按由易到难的原则,应该先教 s、z、c,后教 sh、zh、ch、r。

第三,要限制内容的含量。每课内容不能太多,课文不能太长;生词量要适中,语法点、功能点数量也要适中。

第四,语言点的出现、重现要合理。如每课的生词,有主要、次要之分。主要的生词应该在课文、练习中均匀分布,多次出现。每课需要掌握的语法点、功能点,也需要在课文、练习中均匀分布,多次出现。以往的学习研究发现,一般的生词,需要在不同的语境、场合出现 7 次以上,才容易习得。因此,主要生词及主要语法点,不但应在目标课中均匀分布、多次出现,还应该在其后的若干课中重复出现。这种重复不应是简单重复,而应该是渐次拉大距离的匀质重现。如,第一课教了某个生词,可以在第二课出现 3 次,第三课出现 2 次,第四课、第六课、第九课各出现 1 次。合理的重现率,可以大大提高学习效率,降低遗忘率。

最后强调一下,教材编写者要明确目的语的特点和难点。目的语的特点和难点,一方面是对比学习者的母语(如韩语、日语、越南语、泰语、法语)和第一外语(如英语)而得出来的,一方面是通过教学实践总结出来的。通过语言对比找出异同,概括出汉语的特点,并通过教学实践总结出学习的难点和重点。教材编写要将对比分析的结果和预测出来的学习难点重点等内容,合理安排到语音、词汇和语法教学中,在课文、注释、练习中充分而恰当地体现出来。

2. 教材语言

第二语言教材,既是学习语言的媒介,又是为学习者提供语言输入的重要渠道。因此,教材的语言非常讲究。教材语言包括课文、解释和练习的语言。一般的要求是:课文语言科学规范;解释的语言清楚易懂;练习语言不但要清楚易懂,还要指令明确,让学生容易操作,容易执行。

课文是教材的精华部分,是课堂教学和学习的基础和依据,直接关系到教学质量。课文编写要具有典范性,语言和选材要科学规范。要让学生学习规范、通用的汉语和汉字。当然,如果是在海外使用的教材,要适当考虑当地汉语的实际使用情况。

汉字的繁体、简体是汉字教学中的一个难题。在中国国内主要教简体字,也可以适当考虑繁体字。国外教汉语,可以两种字都教,先后顺序可根据具体情况定。要求学生识繁写简是一种方式。

对有关语言点和相关知识的介绍要清晰,让学生容易掌握。初级汉语教材,可以用学生母语或较为通用的语言(如英语区用英语,法语区用法语,西班牙语区用西班牙语,阿拉伯语区用阿拉伯语)注释、解释生词和语言点、功能点及其他知识。中、高级汉语教材,可以用汉语解释和介绍,但使用的词语、句子应该是学生以前学过的,应该让学习者能够看懂。

练习是让学生真正掌握语言交际技能的重要部分。练习的语言不但要明白易懂,还要指令明确,让学生既容易看懂,也容易按照要求具体操作练习。

3. 课程特点

听、说、读、写、译课程不同,教材编写的要求也不同。如听说教材注重口语素材的选择,口语词汇、句式的学习和掌握,以及相关练习的设计。中级第二学期和高级精读阅读教材注重书面语素材的选择,书面语词汇的学习掌握,及相关的练习设计。

再如,口语教材可以突出交际功能培训;听力教材可以更多展示不同交际场景的对话;精读教材可以更多地从话题切入;阅读教材可以从多种阅读文体和阅读技能入手;写作教材可以以不同文体体裁为纲。

4. 协调性

首先是每一课的协调。通常一课包括生词、课文、句型、语言点的展示和解释、练习。这些部分应该协调、统一。如语言结构为纲的教材,这一课主要讲解哪几个语言点,课文中就应该出现这些语言点,后面也应该有相关的练习。有的教材有主课文、副课文,这两部分的内容也应该协调。

其次是整部教材的协调统一。一部教材通常包括十几到几十课,课文内容的区别与呼应是协调的内容之一。每一课的生词、语法点、功能点的区别与呼应，也非常重要。不少教材在若干课后设计一个复习课，最后有一个总复习课，方便复习和新的学习。

此外，如果是系列教材，如听说读写配套的教材，或初中高级衔接的教材，还要考虑各类、各级教材的搭配和衔接。

二、实用性原则

第二语言教学主要是培养学习者的语言技能，语言知识必须为培养交际技能服务。只有实用的教材才能激发学生的学习兴趣，教学目标才能很好地实现。实用性可从两方面把握。

1. 交际性

应用性，首先要使教学内容（课文选材、词汇语法点的选择和解释、练习题型内容等）满足学习者交际活动的需求。学生从教材里学到的词汇、句子和语篇，能够在课后听到、看到，能在课后的交际中使用，就说明教材具有交际性。

如听力和阅读等输入性教材，其课文内容应该是当代汉语交际中经常听到、看到的东西（当然，根据学生实际水平，初中级教材会进行一些降低难度的处理）。学习者学了这些内容，可以在课外的实际汉语交际中听到读到，可以利用学到的技能直接获取信息。这样，才能很好地激发学习者的积极性，才能学以致用，才可能取得预期的学习效果。

教材编写要注意细节，无论是课文编写，还是语言点的选择与解释，或是练习设计，都要有具体的目标和实际效用，都要从实用出发，培养学生的语言交际能力。

2. 技能训练

交际技能不是从老师那里听来的，而是在具体操练中获得的。因此，教材要有较强的课堂操作性，有利于教师组织教学，便于教师指导学生进行技能训练，让学习者的语言技能在多种多样的课堂操练中得到直接提高。这种可操作性的设计要注意细节、连贯性和多样性，避免老师满堂灌，让每个学习者都有操练的机会，听说读写技能得到切实提高。

比如说，阅读教材应该重视学习者阅读技能的掌握。对成人学习者来说，阅读技能的真正掌握，一要靠大量的阅读练习（包括阅读文本和读后练习），二要靠适当的专项阅读技能讲解和训练。再如，口语教材的练习，除了以往传统的题型外，还应该设计一些完成交际任务、接近真实交际的练习：说话者之间存在信息差，不知道对方可能讲什么；通过对话了解对方掌握的信息，共同完成交际任务。

3. 工具性

好的教材应该既是教和学的依据，又是教和学的工具。作为工具，教材应该又好教又好学，方便查找和自学。工具性可以体现为：

第一，检索性。如目录详细，容易查找到相关的课文和相关的语言点。词汇和其他语言项目（如语法点等）最好制作成附录表，使学习者方便自学，或容易在课前预习、课后复习。

教材指令要明确易懂，相关的标示应该醒目抢眼。比如说，在课文中出现的生词可以标出序号，学生在学习课文时遇到还未掌握的生词，可以很容易在生词表中找到相应的注释。再如，在课文中明确标示出交际功能项目，可以让学生在学习时很容易找到并重点学习。

第二，系统扩展性。如在中高级阶段学习生词，可以适当考虑出现目标词的同义词、近义词、反义词、同语素词、形近的字词、多音词等等。这样，教学生生词时借助并复习已经学过的字词，有助于辨别形近的字词和多音词，有助于帮助学生形成一个语义网络。

教材工具化有许多工作可以做。如随着课文的加长，可以使用课文行号。某些词语的注释可以放在与课文同步的右侧空白处，不一定非要放在课文前边或后边。

三、针对性原则

教材的设计和内容编排要适合学习者的环境和条件，适合学习者的特点和需求，跟学习类型和目标一致。

1. 学习环境

主要是看有无目的语环境。在国外使用的教材，要注意本土化问题，充分考虑教材在当地社会的适应度,适当地进行汉语和当地语言的对比。如在泰国使用的汉语的教材,需要介绍泰国社会文化,介绍佛教;需要有汉泰语音、词汇、语法的对比。在中国国内给不同母语者使用的教材,不一定考虑这些因素。如要考虑,就需要进行多语对比。

2. 学习者

如学习者的年龄。为儿童编写的教材,要适合儿童心理,注重趣味性,包含大量的不同类型的语言游戏;尽量不出现语言学的术语,如声母、韵母、词类、句子成分;主要使用沉浸式教学;可以尽量少用母语;多采用幼儿习得母语的方式等等。给成人编写的教材,则需要利用学习者的抽象思维能力和母语;需要在大量操练的同时适当教授语言学术语。

再如学习者的水平。初级、中级、高级学习者,需要使用不同级别的教材。

3. 教学类型和目标

在学校学习还是自学,作为专业学习还是第二外语学习,短期进修生用还是长期进修生用,周学习次数、课时等等,都会对教材编写提出不同要求。同样在国外,大学的汉语教学和中小学的汉语教学不同。大学内部,中文(汉语)本科教学和一般的汉语课程教学也不同。相应的,教材编写的内容、系统性也会有许多区别。

教材还要适合学习目标。为课程学分,为结业证书,为毕业文凭……不同的目的,使用不同的教材。还有,外国人到中国国内短期学习,边学汉语边旅游;一些在中国做商贸工作的人,只想用汉语跟中国人进行口语交际,不学汉字;日本某些中老年人只想阅读汉语报刊、书籍,只想学习汉字等。要满足这些不同的目的,就应该使用不同的教材。

四、趣味性原则

教材有趣味性,才能让使用者(包括教师和学生)感到有意思,有吸引力,学习起来心情愉快。教材的趣味性与实用性紧密相关。

1. 现实性

现实性是趣味性的一个重要方面。汉语学习者大多是有现实目标的,或者要做跟中国有关的经济、文化、教育工作,或者要进一步用汉语学习,或者要在中国旅游、生活等。要实现这些目标,就需要了解当代中国,通过表现当代中国社会的内容来学习汉语。因此,教材的课文、讲解、练习等都应该充分体现现实性,选择学习者所关注的话题。只有与学生日常生活密切相关的内容,才能最大程度地激发学生的兴趣和学习热情。

2. 多样性

多样性主要体现在内容上。教材内容应该具有丰富性,多角度、多方位地反映中国和世界的方方面面。文化内容的选择要考虑到学习者的可接受性和趣味性。一些中国古代文化知识太偏离现实,难以激发学习者的兴趣,不宜编进一般的教材。

多样性还要体现在形式上。教材的体裁、语言风格要多样化,练习方式要丰富多彩,能够增强学习者的学习热情。

3. 生动性

课文生动性可以体现在内容上和语言上。课文情节富有故事性、戏剧性,趣味横生,能吸引人。人物个性突出,能给人留下深刻印象。语言生动,幽默,富于变化。如《汉语口语》中的一篇课文:

> 小王今年三十二岁,有四个女儿,没有儿子。因为这四个孩子都很小,所以他总是很忙、很累。有一位朋友问他为什么要生这么多孩子,是不是因为想要个儿子?小王说:"我不想要儿子,可是我父母一定要个孙子!"

4. 版式设计

版式设计是教材的外在形式。好的教材设计应该活泼、醒目,装帧美观大方;文字大小适中,根据不同的内容,变化字体、颜色;插图跟文字相配,生动风趣;留空合理舒适,方便学生记笔记……。总之,既让学习者感到赏心悦目,又实用方便。

以上讨论了教材编写的四个原则。最后强调一下,特色和创新是一部教材的生命和价值所在。好的教材,应该有自身的特色和新意。

第三节　教材评估

一、基本含义

教材评估是指依据一定的标准和要求对教材的内容和实施后的情况进行评议和估量。

1. 评估范围

评估的范围涉及教材的各个方面,包括教材编写的指导思想、编写原则是否科学合理,目标定位是否准确,知识传授和语言技能培训是否达到预期效果,课文内容是否实用、生动,语言是否规范、有趣,语法点的编排顺序是否合理,以及注解是否简明准确,生词量和重现率是否适当,练习的编排和内容是否合理、有效,教材有无创新和特色等等。

从教材编写的角度来说,教材评估一般考察教材本身的设计和编写是否达到自身的设计要求,能否实现教材预定的教学目标等等。还可以就教材的某些方面进行专项评估,比如,教材的针对性和实用性评估,教材的交际性和趣味性评估,或是教材练习的设计评估等等。

2. 评估时间

从教材选择和使用的时间来看,教材评估可以在教材使用前进行,主要用于决定是否使用该教材;也可以在教材使用过程中进行,主要用于决定教材是否需要补充和调整;还可以在教材使用后进行,多用于决定教材是否继续使用。作为编写者,也可以在教材使用一段时间后进行评估,以便修订。

3. 评估的意义

教材评估对教材的研究、编写、选择与使用都有很重要的指导作用。

对教材进行评估,意义是多方面的。从总体上看,是为了把符合规律性的东西发扬光大,加强教材的创新和发展。从编写者角度看,通过教材评估,可以总结经验,获得启发和借鉴,提高教材编写质量,促进该教材的进一步修订和其他教材的编写。从教材选择者看,可以通过科学评估,挑选出更好、更适用的教材,以便更好地完成教学计划。从教材使用者看,可以准确把握教材特点(优点和不足),在教学中合理使用,科学处理,圆满完成将技能、知识传授给学习者的任务。

二、评估类别

教材评估可以从不同的方面进行分类。根据评估角度、人员、标准、方式的不同,可以将评估分成不同的类别。

1. 实然性评估和应然性评估

实然性评估,主要评估该教材是否达到了编写者本身设计的目标。具体来说,就是考察某个编好的教材与编者事前制定的编写方案是否一致,原先设计的具体要求是否都实现了。可以说,实然性评估是"就事论事"的。

应然性评估,主要评估教材是否达到了一般外语/第二语言教材应有的标准和要求。具体来说,就是考察某个编好的教材是否符合一般外语/第二语言教学规律,是否跟同类(如中级口语)外语/第二语言教材应该具有的各项评估指标一致。可以说,应然性评估是从一般性教材研究与开发的角度、从学科建设的高度来评估具体教材,是"从个别上升到一般"。

2. 内部评估与外部评估

内部评估,主要评估教材内部的科学性与合理性。具体来说,就是对教材的教学理念、目的、内容、方法、各部分的协调、形象设计和教材的使用范围、对象等进行评价和估量。

外部评估,主要评估教材使用者和使用环境的适用性。具体来说,就是考察编写好的教材是否能让教学者和学习者满意,是否能够满足某个学习群体的实际需求。外部评估必须有使用者(包括教师、学生)参加。可以通过询问、座谈、问卷等方式进行。

3. 主观评估和客观评估

主观评估,指一些有经验的教师凭借他们的直觉和教材使用情况对教材进行主观的定性评价。比如说,上面谈到的四小类评估,如果由一些有经验的教师,以开研讨会、座谈会的方式进行印象式的讨论和评价,就是主观评估。

客观评估，主要通过数字统计和量化问卷调查等方式对教材编写和使用情况进行评价。如，对某教材的字、词、语法点跟相关大纲相配的情况进行统计，对使用某个教材的学习者进行量化的问卷调查和统计分析，就属于客观的定量评估。

下面是 A、B、C 三部中级精读（综合技能类）教材生词在词汇大纲中所属层级的统计：

表 7—1

	A 上册	A 下册	B I 册	B II 册	C 第 1 册	C 第 4 册
甲级	1.2%				0.4%	0.2%
乙级	23.7%				0.9%	1.6%
丙级	35.2%	30.7%	55%	46%	79.7%	57.1%
丁级	19.7%	28.9%	30%	39%	7.6%	17.1%
超纲	20.2%	41.2%	15%	15%	11.5%	23.9%
丙级平均	32.9%		50%		68.4%	

中级教材要求学习的词汇主要是丙级词，一般来说，越级词（丁级词）不宜超过 15%，超纲词不宜超过 15%。通过统计对比可知，教材 A 甲乙级词太多，难度不够；丙级词太少，未达到词汇大纲要求；越级词（丁级）和超纲词太多，词汇难度大大超过中级水平；总之，词汇难度不确定，中级教材特点不明确。教材 C 丙级词汇数量最接近词汇大纲的要求，丁级词、超纲词数量比较合适，中级教材特点最明确。而教材 B 则处于二者之间。

要保证评估的客观性，评估的理论、方法和手段必须有科学性、可操作性，必须使用数字统计的方法。但在实际操作中，评估的客观性不容易实现，因为评估标准和体系都是主观认定的，也就是说，评估的主观、客观是有相对性的。

三、评估标准

教材评估，需要依据一个标准体系。标准的科学性、合理性、准确性是教材评估的关键。评估标准的制定，需要依据语言学、心理学、教育学等学科理论，更需要依据外语教学与习得的规律，当然还需要实践的检验。

外语教材评估目前还没有一个公认的评估指标体系,但一些研究和探索可以作为参考。通常的教材评估需要设计一个评估表来进行。

1. 主要内容

不同的教材评估表,包含内容不同。有的包含教学对象、教学内容、教学目的、教学方法、教学成本等。有的主要包含三个内容:教材是否符合学生的学习需求,教材是否符合教师的教学需求,教材是否符合课程标准的需求。

我国学者制定的对外汉语教材评估表,内容包括:前期准备、教学理论、学习理论、语言材料、练习编排、注释解说、教材配套等。

2. 具体标准

评估的标准应该具体明确,并且是教材编写必然要涉及的内容,这样的评估标准才能反映出教材编写的实际情况。下边分别论述。

(1) 教材结构与编排

教材组织结构是否适应并促进学生技能水平的发展;教材的基本框架是否清楚;学习起点、进度和速度是什么,主要教什么,最终达到什么目标;教材前后衔接情况如何,跟同时使用的教材如何配合;有关教材的介绍和使用方法是否详细清楚,目录是否清楚明了等等。

(2) 词汇

生词数量是否合适;生词是否在真实交际中有用;词汇的注释(外文翻译和中文解释)是否准确易懂,对重点词语的解释、用法是否清楚明白,生词出现的环境是否典型;重现率是否足够;书末是否附有容易查找的词汇表等等。

请看 A、B、C 三部中级精读(综合技能)教材生词数量的统计:

表 7—2

	A 上册	A 下册	B I 册	B II 册	C1 册	C2 册	C3 册	C4 册
每课平均	60.6	77.6	47.8	51.4	45.8	50.5	52.6	49
一课最多	85	118	55	58	55	58	70	78
一课最少	44	47	25	40	42	44	39	38
单册词量	910	1165	956	1028	458	506	526	490
总生词量	2075		1984		1980			

不难看出,教材 A 每课平均生词接近 70 个,最多一课达到 118 个,数量

过多,不利于教和学。教材 B、C 每课生词数量比较合适。

(3) 课文

课文的内容是否有趣、丰富,是否在课后的交际中有用;课文形式是否多样化,不枯燥;课文的语言是否规范通用,能否在真实交际中使用;课文的观点是否可以接受,跟学生文化是否有不可调和的冲突;课文的长度、难度是否合适等等。

(4) 语法点

语法点是否由易到难地出现;语法点的解释是否清楚明白,解释的例子是否恰当有趣;相应的外语解释是否准确;语法点的使用条件讲解得是否清楚;有无太多难以理解的语法术语;书末有无容易查找的语法点索引等等。

(5) 练习

练习是否跟前边的词汇、课文、语法点相配,是否能起到帮助词汇、语法、课文学习的作用;练习的指令是否清楚,是否具有可操作性;练习的形式、内容是否有意思,是否多样化,学生是否喜欢;练习的量是否合适;练习是否突出了教材主要教授的专项技能或综合技能;除了有传统的练习之外,有无接近真实交际的练习;有无跟通行的汉语测试相接轨的练习等等。

(6) 版面设计

教材版面结构是教材内容和教材组织的表现形式。整体设计是否舒适、平衡;字体、字号、颜色是否合适,有没有根据内容需要而出现变化;行距和页边留空是否足够,是否适合学生记笔记;插图内容、数量、位置等是否合适,能否真正与教学内容密切配合等等。

优化的教材版面结构有助于充分发挥教材的功能。教材版面结构应呈现一定的松散性,使学生感受到自己处在一种宽松的、自由的学习氛围中,激发学生的非智力因素参与学习。

第四节 教材使用

目前国内编写出版的对外汉语教材已有五百多种,勉强能满足国内教学的需要。但是,教材雷同和粗制滥造的现象普遍存在,符合外语教学规律、为国内外广泛使用的教材只占少数。因此,教材用户必须在选择和使用上下工夫。

教材的选择标准,跟教材的编写原则和评估标准一致,只要对比这些原则、标准,就可以选出比较实用的教材。

教材选定后,还存在一个问题,就是如何有效使用和发挥教材的效能。这在一定程度上取决于教师的教学能力、水平和经验,取决于教师的教学态度。同样一本教材,教师不同,教学效果也不同。一般来说,教材使用可以从以下几方面考虑。

一、熟悉教材及学习者

1. 熟悉教材

先看教材开头的介绍,了解该教材的编写原则、适用对象及水平、主要内容、要求达到的目标、使用时间(全部时间、每课使用课时)、特点、教学方法和方式。好的教材,都会对以上内容做比较详细、实在的介绍。

具体了解该教材课文的情况,包括内容、语言、风格、长短、特点等。把握语言点、知识点及功能点的大致内容、排序和解释情况,明确练习的内容和编排情况。这些内容,每本教材可能会有自己的特点。此外,还要了解教材的附录,有无生词索引,有无其他语言项目、功能项目、知识点的索引等。

总之,把握了上述内容,教学时就会心中有数。

2. 熟悉学习者

教材是让学生学习的。只熟悉教材,不了解学习者,等于是纸上谈兵。因此,熟悉学习者,是科学使用教材的重要前提。开课之前,对学习者的汉语水平、大致年龄、来源等最好先有一个大致的了解,以便确定第一、二节课怎么上。

第一、二节课非常重要。教师和学生可能在此时第一次见面、接触,教材是他们的媒介之一。教师能否以及如何将教材中的技能、知识传授给学生,头几节课非常重要。这时的主要任务,是了解学生的实际汉语水平和学习能力,同时还要了解学生其他方面的情况,如性格、学习倾向等。具体来说,要看自己讲的,学生能否听懂,听懂多少;通过练习,交际技能是否有提高,提高了多少;教材难度是否恰当,是否需要调整等等。

当然,真正熟悉学习者,是在整个的教学过程中进行的。只有真正熟悉了学习者,才能有效地使用教材。

二、活用教材

教材是教学的重要依据,但教材是"死"的,教学是"活"的。有经验的教师知道如何根据实际情况,灵活使用教材,对教学过程进行科学的处理。一般来说,活用教材,改善教学,可以有以下四种机制。

1. 分清主次

学到一定阶段,每课可能会有十几个甚至几十个生词。对这些生词的教学肯定要分清主次。用法复杂的要多讲,要结合例子,讲清使用条件。如某些动词,不能带宾语;某些动词,只能带动词、形容词宾语,不能带名词宾语等等。用法简单的,无须多讲,如多数名词,只要知道跟什么量词结合即可。特别容易的,可以一带而过。

语法点也是如此。有些课包含几个语法点。有的简单,有的复杂,应分清主次讲解。练习也是如此。

根据什么来区分主次呢?一般来说,当然是根据教师的经验和感觉。此外可以从三方面考虑。一是该项目的复杂度;二是该项目的交际紧迫性;三是学生的学习难度。复杂的、难学的,又是交际急需的,可以多讲多练。

2. 变换顺序

教材的每一课都由几个部分组成。如精读课,一般由生词、课文、重点词语讲解、语法点讲解、练习等几个部分组成。授课时,可以按照这个顺序进行,也可以根据具体情况调整顺序。比如说,先教生词;接着讲重点词语,并做一些跟重点词语相关的练习;再讲解语法点,并做一些跟语法点相关的练习;最后学课文,并做跟课文理解相关的练习。

再如,不少教材的生词是根据它们在课文中的出现顺序来展现的。教师可以按这个顺序讲解生词,也可以进行调整,按其他方式排序。如,将名词、动词、形容词、副词、虚词分类讲解。或者将有语义场关系的词放在一起讲解,如"爸爸、妈妈、哥哥、姐姐","桌子、椅子","红、黄、蓝"等。或者将相同级别的词放在一起教。或者考虑汉字的结构,注意把有相同声旁或形旁的汉字构成的词语放在一起教。(参照本书第四章第一节第四点"教学环节与教学方法"里的"讲练生词"。)

3. 内容增删

对教材内容的增删一般出于以下考虑:

(1) 社会发展

相对于社会的不断发展变化,教材总是落后于今天的生活。因此,我们应该根据社会的发展变化,根据实际教学需要,灵活、机动地使用教材,有选择性地使用教材。如,使用的教材可能没有"手机、短信、互联网、QQ、博客"等生词,教师可以根据需要向学生讲授这些词语。某些初级教材如果出现当今几乎不用的词语,如"电报"等,教师可以不教。

(2) 版面限制或编写者考虑不周全

由于版面限制和其他原因,教材展示出来的内容往往不足以应付实际教学。这时,教师应该根据实际情况增加一些内容。比如说,某些教材在生词后边注上英文翻译,但没有具体用法的说明:

见面 to see;to meet   参观 visit

老师应该跟学生讲解清楚,meet可以带宾语(I met him.),"见面"不能带宾语(*我见面他),如果要带受事,必须要借助介词把受事放在动词前面(我跟他见面)。visit既可以带指人宾语(I visited him yesterday),也可以带处所宾语(I visited the museum)。但"参观"只能带某些处所名词(我参观了博物馆),不能带指人名词(*我参观了他)。如果不跟学生讲清楚使用条件,学生就容易出现偏误。

反之,有的教材列举了一些内容。但教学实践证明,教这些内容不但效果不好,可能还会出现负作用。比如,一些教材在教授存现句(墙上挂着一幅画)时,同时讲授否定句(墙上没挂着一幅画)。从语言实际看,此类否定句不像多

数否定句(我没去上课)那样常用,使用频率极低。设想这样一种情景:

　　甲:墙上挂着一幅画。

　　乙:墙上没挂着画呀,你眼花了吧。

可以看出,此类否定句是一种话语否定,需要情景条件。不但使用频率低,掌握起来也不容易。在教存现句的同时教否定句,学生不但很难掌握,还会诱发出不少偏误。如:

　　*我的房间里,墙上挂着一幅画。他的房间里,墙上没挂着一幅画。

可见,遇到此类内容,不教更好。

4. 内容修订

有些教材在某些方面可能存在一些偏差。这些偏差可能是由于编写者的疏漏,也可能是由于编写时掌握的信息不完整。遇到这种情况,使用该教材的教师可以,也应该对这些内容作出修正。

比如说,不少教材在语音教学部分写到:第三声的调值是 214。而现在不少语音测试结果显示,第三声的实际调值是 211 或 212。从汉语作为第二语言教学实践看,教学生 214 非常麻烦:第一,214 本身就很难发准。第二,由于 214 后半段类似第二声的 35,不少学生常常将第三声发成第二声。第三,有的学生好不容易发得比较准了,又要教变调,其中绝大部分是变成 211。而直接教学生 211 或 212,效果就好多了。因此,遇到这种教材,教师可以进行适当修正,直接教学生发 211 或 212。

三、善用其他教学材料和教学资源

1. 取长补短

不同的教材有不同的特点。有的教材以交际为纲,交际场景及交际功能的设计比较好。有的教材以语法为纲,语法点的选择、排序比较系统、科学。有的教材注重词汇的学习和积累,词语的出现、复现比较讲究。教学过程中,我们很难选出十全十美的教材,也不可能同时使用多种各具特色的教材。因此,在选定一本教材作为讲授基础时,可以根据教学需要,再选择一两种其他教材作为补充,选用其中的一些内容、方法、例子,以弥补所用教材的某些不足。

2. 充分利用其他教学资源

一般教材只能大致满足教学需要。这就要求教师充分利用其他教学资源，提高教学质量。如，教材所出现、涉及的语言点不可能都在教材中有适当的讲解。某些语言点可能只是出现，没有讲解；某些语言点可能只有很简单的讲解。教师在使用某一种教材时，视点不要仅局限于该教材。要从其他教材、工具书、论著、网络上寻找好的解释和范例，作为教材的扩展，来充实教学内容，激发学生的积极性。

再如，有的语言点比较复杂，如"跑过来"、"跑上楼来"等包含复合趋向补语的结构。对这类教材，只用文字解释比较困难。如果能使用多媒体教学，能从互联网上下载直观的图像，能采用动漫形式，教学效果就会好很多。

思考与练习

1. 对外汉语教材分类可以从哪些方面考察？它们之间的区别和联系是什么？
2. 对外汉语教材编写的基本原则有哪些？请你使用这些基本原则，对一部你所熟悉的教材进行评价，谈谈个人的看法。
3. 科学性、实用性原则和趣味性原则应该如何协调？
4. 对外汉语教材评估应该遵循哪些标准？请使用这些原则对一部教材进行评估。
5. 应该如何使用教材？请结合实际谈谈你个人的看法。

第八章 汉语传播与对外汉语教学发展

第一节 建国以前汉语传播简史

一、周围国家汉字文化圈的形成

秦汉时期,汉字汉语开始向外传播,并逐步形成一个"汉字文化圈",主要包括现在的朝鲜半岛、日本、越南。

1. 汉语在朝鲜的传播

春秋战国时期,齐国通过海路、燕国通过陆路与朝鲜进行贸易。当时贸易使用的战国钱币后来在朝鲜大批出土,上面的铭文很可能是最早传入朝鲜的汉字。公元前后,朝鲜人开始借用汉字记录自己的语言,并开始将汉语中的词汇借用到自己的语言系统中。到了汉代,上层人物已能够熟练掌握和使用汉语、汉字。

唐代中国的经济空前繁荣,绚丽多彩的文化吸引了周边国家许多友好人士来学习。留学生教育成为汉语传播的重要手段。《新唐书·选举志》写道:贞观年间,"四夷若高丽、百济、新罗、高昌、吐蕃,相继遣子弟入学,遂至八千人。"大批留学生们将汉语、汉文化带回朝鲜。加上当时的政治、经济、文化交往,朝鲜半岛成为当时汉语传播最兴盛的地区。

朝鲜半岛的留学生不但在中国学习,而且有不少参加中国的科举考试。仅9—10世纪,朝鲜人在中国科举考试及第者就有大约90人。在这些及第者中,崔致远是最突出的。他在公元869年来中国学习,5年后进士及第,877年任宣州溧水县尉。884年以唐使身份归国,被新罗国王授予侍读兼翰林学士、守兵部侍郎知瑞书监。他为中朝两国文化交流作出重大贡献,被认为是朝鲜汉语文学的奠基人。

不少留学生汉语文学素养很高,诗文比很多中国人都好。崔志远的诗文集《桂苑笔耕集》20卷后来被收于《四库全书》。《全唐诗》中,有六位新罗人的诗,这些诗人是:崔致远、王巨仁、高元裕、金真德、薛瑶(女)、金地藏。

在元明清时期,汉语在朝鲜进一步传播,汉语教学成为国家教育的重要部分,汉语是科举考试的重要内容。当时的朝鲜涌现一批知名的汉语学者和教师,出版了一批汉语研究著作和大量汉语教材、工具书和其他参考书。当时的司译院,既是负责外交事务的行政机关,又是培养汉语人才的教育机构。

值得注意的是,司译院的汉语教材使用,有三个阶段。初期,主要引进中国的启蒙教科书。中期,自己编写实用的翻译书和口语教材,开始注重口语教学,开始注意到把汉语当作外语教学。后期,编写出一批词语注释词典。

当时最出名的汉语教材是《老乞大》和《朴通事》,它们以高丽商人在中国旅行、经商为线索,以中国老百姓的生活和风俗为话题,用北方老百姓的对话、口头语言编写而成。由于特色突出,在高丽和李朝时期得到广泛使用。在语言方面,它们的成书、传抄、印行、修订、翻译、注释等,经历了元明清三个朝代,真实反映了这一漫长历史时期汉语口语词汇和语法的变化,为研究汉语口语发展提供了丰富的资料。由于《老乞大》、《朴通事》记载了当时中国的政治、经济和社会生活的方方面面,它们在历史、文化研究等方面也有很高的价值。

2. 汉语在日本的传播

公元前3世纪至公元2世纪,中国水稻栽培、金属工具制造等技术经由朝鲜半岛传入日本九州等地。汉语、汉字也随之传入。日本原来有语言但没有文字。《隋书·倭国传》记载:"无文字,唯刻木结绳。敬佛法,于百济求得佛经,始有文字。"

公元285年,百济的王仁把《论语》、《千字文》带到日本,并为日本皇太子菟道稚郎子讲授,成为日本第一个汉语教师。隋唐以前,日本岛完全借用汉字记录本国口头语言,进行书面交际。现存最早的两部史书《古事记》和《日本书记》,全是用汉字写的。

中国唐代的兴盛,也吸引了大批日本留学生。当时,日本政府先后派出16批遣唐使,每次都有大批留学生和僧人随船前来,有力地促进了汉语在日本的传播。在这些留学生中,也出现了不少名人。吉备真备是奈良时代赴唐留学生,后来成为著名学者,并借用汉字的楷书偏旁创立了日本文字中的片假名。中国也派出人员赴日,有的还成为汉语教师。如袁晋卿735年随日本遣唐使赴日,被任命为大学音博士,成为著名的对日汉语教师。唐代日本的汉籍学习,有"汉音"、"吴音"之分。袁晋卿到日本后,天皇诏"读书宜用汉音,勿用吴音"。

中国清代中期,汉语在日本的传播出现了重大变化。17世纪前,日本人主要学习汉字、文言文;教材基本是中国古代儒家或佛教经典;教学重视阅读,轻视听说;多数学习者听说能力极差,只能用"训读法"和"目读法"阅读汉籍。江户时代,日本出现汉语学习热潮。著名汉语教育家冈岛冠山编写、出版了五种唐话课本:《唐话纂要》、《唐译便览》、《唐话便用》、《唐音雅俗语类》、《经学字海便览》。它们以口语为主,具有实用性、科学性、系统性和趣味性等特点。可以说,这批教材的编写和使用,开创了日本汉语学习的新阶段,极大影响了其后的汉语教学和教材编写。

1868年的"明治维新",使日本进入全新的历史时期。此后,汉语教学被逐步捆绑在侵略扩张的战车上。此后的日本汉语教学经历了三个阶段。

第一阶段(1868—1885):学习的汉语从"南京语"向"北京官话"转换。

第二阶段(1885—1918):汉语教学同经济、军事扩张紧密结合。教学从日本国内转向中国,日本在中国办的汉语学校数量远远超过国内。

第三阶段(1918—1945):汉语教学直接为建立"东亚新秩序"服务。当时不仅很多大学,甚至不少中学也开设汉语课程。各地还增设了不少汉语学校或亚洲语言学校。20世纪20年代,关东厅和"满铁"机构针对机构内下级职员及警察设立了"中国语检定试验"制度,考试成绩分级,合格者按所获等级发放津贴。这是日本,也可能是世界上最早的外语能力测试。此外,还出现不少中文刊物,如1932年的《支那语》,1936年的《新兴支那》等。

3. 汉语在越南的传播

公元前214年,秦始皇设立象郡,指派官吏统治,并迁徙大量的移民与当地人杂居,促进了民族文化交流,汉字开始对越族发生影响。公元前207年赵佗称王,继续传播、推广华夏文化,使越北地区逐渐进入文明阶段。当时越北地区居住的是京族人,没有自己的文字,需要借助汉字作为书面语。

公元前112年,汉武帝平定南越,设置九个郡,其中交趾、九真、日南三郡大致相当于现在的越南北部、中北部地区。汉语、汉字、汉文化在当地的传播进入一个新阶段。如九真太守任延在当地"建立学校,导之礼仪。"交趾太守士燮设塾讲学,"教取中夏经传,翻译音义,教本国人","化国俗以诗书,淑人心以礼乐"。通过行政、教育、人员交往等多种形式,汉语口头语、书面语在汉代大量输入当地。

唐代是汉字汉语影响当地语言的重要时期。越族语言词汇较少,因此大量借用汉语词汇,形成了汉越词读音系统,并延续下来。汉语输入安南的规范性、系统性和规模性,都达到前所未有的程度。

宋代,越南成为中国的藩属国。但是儒家文化、科考制度产生的深刻影响,还在延续。越南长期实施科举考试制,用汉字考试。到了13世纪,借用了汉字和汉字部件的越南民间俗字喃字开始运用于社会生活的某些领域。但封建统治阶级仍以汉字作为国家正统文字,喃字被迫置于边缘文字地位。

19世纪,越南逐步沦为法国殖民地。法国一方面确立法语地位,逐步建立西方教育制度;一方面强制推广应用越语"国语字",也就是现在越南使用的拼音文字。1917年取消科举,全面废除汉字。越南劳动党执政后,进一步改进拼音文字系统。但是,汉语的影响在越南语中依然很大,越南语词汇系统大约有70%的汉越词(来源于汉语的词语)。

4. 三国汉字汉语传播概述

总体来说,汉字在朝鲜、日本、越南传播大致有三个阶段。第一阶段,用汉字记录本民族语言。第二阶段,为满足记录本民族语言的需要,改变一些汉字的作用,创造出特殊的汉字,如越南的喃字,日本的国字。第三阶段,依照汉语特点创造本民族文字。如在中国唐朝时期,日本在汉字楷书基础上设计出片假名,在汉字行书基础上设计出平假名。1443年,朝鲜世宗大王仿照汉字结构,设计出朝鲜文字;但创立后仅下层、妇女使用,官方、知识界仍用汉字和汉语书面语。直到1919年三·一运动之后,韩文才开始在知识界、上层广泛推行。越南则在法国殖民期设计出现在使用的拼音文字系统。

汉语传播大致也有三个阶段。第一阶段,引进汉文经典,社会上层和知识界在学习汉文经典时,逐渐用汉语写作,转写政府公文等。第二阶段,汉语作为外语教学活动进一步扩展到教育、考试、民间交往。大量汉语词汇进入其词汇系统。第三阶段,到了近现代,对汉语有不同程度的排斥。

目前的情况是,日语、韩语、越南语中存在大量(约60%多)的汉语借词(虽然现在越南已经不用汉字)。在日本,日语还夹用1945个汉字和若干人名用字。每年举办汉字检定考试,受测人数已超过200万。800多万部手机中有2/3可传输汉字短信。计算机公司生产的汉字字库字体有1900余款。一些小学提倡诵读《论语》。在韩国,仍有大约1800个汉字在使用。前总统金大中说:"韩国各种历史古典文章和史料都以中国汉字书写,如无视汉字,将难以理解我们的古典文化和历史传统。"2005年2月9日,韩国政府宣布:在所有公务文件和交通标识领域,全面恢复使用汉字和汉字标记,规定将目前全用韩语的公务文件改为韩汉两种文字并用。

二、汉语在西方的传播

汉语起码在汉代就已传播到中亚,沿丝绸之路向西延伸到西亚和欧洲。西方汉学兴起,是在马可·波罗(Marco Polo)之后。马可·波罗是意大利旅行家,1275年到了现在中国的内蒙古,得到元世祖忽必烈的信任。此后几乎游遍了中国。后来出书《马可·波罗行纪》,描述了东方之富庶,文物之昌明,使西方人第一次比较全面地了解了中国。

明清之际,一批耶稣会士来华学会汉语,熟悉中国文献,了解中国文化。通过他们,汉语汉字和汉文化流传到西方。其中,最杰出的是意大利人罗明坚和利玛窦。

罗明坚(Michel Ruggieri)1574年到澳门传教,他汉语很好,是明代第一个用中文创作诗歌的传教士。罗明坚跟利玛窦合编了第一部汉外辞典《葡汉辞典》,并把《四书》中的《大学》译成拉丁文,第一次将儒家经典译成西方语言。他还写出西方人第一部中文著作:《天主圣教实录》;在西方绘编出第一幅中国地图集。

利玛窦(Matteo Ricci)明朝万历年间来到中国居住,在学习汉语的过程中,他和其他一些西方人创造了给汉字加注罗马字母的方法,为欧洲人认读汉字、学习汉语提供了便利。他一边学习儒家经典,一边翻译,把它们介绍到欧洲。尤为可贵的是,他还创造了80多个汉语新词,如:"北极、钝角、多边形"等。这些词大多数沿用至今,对汉语词汇的发展起到了促进作用。

利玛窦有一位很好的教师,就是著名科学家徐光启。他是当时给西方人教授汉语和中国文化最高级别的教师。他和利玛窦合作翻译《几何原本》,合译过程中两人互为师生。翻译的过程也是徐光启教利玛窦中文写作的过程。

汉语在西方的传播,也有境外汉语教师的功劳。当时,耶稣会将一些中国信徒带往欧洲培养。他们在西方主要学习神学和西方哲学、语文等。但其中一些人同时进行中国文化传播和中文教学。沈福宗1680年到欧洲,在法国、英国等国居住过,并在当地教授汉语,传播中华文化。黄嘉略1702年到达欧洲,后来在法国编写了《汉语语法》和《汉语词典》(未完成)。这两部书是中国人在欧洲编写的最早的供外国人学习汉语的教材。

到了19世纪,欧洲出现了一批汉学家,编写了一批汉语教材、汉语语法书和汉外字典。如,法国汉学教授雷蒙沙(Abel-Remusat)的《汉语语法基础知识》;法国汉学教授安东尼·巴赞(Antoine Bazin)的《官话语法》;荷兰汉学教授霍夫门(J. J. Hoffmam)的《荷华文语类参》;美国传教士卫三畏(Samuel Wells Williams)的《简易汉语教程》,《汉英拼音字典》;德国汉学教授克拉勃罗德(Heinrich Julius von Klaproth)的《满洲文选》;俄罗斯汉学教授雅金夫·比丘林(Якинф Бичурин)的《汉文启蒙》。这些教材中,最著名的是英国驻华大使威妥玛(Sir Thomas Francis Wade)编写的《语言自迩集》。其编写体例,注音方式,对北京口语语音语法系统的描写,对词汇的选择和释义,很适合西方人学习汉语,对后来的汉语教材编写产生了深远影响。值得注意的是,这些汉语教材中的注音符号和标点符号,为后来汉语拼音的产生和新式标点符号在汉语书面语中的使用打下了基础。

三、华人移民和华文教育

近代以来,许多华人漂洋过海,走到哪里,就把汉语带到哪里。据统计,目前海外华侨华人分布于五大洲的 143 个国家(亚洲 33 个,欧洲 26 个,非洲 38 个,大洋洲 11 个,美洲 35 个)。华人人口排名前 10 位的国家为:印尼、泰国、马来西亚、美国、新加坡、加拿大、秘鲁、越南、菲律宾、缅甸。华文教育的发祥地和重点地区是东南亚和美洲。

早期华文教育的形式主要是私塾和义学。课堂一般设在大户人家的家庭、会馆、祠堂和神庙里。主要的教学内容有:三字经、百家姓、千字文、四书五经以及写信、珠算等。如印尼雅加达,1690 年就开办了明诚书院;到 1899 年,全国义学有 369 所,学生 6600 余人。马来西亚槟榔屿 1819 年创办了五福书院。新加坡华侨 1829 年创办 3 所私塾。美国、加拿大等国在 19 世纪也有了私塾和义学。

1900 年前后,东南亚和北美地区纷纷建立华文学校,标志着华文教育进入了正规的学校教育阶段。如:1888 年美国旧金山成立了中西学堂(现名美洲中华中学校)。1897 年日本横滨成立中西学校(现名横滨山手中华学校)。1901 年印尼雅加达成立中华学校。1904 年缅甸仰光成立中华义学。1905 年新加坡成立养正学堂。1906 年中国南京成立了暨南学堂(即现在广州的暨南大学),成为在中国境内的第一所华文教育学校。

华文学校的教学方式与内容,早期跟国内中小学语文课相似,近似母语教学,主要是识字和传播中国文化。在中国五四运动前,主要教授文言文;五四运动后,越来越多的华文学校以教授白话文为主。最近十几年,考虑到一些华裔学生不懂汉语(包括普通话和方言),只会当地语言,一些学校开始注意把汉语作为外语来进行教学。

目前,海外华文教育还存在五种基本形态:家教和私塾;各种语言学习班

(中心);私立学校——个人创办;新兴的周末制中文学校——社团创办;传统的全日制华文学校。值得注意的是,一些含华文教育的全日制学校,已经纳入当地政府的正规教育系统。由于教学质量很高,学生不仅有华人华裔,还有不少非华裔的当地国民的子女。

四、新中国成立前国内的汉语教学

尽管历史上有很多外国人学习汉语,尽管华人华裔把汉语带到五洲四海,但在中国国内,在中华人民共和国成立前,中国人编撰的专门为外国人学习汉语使用的教材很少,中国人开设的专为外国人服务的汉语教学也不多。外国人来中国学汉语,所用教材大多是传统的汉语母语教材,他们也大多跟中国人一起学习古汉语的文言文。其结果,虽然造就了一批熟谙中国语言文化的域外学者,如日本的遍照金刚,朝鲜的崔致远,其文采与学问毫不逊于中国文人;但是,也为一般外国人学习汉语、使用汉语带来了诸多不便。

至明清时期,我国与周边国家的民间交流日益普遍、深入,加上西方传教的需要,出现了一批很有影响的汉语学习教材。如《老乞大》、《朴通事》、《训世评话》等,是明代初期朝鲜人学习汉语口语的教材。《官话指南》、《燕京妇语》是日本人在北京工作生活所用的汉语口语教材。《语言自迩集》等是欧洲人编写的适合西方人学汉语的教材。但是,这些教材都是出自于外国学者之手,都是编写者为方便自己国家的人学习汉语而编写的。中国人编写的汉语作为外语的教材极少,这跟我国在古代至近代都没有把对外汉语教学当作是一门专门的学问有关。

即使到了民国时期,对外汉语教学还常常跟对中国人的语文教学混淆。20世纪40年代,燕京大学的留学生想学习汉语,最初从教会请了一位既无科学的语言知识又不懂外语的老先生来教。后在学校干预下,中文系才开设了"外国人汉语"这门课。教材用的是法国人编的汉语课本。当时的对外汉语教学状况可见一斑。当然,民国期间也有一些中国人编写或参与编写的外国人学习汉语教材,但数量很有限。

上述情况跟中国政府对外国人学习汉语的态度有关。在漫长的历史发展中,中国政府对外国人学汉语的政策不明确,态度时常改变。国力强盛时,对外国人学汉语大多持欢迎态度;国力不太强盛或者衰弱时,对外国人学汉语会持否定态度,跟闭关锁国的政策一致。

第二节　建国后的对外汉语教学

对外汉语教学真正成为国家的一项事业,始于1950年;真正成为一门学科,始于20世纪80年代。从20世纪50年代至21世纪初,中华人民共和国的对外汉语教学大致经历了以下五个阶段。

一、初创阶段

20世纪50年代初到60年代初,是我国对外汉语教学事业的初创阶段。

1950年,应当时东欧国家捷克斯洛伐克和波兰的要求,我国与这两个国家各交换了5名留学生,同时又主动与罗马尼亚、匈牙利、保加利亚、朝鲜等国各交换了5名留学生。1950年7月,在周恩来总理亲自过问下,清华大学设立了东欧交换生中国语文专修班。这是我国第一个从事对外汉语教学的专门机构。主要实施汉语预备教育,为学习者将来用汉语学习各种专业做准备。

专修班于1951年初正式上课,时任清华大学校务委员会主任的周培元教授兼任专修班班主任,著名语言学家吕叔湘先生任外籍留学生管理委员会主席并兼管专修班的业务工作。该班学制为两年,当时只有6名教师,包括曾在美国、英国教过汉语的邓懿、王还等先生,第一年共接收33名东欧留学生。

1952年暑期,由于全国高等学校进行院系调整,该班调到北京大学,改名为北京大学外国留学生中国语文专修班。

1953年至1957年,我国政府为了就近培养越南留学生,在广西桂林开办了越南留学生中国语文专修班,当年共接收257名留学生。

20世纪50年代末到60年代初,一些获得民族独立的非洲国家相继与我国建交,并要求向我国派遣留学生。1960年9月,为了对大批非洲留学生进行汉语教学,北京外国语学院成立了非洲留学生办公室,当年接收留学生200名左右。1961年,北京大学外国留学生中国语文专修班与北京外国语学院非洲留学生办公室合并,改名为北京外国语学院外国留学生办公室。1961年我国在校留学生总数为471人。

从1950年到1961年,我国共接收60多个国家的留学生3315人。他们在学校首先学习一至两年的汉语,然后分配到有关院校学习专业。所以,这一阶段的汉语教学都是一种预备教育。

除了国内学校正规教育之外,这个时期还有其他形式的对外汉语教学,如对外国驻华外交人员的汉语教学,对外国学生的刊授和函授汉语教学,以及向国外派遣教师等。1955年,《中国建设》杂志开辟了"中文月课"栏目,开始刊授汉语。1956年厦门大学创办了华侨函授部,开创了函授汉语,并于1957年增设了中国语文进修班。1952年,根据政府间协议,著名语言学家朱德熙等人首次赴保加利亚教授汉语,这是新中国向国外派遣教师进行汉语教学的开始。至20世纪60年代,派往的国家和派遣的教师越来越多。

随着国外师资需求的增加,为了储备外派师资并提高派遣教师的教学水平,从1961年开始,我国高教部从一部分大学中文系挑选优秀应届毕业生,到北京外国语学院和北京大学进修外语,期限三年。这是我国专门培养对外汉语师资的开始。

初创阶段的事业发展可以总结为:从无到有,建立了专门教学机构;形成并培养了一支比较稳定的具有中文专业水平和外语水平的对外汉语师资队伍;开始进行多方面、多类别的对外汉语教学。同时也存在着一些不足:教学机构不够稳定;教学类型过于单一,主要是汉语预备教育;教学规模相对较小。

初创阶段,我们在教学机构、师资队伍等方面为整个事业发展奠定了较为坚实的基础。

二、巩固和发展阶段

20世纪60年代初期到60年代中期,是我国对外汉语教学事业的巩固和发展阶段。

1962年6月,经国务院批准,在北京外国语学院外国留学生办公室和出国留学生部的基础上成立了外国留学生高等预备学校。该校的成立,使我国的对外汉语教学有了一个稳固的基地,标志着我国对外汉语教学步入了巩固和发展阶段。

外国留学生高等预备学校成立以后,除进行汉语预备教育以外,还着手试办汉语翻译专业。1964年,培养储备出国汉语师资的任务也转到这里;并开始招收本科生,培养专门的对外汉语师资(第一批学生尚未毕业,因"文革"而中断)。

由于学校任务的进一步扩大,1964年6月,高教部决定将该校改名为北京语言学院,并于1965年1月正式更名。从此,该校在教学、科研、师资培养和学术交流等方面一直发挥着基地、骨干和带头作用。该校1996年易名为北京语言文化大学,2002年更名为北京语言大学;迄今仍然是我国唯一一所以对外汉语教学与研究为主要任务的大学。

1965年暑期,越南政府向我国派遣了2000名留学生。为了承担这批学生的汉语预备教育任务,从事对外汉语教学的单位由北京语言学院一所,扩展至北京大学、中国人民大学、北京师范大学、中央民族大学等全国各地的23所大学。随着留学生数量的增加,对外汉语师资队伍急需扩充。为此,高教部委托北京语言学院于1965年暑期为各院校新从事对外汉语教学的教师举办了一期培训班。这是我国第一次举办全国性的对外汉语教师培训班,对后来我国对外汉语教育事业的发展起了很好的推动作用。为便于各院校之间展开教学经验交流,高教部决定由北京语言学院创办《外国留学生基础汉语教学通讯》,于1965年下半年创刊,共出版11期,这是我国第一个对外汉语教学的专业刊物。

这一阶段,我国共接收外国留学生3944名,人数超过了初创阶段10年的总和。1965年底在校留学生总数达到3312人,是1961年在校人数的7倍多。

这一阶段教学形式有所发展。1962年,中国国际广播电台在英语和日语节目中开办了"学中国话"和"汉语讲座"节目。同年,厦门大学华侨函授部扩充为海外函授部。我国向国外派遣汉语教师的人数和对象国也有所增加,对象国有亚洲、欧洲以及非洲的国家。四年间,有三批储备出国汉语师资完成了进修任务。

这一阶段时间虽短,但我国对外汉语教学事业出现了良好的发展势头。一是教学规模不断扩大。随着留学生数量增加,以北京语言学院为基地,教学点遍布全国。二是教学类型有所增加。除汉语预备教育以外,又增设了汉语翻译专业。三是师资队伍得到扩充,先后有两批储备出国汉语教师走上了国内外教学岗位并发挥出积极的作用。四是创办了对外汉语教学专业刊物,为教学和研究提供了良好的信息交流平台。

1966年夏天,"文革"爆发,全国高等院校全部停课,不再招收外国留学生。北京语言学院在停课几年之后,于1971年10月被撤销。中国国际广播电台的汉语教学节目、厦门大学的海外函授汉语教学等也都被迫中断。唯一的专业刊物《外国留学生基础汉语教学通讯》也遭停刊。只有《中国建设》上的"中文月课"和对驻华外交人员的汉语教学得以幸存,向国外派遣汉语教师的工作也没有完全中断。

从1966年下半年至20世纪70年代初,我国的对外汉语教学事业处于瘫痪阶段。

三、恢复阶段

20世纪70年代初期到70年代后期,是我国对外汉语教学事业的恢复阶段。

20世纪70年代初,随着国际形势的变化,我国在外交上实现了一系列的重大突破,国际地位日益提高。1971年10月,我国在联合国的合法席位得到了恢复。1972年2月,美国总统尼克松访华,中美签署了《上海联合公报》,两国长期冰封的关系从此解冻,开始了正常的外交往来。同年9月,中日双方发表联合声明,实现了邦交正常化。1973年12月18日,联合国大会第28届会议一致通过把汉语列为大会和安理会的工作语言之一。

这时国内"文革"虽未结束,但已有部分院校恢复了招生。许多因"文革"而中断学业的外国留学生纷纷要求复学。1972年,有40多个国家正式要求向我国派遣留学生。因此,恢复招收外国留学生,继续开展对外汉语教学已势在必行。

1972年6月,北方交通大学首先接收了200名坦桑尼亚和赞比亚留学生,并为此成立了汉语培训部。1972年10月,由周恩来总理亲自批示恢复了北京语言学院。经过半年多紧张筹备,北京语言学院于1972年秋季开始正式招生,当年共接收42个国家的383名留学生。该院在复校同时,为了加强教材建设和研究工作,成立了编辑研究部。这是我国第一个编写对外汉语教材和研究对外汉语教学的专门机构。与此同时,北京大学、复旦大学等一批院校也陆续恢复了招收外国留学生的工作,并成立了对外汉语教学机构,为在本校学习各专业的外国留学生补习汉语。

在各院校恢复授课的同时,其他形式的对外汉语教学也得到了恢复。1971年,北京外交人员服务局增加了20多名教师;中国国际广播电台于1973年和1976年分别恢复了"汉语讲座"和"学中国话"节目。

这一时期虽然招生和教学逐渐得到了恢复,但由于受到"文革"的严重冲击,各院校基础设施、师资配备、管理建设等方面都遇到了一系列的困难。因此,各院校接收外国留学生的能力极其有限。从1972年到1975年的4年间,我国共接收留学生2266名。1977年在校留学生总数为1217人,远未达到"文革"前的规模。

这一阶段,我国对外汉语教学事业逐步得到恢复,但也面临着一个非常严重的问题,即师资力量薄弱。这表现在两个方面:一是人员不足,二是水平欠缺。在20世纪70年代初期,虽然有两批在"文革"前受过专业培训的储备出国师资陆续走上了对外汉语教学岗位,但仍不能满足逐渐恢复的教学需求。随着教学任务的扩大,各院校均补充了一批新的教学力量,但其中不少人既缺乏专业知识,也无任何教学经验。为了建设教师队伍,北京语言学院举办了多期时间长短不等(最短三个月,最长两年)的教师培训班。不仅培养了一批成熟的对外汉语教师,而且积累了培训在职教师的丰富经验。

四、蓬勃发展阶段

20世纪70年代末以来,是我国对外汉语教学事业的蓬勃发展阶段。

1978年,党的十一届三中全会提出以经济建设为中心的方针策略,实行改革开放、搞活经济的政策。中国经济的飞速发展,引起了世界各国的极大关注,随之在世界各地掀起了"中国热"。为了更加深入地了解中国,加强与中国的联系与合作,要求学习汉语的人数日益增多,"中国热"又带动了"汉语热"。我国的改革开放政策,为对外汉语教学事业的发展提供了良好的环境,使对外汉语教学事业进入了全面的蓬勃发展阶段。

1978年以来,随着我国经济的高速增长,国力的不断强大,我国国际地位日益提高,对外汉语教学事业也以前所未有的速度飞速发展,其面貌发生了重大变化。其中最引人注目的发展变化有两点:一是确立了对外汉语教学学科,二是成立了国家对外汉语教学领导小组。这一阶段的发展与变化体现在以下几个方面。

1. 教学规模迅速扩大

从1978年到1988年,我国共接收130多个国家的长期留学生13126名,这一数字相当于前三个阶段20多年留学生总数的1.4倍。此外还接收了短期留学生33812名。1988年在校长期生已达到5245名,是1977年在校生数的4.3倍。到了1997年,在校的留学生数达到43712名,是1988年的8倍。此后,来华留学生人数更是逐年剧增,近几年来每年接收1000名以上留学生的高等院校已有29所,2005年来华学习汉语的留学生人数已达到86679名,这是1950年以来,来华留学生人数最多的一年。现在,以不同规模从事对外汉语教学的高等院校,从1965年的23所猛增至400多所,而且大多设立了专门进行对外汉语教学的学院或中心。

2. 形成多类型、多层次完整的教学体系

在初创阶段、巩固和发展阶段、恢复阶段,对外汉语教学主要进行非学历汉语预备教育。进入蓬勃发展阶段后,非学历教育朝多类型教育发展,同时也开展学历教育。

(1) 多类型的非学历教育

20世纪70年代末以后,通过不同渠道来华学习汉语的留学生日益增多。为满足国外学习者需求,除汉语预备教育以外,又出现了汉语进修教学(包括长期、短期两类)。

1978年,北京语言学院首先创办了汉语短期进修班。这种短期班有学习期限长短不一(从4周到16周不等)、学员汉语程度高低不等(视程度编班)、教学与旅游相结合等特点,能够满足各种程度学习者的不同要求。因此,短期进修迅速普及,发展极快。进入20世纪80年代,我国开展对外汉语教学的高等院校迅速增加到100多所,这与汉语短期进修的发展有密切关系。

与此同时,有些院校开始进行长期汉语进修教学。学生包括国外中文专业学生、访问学者、外国机构团体委托培训的进修人员,及其他要求学习汉语的人员。这些人员要求学习时间长,其中不少人具有一定的汉语水平,要进入中高级阶段进修。

(2) 多层次的学历教育

随着学习人数的迅速增加和对高层次人才的需求,汉语学历教育应运而生。

1978年,北京语言学院正式创办了四年制的现代汉语本科专业,它以外国留学生为对象,主要培养汉语教师、翻译和汉语研究人员。随后南开大学、南京大学、复旦大学也相继设立了该专业。此后,该本科专业使用了国务院学科目录中的"汉语言"这个名称(这个名称原来用于中国境内少数民族的汉语学习)。到2005年,全国已有40多所大学设立了类似的专业,统称为汉语言本科专业。在这个专业下,除"汉语言"外,还有一些学校设立了"汉语文化"、"经贸汉语"、"商务汉语"等方向。

随着学历教育的发展,对外汉语师资建设也提到日程上来。1983年,北京语言学院首先设置了"对外汉语"本科专业,1985年北京外国语大学、华东师范大学和上海外国语大学也相继开设了相应的本科专业。该专业以中国学生为对象,主要培养对外汉语教师。这一专业的设置,使对外汉语教学后备师资建设得到了加强。至2005年,全国已有60多所大学设置了类似专业。

在1986年,学历教育有了进一步发展。北京语言学院和北京大学首先招收现代汉语专业下的对外汉语教学方向外国硕士研究生。随后复旦大学、南京大学、中山大学、南开大学、四川大学、华东师范大学等也相继开设类似专业方向招收硕士研究生。1997年,国务院学科目录调整,在一级学科"中国语言文学"下设立了二级学科"语言学及应用语言学"。全国第一个带有对外汉语教学方向的"语言学及应用语言学"博士专业在北京语言文化大学建立,并开始招收培养博士研究生。此后,北京师范大学、上海师范大学、中山大学等陆续招收培养该方向博士生。到2005年,全国有10多所高校招收该方向的博士生,几十所高校招收该方向的硕士生。

这样,在近20年间,对外汉语教学学科就形成了一套从学士学位到博士学位的完整的学历教学体系。

3. 确立对外汉语教学学科地位

1978年3月,中国社会科学院召开北京地区语言学科规划座谈会。对外汉语教学专家吕必松提出:应当把对外国人的汉语教学作为一个专门的学科来建设,应当在高等学校设立培养这类教师的专业,并成立专门的研究机构。这个建议得到与会语言学家的支持。1983年成立了全国性的学术团体"中国教育学会对外汉语教学研究会",标志着对外汉语教学学科的正式诞生。1984年,时任教育部部长何东昌在一次报告中明确表示,事实证明对外汉语教学已发展成为一门新的学科。教育部在其后颁布的本科专业目录中列入了"对外汉语"这一本科专业。

此后,对外汉语教学学科建设开始有计划、有步骤地进行。主要表现在以下几个方面。

(1) 创办专业刊物,成立专业出版社

1979年9月,原北京语言学院的内部刊物《语言教学与研究》改为正式出版刊物,成为我国第一个对外汉语教学的专业刊物。由中国对外汉语教学学会和北京语言学院共同创办的会刊《世界汉语教学》,1987年9月转为世界汉语教学学会会刊。这两个刊物在20世纪90年代均列为我国语言类中文核心期刊,在国内外汉语教学界产生了广泛的影响。

其他语言类中文核心期刊,像国家语言文字工作委员会的《语言文字应用》、延边大学的《汉语学习》等也开辟了对外汉语教学研究的专栏。很多大学学报也都不定期出版对外汉语教学专刊,许多大学的对外汉语教学单位,像北大、人大、北语、南开、复旦、上外、华东师大等还经常出版汉语教学研究专辑或专刊。暨南大学的《暨南大学华文学院学报》、《云南师范大学学报》(对外汉语教学与研究版)、厦门大学的《海外华文教育》等都是以对外汉语教学为主要内容的专门刊物。进入21世纪,发表对外汉语教学研究成果的园地仍在不断扩大。

为了加强对外汉语教材及相关的工具书和参考书籍的编写,1985年2月成立了北京语言学院出版社。1986年1月成立了华语教学出版社。另外,北京大学出版社、商务印书馆和上海教育出版社也出版了大量的对外汉语教学用书。随着对外汉语教学事业的蓬勃发展,许多出版社尤其是各大学出版社都开始重视和加强对外汉语教学用书的出版工作。

(2) 成立专门的学术团体

1988年6月,中国对外汉语教学学会成立。该学会前身是1983年6月成立的中国教育学会对外汉语教学研究会,1986年改名为中国高等教育学会对外汉语教学研究会,1988年6月从中国高等教育学会独立出来而成。该会成立以来,组织过多次国内外学术交流活动,促进了对外汉语教学事业的发展。至2001年,该学会举办了7届教学研讨会,拥有1200多名会员。由于教学事业和学科发展的需要,1996年先后在北京、华东、华北、华南、东北等五个地区成立了分会。

1987年,世界汉语教学学会在北京成立。该学会自成立以来,为加强世界各地汉语教学与研究工作者之间的联系、推动世界汉语教学与研究的发展作出了积极的贡献。至2005年,该学会举办了8届国际汉语教学讨论会,拥有40多个国家和地区的1000多名会员。

1989年5月,世界汉语教学交流中心在北京语言学院成立,由国家汉办和北京语言学院共同领导。该中心的成立,为世界各国教师参加培训和从事研究工作建立了稳定的基地,也为各国汉语教学工作者全面开展学术交流增加了新的渠道。

(3) 成立专门的学术研究机构

1984年6月,北京语言学院成立了语言教学研究所。这是我国第一个对外汉语教学的专门研究机构。1987年又成立了语言信息处理研究所。20世纪90年代末,北京语言文化大学成立了对外汉语研究中心,该中心后来成为教育部的文科研究基地,是唯一的对外汉语文科基地。此外,国家语言文字工作委员会下属的语言文字应用研究所也把对外汉语教学列为研究任务之一。

一系列研究机构的成立,使我国对外汉语教学步入了多角度的理论研究阶段。

(4) 加强师资培训与教材建设

1983年,北京语言学院首先设置了以中国学生为对象、主要培养对外汉语教师的对外汉语教学本科专业,此后许多大学相继开设此专业。这一专业的设置,为新生师资队伍的培养打下了良好的基础。与此同时,提高在职教师业务水平、更新完善知识结构的大规模培训工作迅速展开。1983年北京语言学院邀请美国俄亥俄州立大学黎天睦教授来院讲学,这是我国第一次请外国专家为对外汉语教师系统讲授语言教学法课程。据统计,从1987年到1998年,该学院共举办了85期汉语教师培训班,培训了海外30多个国家和地区、国内60多所大学的汉语教师1700多名,极大地提高了国内外汉语教师的业务素质和理论水平。

为了解决教材编写和使用问题,1986年10月由北京大学、华东师范大学等9所院校的专家组成了全国对外汉语教材研究小组,对建国以来编写的对外汉语教材进行了全面研究,并从200多种教材中筛选出33种,作为第一批使用教材向国内外推荐,同时提出了制订对外汉语教材发展规划的建议。

(5) 招收对外汉语专业/方向的学生

1983年,北京语言学院首先设置"对外汉语"本科专业。此后,多所大学陆续设置该专业,以培养对外汉语教师为主要目标。

1986年,北京大学、北京语言学院在二级学科"现代汉语"专业下开设对外汉语教学方向,进行硕士研究生教育。此后,多所大学陆续招收该方向的硕士研究生。培养目标既是对外汉语教师,又是对外汉语教学的研究人才。

1997年,第一个带有对外汉语方向的"语言学及应用语言学"博士专业在北京语言文化大学开始招生。其后,多所大学相继设置该博士点,招收对外汉语博士。

(6) 出版一批该学科概论性著作

吕必松《对外汉语教学探索》1987年出版,《对外汉语教学发展概要》1990年出版,《对外汉语教学概论(讲义)》1996年内部出版。盛炎《语言教学原理》1990年出版。赵金铭《汉语研究与对外汉语教学》1997年出版,《对外汉语教学概论》2004年出版。周小兵《第二语言教学论》1996年出版,《对外汉语教学入门》2004年出版。王魁京《第二语言学习理论研究》1998年出版。刘珣《对外汉语教育学引论》2000年出版。李晓琪等《英语日语汉语第二语言教学学科研究》2002年出版,等等。

4. 成立专门的领导机构

对外汉语教学进入蓬勃发展时期,迫切需要加强统一领导和对各方面的工作进行协调。1987年7月,经国务院批准,成立了由多个部委办组成的国家对外汉语教学领导小组和这个小组的常设机构办公室(简称"国家汉办"或"汉办"),负责统一领导和协调全国对外汉语教学工作。领导小组和汉办的成立,显示了国家对发展对外汉语教学事业的高度重视。在汉办的具体领导下,对外汉语教学事业迈出了新的步伐。表现在以下几个方面。

(1) 制订各种大纲,规范学科发展

直到20世纪80年代后期,对外汉语教学界才开始研制标准和大纲。20世纪90年代初期开始,各种大纲相继出台。由国家汉办直接组织修订或编写的《汉语水平等级标准和等级大纲》(修订版)、《汉语水平词汇和汉字等级大纲》(1992)、《对外汉语教学语法大纲》(1995)、《汉语水平等级标准和语法大纲》(1996)等,对教材及各种工具书的编写起到了指导性作用。1999年鉴定通过、2002年出版的《高等学校外国留学生汉语教学大纲》(长期进修、短期强化)和《高等学校外国留学生汉语言专业教学大纲》,对这两类教学的性质、对象、原则、课程设置等方面都做出了明确规定和详细说明,使相关教学有了明确规范和具体指导,加强了学科教学规范。

(2) 研制推出汉语水平考试

汉语水平考试(HSK)是为测量母语非汉语者的汉语水平而设立的国家级标准化考试,实行统一考试、阅卷、评分,统一颁发证书。20世纪80年代开始研制,90年代初期通过鉴定,包括初中等考试(1990)、高等考试(1993)、基础考试(1998),并先后出版了初中等、高等、基础汉语水平考试大纲。到2005年,已在34个国家和地区设立了151个考点,成为世界上最具权威性、影响最大的汉语水平测试。

进入21世纪,汉语水平考试走向细分化,国家汉办又组织人员研制商务、旅游、文秘、少儿等汉语水平考试大纲和试题。

(3) 实施资格审定办法,规范师资队伍

为了确保对外汉语教师基本素质,规范师资队伍,1990年,教育部发布了《对外汉语教师资格审定办法》,并从1991年开始实施。同年教育部与国家汉办在全国部分城市实施对外汉语教师资格考试和《对外汉语教师资格证书》颁发工作。至2004年,共审定12批,有5361人获得证书。2004年教育部颁布《汉语作为外语教学能力认定办法》,自2005年开始《对外汉语教师资格证书》改为《汉语作为外语教学能力证书》。

对国外汉语教师的培训也是汉办重要工作之一。自20世纪90年代以来,组织了国内许多专家、资深教师到国外培训汉语教师,组织了许多国家的汉语教师到国内各大学进行深造培训,效果很好。

(4) 针对不同需要,加快教材编写

国家汉办自成立以来,通过立项、资助等形式,推动了教材编写。这一时期,教材编写无论是在数量上还是在质量上都有了大幅度的提高。与以往不同的是编写了大量有针对性的教材。有针对不同语种和国家的教材,如英语区教材、韩国教材、越南教材、泰国教材、阿拉伯语区教材。有针对不同职业或阶层的教材,如商务汉语教材、旅游汉语教材、儿童汉语教材。有学历教材,如汉语本科教材。

近几年,国家汉办组织人力编出四套英语区使用的教材,分别使用于英语国家大学中文本科、大学外语公共课程、中学外语课、小学外语课。同时，还组织编写了阿拉伯语区、西班牙语区、韩国、泰国、印尼等国家使用的教材。

5. 建构并深入研究学科理论

从20世纪80年代以来，对外汉语教学界从学科建设的高度开始了对汉语教学宏观、系统的研究，逐步建构了学科理论的框架。

吕必松最早对学科理论进行宏观研究，阐明对外汉语教学的性质和特点，探索学科体系的模式，论述学科的基础理论和应用理论，提出学科建设的任务。他提出的由四大部件组成受三类变因影响的教学结构、总体设计理论和教学活动四大环节理论，首次构建了本学科的理论体系和教学理论体系。此后，更多的学者从不同的角度继续补充与完善这一理论架构。

至20世纪90年代，学科理论得到了更加广泛和深入的研究。这主要体现在几个方面。一是教学理论研究逐渐改变了纯语言学研究的路子，自觉汲取心理学、教育学、语言习得理论、跨文化交际学的理论成果，借鉴认知心理学、社会语言学、心理测量学、教育统计学等学科的研究方法，探讨体现学科特色的研究方向。二是语言习得研究得到高度重视，进一步探讨汉语学习规律，使教学理论的研究建立在更为坚实的基础之上。

随着理论研究的深入，教学层面的应用研究也有了进一步的发展。这一阶段对教学原则的研究和总结，成为教学法研究的重要内容，其中"结构、功能、文化相结合"的原则，已成为具有中国特色的对外汉语教学的一项重要原则。对教学活动进行规范化、科学化的研究也成为这一时期应用研究的重要内容。20世纪90年代以后相继出现的各种汉语水平等级标准大纲包括文化、功能大纲，便是这方面的研究成果。

五、跨越式发展阶段

2005年，汉语作为外语/第二语言教学事业进入了跨越式发展阶段。这个阶段的开始，体现在以下几个方面。

1. 第一届世界汉语大会召开

2005年夏天，我国召开第一届世界汉语大会。这个大会有几个特点。一是参加国家多、人数多,共有63个国家的600多位正式代表及600多位列席代表出席会议。二是与会者级别高、类别多。中国方面,国务委员陈至立、人大副委员长许嘉璐、教育部长周济等参加会议,并做了重要讲话;国家对外汉语教学领导小组中的其他部委领导也参加了会议。外国的教育部长,甚至议长也参加了会议。国内外与会者不但有学校的教师学者,还有各级教育管理官员(如国家和地区的教育部门官员)、出版机构和相关的企业公司人员、传媒机构人员等。三是议题广泛。除了对外汉语教学外,还深入探讨了各国语言政策、多元文化和多元语言发展、语言与社会等多个议题。

第一届世界汉语大会在世界上引起广泛影响,许多国家的媒体对此进行了报道。

2. 国家高度重视

世界汉语大会后,国家领导人多次对相关工作做了重要批示。

2006年3月,教育部等11个部门提出了汉语加快走向世界的指导思想、总体规划和政策措施。指出要把汉语国际推广作为扩大我国对外开放、提高国家软实力和实现和平发展的重要举措,努力提高汉语的国际地位和国际竞争力。提出2006年到2010年,海外学习汉语人数在3000万基础上成倍增加,重点建设孔子学院总部和若干示范性孔子学院,汉语教学点、中心和汉语网站大幅增加,重点加强东南亚、东北亚和北美等国汉语国际推广。并提出六大转变:

第一,发展战略要从对外汉语教学向全方位的汉语国际推广转变;

第二,工作重心从将外国人"请进来"学汉语向汉语"走出去"转变;

第三,推广理念从专业汉语教学向大众化、普及型、应用型转变;

第四,推广机制从教育系统内推进向系统内外、政府民间、国内国外共同推进转变;

第五,推广模式从政府行政主导为主向政府推动的市场运作转变;

第六,教学方法从纸质教材、面授为主向充分利用现代信息技术、多媒体网络教学为主转变。

同时提出了六个重点任务:

第一,加快孔子学院建设,发挥孔子学院在国外汉语教学中的基地作用和龙头作用。孔子学院的具体任务是向当地社会人士提供专门技能的汉语培训以及中文教师的教学能力培训,提供符合各种人群需求的面授及远程汉语教学,开展标准化教师培训和汉语教学能力认证,提供留学中国咨询,举办传播中国教育文化活动,支持开展当代中国研究等。

第二,大力推进教材编写和发行体制创新。做好规划,加速教材更新;加强汉语教材的网络化建设,在世界范围内形成面广量大的新型汉语教学模式,创建引导具有国际领先水平的汉语教学品牌。新的汉语教材要贴近各国社会生活实际,针对不同背景的语言学习需求特点,反映社会发展变化,具有时代特色。

第三,加强师资队伍建设和人才培养工作。教师培养,既要注意国内,更要注重国外。要推进"国际汉语教师中国志愿者计划";建立中小学教师培养基地和实习基地。

第四,构建全球汉语网络平台。

第五,改革、创新汉语考试,在原有的研发使用基础上,开发出更多、更有特色、更实用的汉语考试项目,使之在更广的范围内使用。

第六,积极支持美国 AP 中文项目和其他重点国家的汉语教学。

3. 事业迅速发展

(1) 学习人数

2006 年海外学习汉语人数达到 3000 万。来华留学生 14 万。全球约有 100 个国家的 2500 多所大学开设中文专业或汉语课程。美国 2400 多所中小学要求开设汉语课。

(2) 孔子学院建设

到 2007 年 12 月初,已有 64 个国家和地区建立了 209 所孔子学院,其中,有 100 多所已正式开课,参加课程学习的目前有 46000 人左右。

(3) 师资的派出与培养

2006 年,派出汉语教学志愿者 1200 多人,汉语教师 202 人;海外教师来华培训 1456 人;在海外培训 2600 人。截至 2007 年初,国家汉办已向 41 个国家派出了3400多名志愿者教师。

如何为海外的汉语教学提供适用的师资,被提到重要议事日程上。以往国内高校培养的师资大多用于国内的汉语教学,到了国外,不一定适用于外语环境下的汉语教学。在国家汉办领导下,师资培养机制的改革主要从四方面入手:

第一,改进对外汉语本科教学,加大外语、外国文化、跨文化交际、中国文化才艺、国外中小学教学法等内容的学习训练,加大汉语教学实习,尤其是到海外实习的分量。

第二,对国内文科相关专业的学生(尤其是外语专业学生)进行汉语作为外语教学方面的短期培训,使之能胜任相关工作。

第三,设置汉语国际教育硕士专业学位,培养适应汉语国际推广工作,胜任汉语作为第二语言/外语教学的高层次、应用型、复合型专门人才。该专业学位英文名称为"Master of Teaching Chinese to Speakers of Other Languages",简称 MTCSOL。以培养汉语作为外语/第二语言教学人才(尤其是海外教学)为主的职业性学位,强调实际操作技能的培养,重视案例教学。学位获得者应具有扎实的汉语言文化知识、熟练的汉语作为第二语言/外语教学的技能、较高的外语水平和较强的跨文化交际能力。此专业学位于2007年初通过国务院学位办审批,现有24所高校成为首批实施汉语国际教育硕士专业学位教育的试点单位。全国汉语国际教育硕士专业学位教育指导委员会也在2007年成立。

第四,为提高国际汉语教师的专业素质和教学水平,培养、培训合格的汉语教师,满足世界各地日益增长的汉语学习需求,国家汉办组织海内外近百名专家学者研制出《国际汉语教师标准》。《标准》借鉴了英语作为第二语言教学和其他第二语言教学关于教师培养的最新研究成果,对从事国际汉语教学工作的教师应该具备的知识、能力和素质进行了全面描述,较好地反映了国际汉语教学的特点。目标是建立一套完善、科学、规范的教师标准体系,为国际汉语教师的培养、培训、能力评价和资格认证提供依据。

4. 教材编写与网络资源建设

教材编写方面,作为重点教材研发的《汉语900句》已经出版并行销海内外。汉语多媒体与网络教材《乘风汉语》、《长城汉语》已编制出若干部,开始实施教学。除英语区外,阿拉伯语区、韩国、泰国等分语种教材陆续出版。多个汉语教学网站也已经运行,并在进一步改善。

2006年,国家汉办组织了首次国际汉语教材评选,评选者包括海内外的第二语言教学专家、教材制作者和发行者、教材使用者。海外参加网络和问卷调查的有五大洲47个国家和地区的3000多名师生,参与网上投票的有5000多人次。有464种汉语教材参选,涉及12种语言。根据网络投票、问卷调查结果和征询有关专家意见,国内外共有73种汉语教材入围;最后经38名海内外专家的评选,评选出9种教材,拟作为向海外推荐的汉语教材。

5. 汉语测试的改进

为了适用于海外广大学习者需求,为了准确测量学习者多层面、多用途的汉语水平,汉语水平考试(HSK)不断改革,参加考试人数迅速增加。2006年海外42个国家,106个考点,64666人次参加了汉语水平考试(占1992年以来合计考生人次60万的10%)。此外,商务汉语水平考试已经通过鉴定,正式推行。

为测试母语非汉语的外籍人士在国际环境下社会生活以及日常工作中实际运用汉语的能力,北京语言大学汉语水平考试中心研发了实用汉语水平认定考试(Test of Practical Chinese,简称C. TEST),分为初级和中高级两个独立的考试。

6. 相关机构大力支持

许多省市教育厅和高校将汉语国际推广列入整体的工作议程,成立领导小组,制定工作规划,加大支持力度,极大地促进了汉语国际推广工作。

许多出版社加大了对汉语国际推广工作的支持。如商务印书馆,出版了以赵金铭为总主编的《商务馆对外汉语教学专题研究书系》共计22本,内容包含:学科理论研究,教学理论研究,教材研究,课程、大纲与教学模式研究,听力教学研究,口语教学研究,阅读与写作教学研究,综合课教学研究,文化教学研究,语音及语音教学研究,词汇及词汇教学研究,语法及语法教学研究,汉字教学研究,汉语作为第二语言的学习者语言系统研究,汉语作为第二语言的学习者的习得过程研究,汉语作为第二语言的学习者汉语认知研究,汉语水平考试(HSK)研究,语言测试理论及汉语测试研究,计算机辅助教学的实践研究,教师素质与教师培训研究,课堂教学技巧研究。商务印书馆还发行了以外国人为阅读对象的《汉语世界》刊物;定期出版《对外汉语教学研究》。北京大学出版社则定期出版《汉语教学学刊》。

除大学之外,不少中小学、企业(如文化、教育公司,计算机、网络公司等)也加入汉语国际推广工作,开始实现推广机制从教育系统内向系统内外、政府民间、国内国外共同推进转变,推广模式从政府行政主导为主向政府推动的市场运作转变。

第三节　国内外汉语教学的类别

对外汉语教学是以母语非汉语的外国人包括海外华裔为教学对象的。根据有目的语环境和没有目的语环境,可以分为中国国内的对外汉语教学和国外的汉语教学。

一、中国国内的对外汉语教学

国内的对外汉语教学主要分为以下四个类别:汉语预备教学、汉语进修教学、汉语言本科教学、对外汉语本科教学等。国内中小学也有对外汉语教学,但由于目前缺少相关资料,这里不做介绍。

1. 汉语预备教学

汉语预备教学是新中国对外汉语教学开创以来最早的教学类型,也是从20世纪50年代至70年代末期,在对外汉语教学中占主导地位的教学类型。教学对象是准备在中国高等院校学习汉语以外专业的外国留学生;教学目标是使学生具备在中国各类文、理、农、工、医高等院校进行专业学习的基本语言能力;教学上特别强调把重点放在掌握基本的汉语知识和基本技能培养上,同时还安排一些专业词汇及相关语言表达方面的教学,为今后入系学习打下更好的语言基础。有条件的学校开设了相关的专业汉语课程,如医学汉语、科技汉语等。

就进入中国高等院校接受专业学习的语言水平,国家教委规定:进入理工医(不含中医)本科,需要达到汉语水平考试(HSK)初等C级(3级),进入文科和中医本科,需要达到汉语水平考试中等C级(6级)。

2. 汉语进修教学

汉语进修教学是非学历教育,20世纪70年代末开始成为各院校对外汉语教学的主要教学类型,分为短期强化和长期进修两种。国家汉办2000年发布的《高等学校外国留学生对外汉语教学大纲》(短期强化、长期进修),对汉语进修教学的性质、教学对象、教学内容、教学目标、教学途径、教学原则、教材编选、测试等多方面都做了明确的规定和详细的说明。长期大纲还附有词汇表、汉字表、语法项目表、功能项目表等。大纲对汉语进修教学做了明确的规范,有着积极的指导作用。

(1) 汉语短期强化教学

短期强化是指在华学习时间在1—8周的汉语进修教学,短期强化教学具有短期、强化、速成的特点。它的教学时间相对集中,教学目标具体明确,具有明显的实用性。

短期强化的教学目标,通过短期强化训练使学生能够完成一定量的交际任务项目的学习,掌握相应的语言要素、言语技能和相关文化知识,在学生已有汉语水平的基础上提高其汉语交际能力。由于接受短期强化的对象学习目的和汉语水平各不相同,教学目标分为初、中、高三个等级。

短期强化的课程设置,以不同类别、不同等级的交际任务为主课,以语音、汉字、语法等为辅课,以各种文化知识、技能学习为补充课程。

短期强化的教学原则,以培养汉语交际能力为目标,比较适合于具有一定汉语水平者,在短期内迅速提高汉语交际能力。

(2) 汉语长期进修教学

长期进修是指在华学习半年以上(含半年)、三年以下,以提高汉语语言能力和交际能力为主的汉语进修教学。接受长期进修的学习者,水平参差不齐,个体差异较大,因此,在组织教学时分班较细,在选课和设课上具有较大的灵活性。

长期进修的教学目标是,提高学习者的汉语交际能力,并加深学习者对中国历史、文化和现状的了解。长期进修教学分为初等、中等、高等三个阶段,每个阶段在听、说、读、写、译等方面都有相应的教学目标。

长期进修的课程设置,分为语言技能训练课和语言文化知识课两大类。

语言技能训练课分为综合课、单项技能课和专门技能课。综合课是进行听说读写综合训练的课型,贯穿初等到高等阶段,这类课属于必修课。单项技能课包括口语、听力、汉字、阅读、写作、翻译等课,大多是必修课。专门技能课包括热门话题、新闻听力、报刊阅读等课,这类课大多属于选修课。

语言文化知识课分为语言知识课、文化知识课和其他文化课。语言知识课包括语音、语法、词汇、修辞等课;文化知识课包括中国概况、中国历史、中国文学等课;其他文化课指书法、武术、京剧、民乐等课。这三类课大多是选修课,可以开阔学生视野,加深对汉语言文化的理解,提高运用语言能力,能充分满足学习者多样化的学习要求。

3. 汉语言本科教学

我国的汉语言本科教学正式始于1978年,进入21世纪发展迅速,全国已有50多所大学设立此专业。近几年,根据社会不同的需求,一些院校陆续在汉语言专业下设置了汉语言文化、商务汉语、经贸汉语、旅游汉语等方向。

汉语言本科教学是以培养适应现代国际社会需要、具备良好综合素质、全面发展的汉语专门人才为目标的学历教育;教学对象是具有高中以上学历者(含高中毕业);学制四年,2800—3000学时、150—160学分。修完专业教学计划规定的课程,通过论文答辩,取得规定学分的,准予毕业,颁发毕业证书;符合《中华人民共和国学位条例》规定的,经批准授予学士学位。

国家汉办2001年发布的《高等学校外国留学生汉语言专业教学大纲》在教学对象、培养目标、教学内容、教学安排、教学原则、课程设计、教学要求等方面做了明确的规定和详细的说明。大纲还附有分年级的词汇表、汉字表、语法项目表、功能项目表、课程介绍等。大纲对汉语言专业教学具有规范、指导作用。

汉语言本科教学的教学内容包括四个方面：语言言语技能教学、汉语知识教学、中国人文知识教学以及与专业方向有关的知识教学，体育、计算机中文信息处理、第二外语等方面的教学。

汉语言本科的教学原则包括以下四点：①教学活动必须与母语语文教学、语言学教学区别开来。②语言技能教学要贯彻实践性、交际性、精讲多练的原则。③理论知识教学既要遵循学科知识体系，又要考虑学生对语言、文化的可接受性。④文化知识教学要注重优秀文化，还要注意内外有别。

二、国外的汉语教学

国外学习汉语的人数远远超过在中国国内学习的人数。国外的汉语教学大致可以分为三类。

1. 少儿教学

面向幼儿的汉语作为外语教学，韩国、日本等国都有。此类教学大多是使用幼儿喜欢的教具，如各种玩具等，通过游戏等方式，进行汉语教学。

中小学阶段的汉语教学有几种形式。一是正规学校的汉语教学。如新加坡、马来西亚、印尼、韩国、日本、英国、法国、美国等国家都有。

值得一提的美国的 AP 中文项目。AP 课程在高中阶段实施，包含数、理、化、文、史、哲、外语等多个学科；由学生自由选择，如果选修并通过考试，可以将学分带到大学阶段使用。因此，不少高中学生喜欢 AP 课程。目前美国已经有 2400 多个中学提出要开设中文课程。2007 年秋季学期，已经有几百所中学开设了中文课。

二是华人学校。许多国家都有大大小小的华人学校，开设各类汉语及文化课程，教学对象主要是华裔的少年儿童。学习目的除了一般的交际之外，还有寻根、延续中华文化等。在东南亚及其他华裔人士聚居的国家和地区，此类学校学习人数很多。

随着汉语国际推广事业的发展，将会有越来越多的国家将汉语教学纳入正规的国民教育体制中，在中小学开展汉语教学。

2. 大学教学

国外大学的汉语教学分四类。

第一类是中文本科的学历教学,一般每周大约有10个课时学习汉语,学制4年。课程有分技能和不分技能两类。分技能,一般只分基础汉语和口语,或基础汉语和听说。不分技能,就是将听说读写融为一体。具体教学操作又可以分为两类,一种是由主讲教师在主干课上讲解课文、词汇、语法知识;再由助教在训练课上引导学生做大量练习,进行各种操练,巩固主讲教师所讲授的语言知识。另一种是将讲解和训练融为一体。

第二类是作为选修课的汉语教学,一般一周只有2—3个课时,学半年到一年。一般都是不分技能的教学。

第三类是专用汉语。有为将来求职的职业汉语,如商务汉语、经贸汉语、导游汉语、法律汉语等。通常是学习一年到一年半。

第四类是汉语作为外语的研究生培养,类似国内的中国语言文学专业和对外汉语教学方向的研究生培养。目前,可以进行研究生层次汉语教学的学校还不是很多。但近几年,此类学校数量增长很快。

3. 其他成人教学

主要由各种培训班进行的其他成人教学类型很多。有的跟大学某些汉语课程接近,如商务汉语、经贸汉语、导游汉语、法律汉语。有些只是为了某个具体目标的短期学习,如为了到中国旅游一个月,短期学习一个月左右,只学旅游最需要的词句。

此类学习大多是培养听说能力。如不少外国人要到中国做贸易,或在本国做跟中国相关的贸易工作,只想具备基本的听说能力,只希望能听懂并说一些跟贸易相关的词语句子。到签订合约时,可以请翻译。

也有个别学习者只想学习汉字或培养阅读能力。如一些中年以上的日本人、韩国人,本来有一些汉字基础,只想多学汉字,通过阅读了解相关信息,或是通过学习汉字来学习书法。

思考与练习

1. 对外汉语教学发展经历了哪几个阶段？
2. 对外汉语教学蓬勃发展体现在哪些方面？
3. 跨越式发展阶段的主要标志是什么？
4. 谈谈目前对外汉语教学体系。
5. 国内对外汉语教学类别有哪些？分别出现在什么时间？

主要参考文献

[英]Ellis.R,*Understanding of Second Language Acquisition*,Oxford University Press,1985.上海外语教育出版社,1999。

[美]R. M. 利伯特等著、刘范等译《发展心理学》,人民教育出版社,1983。

[美]Timothy Light(黎天睦)《现代外语教学法——理论与实践》,北京语言学院出版社,1987。

[英]M. W. 艾森克、M. T. 基恩著,高定国、肖晓云译《认知心理学》(第四版),华东师范大学出版社,2004。

[英]戴维·克里斯特尔编,沈家煊译《现代语言学词典》(第四版),商务印书馆,2000。

国家汉办《高等学校外国留学生汉语教学大纲》(长期进修),北京语言文化大学出版社,2002。

国家汉办《高等学校外国留学生汉语教学大纲》(短期强化),北京语言文化大学出版社,2002。

国家汉办《高等学校外国留学生汉语言专业教学大纲》,北京语言文化大学出版社,2002。

国家汉语水平考试委员会办公室考试中心《汉语水平词汇与汉字等级大纲(修订本)》,经济科学出版社,2001。

陈昌来主编《对外汉语教学概论》,复旦大学出版社,2005。

陈贤纯《外语阅读教学与心理学》,北京语言文化大学出版社,1998。

程棠《对外汉语教学学科发展说略》,《汉语学习》2004 年第 6 期。

程裕祯主编《新中国对外汉语教学发展史》,北京大学出版社,2005。

崔希亮《语言理解与认知》,北京语言文化大学出版社,2001。

崔永华、杨寄洲主编《对外汉语课堂教学技巧》,北京语言文化大学出版社,1997。

董明《古代汉语汉字对外传播史》,中国大百科全书出版社,2002。

桂诗春《应用语言学》,湖南教育出版社,1988。

黄光扬《教育测量与评价》,华东师范大学出版社,2002。

贾玉新《跨文化交际学》,上海外语教育出版社,1997。

李大忠《外国人学汉语语法偏误分析》,北京语言文化大学出版社,1996。

李晓琪等《英语日语汉语第二语言教学学科研究》,中国大百科全书出版社,2002。

李泉《对外汉语教学语法研究述评》,《世界汉语教学》2006年第2期。

李宇明《论语言运用与语言获得》,《语言文字应用》2000年第3期。

刘昌《认知神经科学:其特点及对心理科学的影响》,《心理科学》2003年第6期。

刘镰力《汉语水平测试研究》,北京语言文化大学出版社,1997。

刘润清、韩宝成《语言测试和它的方法》,外语教学与研究出版社,2000。

刘珣《对外汉语教育学引论》,北京语言文化大学出版社,2000。

刘英林《汉语水平考试研究》,现代出版社,1989。

柳英绿、金基石主编《对外汉语教学的理论与实践》,延边大学出版社,1997。

刘月华等《实用现代汉语语法》,外语教学与研究出版社,1983。

卢福波《对外汉语教学实用语法》,北京语言学院出版社,1996。

卢家楣、李其维《心理学——基础理论及其教育应用》,上海人民出版社,2004。

鲁健骥《对外汉语教学思考集》,北京语言文化大学出版社,1999。

陆俭明《作为第二语言的汉语本体研究》,外语教学与研究出版社,2005。

吕叔湘《通过对比研究语法》,《语言教学与研究》1977年试刊第2期。

吕必松《对外汉语教学研究》,北京语言学院出版社,1993。

吕必松《对外汉语教学概论(讲义)》,国家教委对外汉语教师资格审查委员会办公室,1996。

吕必松《对外汉语教学发展纲要》，北京语言学院出版社，1990。

吕文华《对外汉语教学语法体系研究》，北京语言文化大学出版社，1999。

马箭飞《任务式大纲与汉语交际任务》，《教学与研究》2002年第4期。

潘文国《论"对外汉语"的学科性》，《世界汉语教学》2004年第1期。

彭小川等《对外汉语教学语法释疑》，商务印书馆，2003。

盛炎《语言教学原理》，重庆出版社，1990。

石定果、万业馨《关于对外汉字教学的调查报告》，《语言教学与研究》1998年第1期。

施家炜《外国留学生22类现代汉语句式的习得顺序研究》，《世界汉语教学》1999年第2期。

王初明《应用心理语言学》，湖南教育出版社，1990。

王还主编《对外汉语教学语法大纲》，北京语言学院出版社，1995。

王建勤主编《汉语作为第二语言的习得研究》，北京语言文化大学出版社，1997。

王魁京《第二语言学习理论研究》，北京师范大学出版社，1998。

王力《在第一届国际汉语教学讨论会上的讲话》，《语言教学与研究》，1985年第4期。

王宗炎主编《英汉应用语言学词典》，湖南教育出版社，1988。

肖奚强《现代汉语语法与对外汉语教学》，学林出版社，2002。

邢福义《关于对外汉语教学的学科建设（1996年6月致国家汉办函）》，转引自张德鑫《对外汉语教学五十年——世纪之交的回眸与思考》，《语言文字应用》2000年第1期。

许琳《汉语国际推广的形势和任务》，《世界汉语教学》2007年第2期。

张德鑫《对外汉语教学五十年》，《语言文字与应用》2000年第1期。

赵金铭《对外汉语研究的基本框架》，《世界汉语教学》2001年第3期。

赵金铭主编《对外汉语教学概论》，商务印书馆，2004。

赵金铭总主编《商务馆对外汉语教学专题研究书系》，商务印书馆，2006。

赵贤州、陆有仪主编《对外汉语教学通论》，上海外语教育出版社，1996。

仲哲明《应用语言学研究的现状与展望》,载许嘉璐、王福祥、刘润清主编《中国语言学现状与展望》,外语教学与研究出版社,1996。

周健主编《汉语课堂教学技巧与游戏》,北京语言文化大学出版社,1998。

周小兵《第二语言教学论》,河北教育出版社,1996。

周小兵等《对外汉语教学中的副词研究》,中国社会科学出版社,2002。

周小兵、李海鸥主编《对外汉语教学入门》,中山大学出版社,2004。

后　　记

　　为促进学科建设和课程规范，为适应对外汉语教学事业迅速发展的需求，尤其是人才培养和教师培训的需求，商务印书馆组织多所高校编写用于对外汉语本科教学的系列教材。《对外汉语教学导论》是其中之一。

　　本教材由中山大学周小兵教授主编（制定大纲，组织编写，统稿）。编写情况大致如下：

　　第一章　朱其智（中山大学）第一、二节；刘晓梅（暨南大学）第三节。

　　第二章　孙春颖（浙江师范大学）第一节；张胜林（华侨大学）第二节。

　　第三章　刘若云（中山大学）第一、二、三节；张世涛（中山大学）第四、五节。

　　第四章　鲁宝元（北京外国语大学）第一稿；潘小洛（中山大学）第二稿；李英（中山大学）第三稿。

　　第五章　王功平（暨南大学）。

　　第六章　周小兵（中山大学）。

　　第七章　魏　红（云南师范大学）。

　　第八章　金红莲（华东师范大学）第一稿；周小兵第二稿。

　　许多专家学者对本教材的编写十分关心。商务印书馆周洪波、袁舫二位编审在本书编写、审稿过程中给予了热情支持。匿名审稿专家提出了许多宝贵意见。博士生陈凡凡、张静静在提供资料、整理、校对、打印书稿等方面做了不少工作。在此一并表示感谢。

编者
2007 年 12 月 16 日